Innovativ und kompakt –
gesellschaftliche Herausforderungen
der Gegenwart

Reihe herausgegeben von
Wolfgang Aschauer
Fachbereich Soziologie und
sozialwissenschaftliche Geographie
Universität Salzburg
Salzburg, Österreich

Thomas Herdin
Fachbereich Kommunikationswissenschaft
Universität Salzburg
Salzburg, Österreich

In den Sozialwissenschaften wird der Ruf nach mehr Öffentlichkeitswirksamkeit immer lauter, dominante gesellschaftliche Diskurse sollen durch wissenschaftliche Einsichten bereichert werden. Es gibt sie ja durchaus noch – die originären Ideen und fundierten Analysen – jedoch finden diese in der Regel wenig Eingang in die Alltagswelt. Hochwertige Publikationen werden deshalb meist nur in der Scientific Community rezipiert. Kritisch bis ironisch ausgedrückt könnte man von einer „akademisch-rezeptiven Echokammer" sprechen.

Wir als Sozialwissenschaftler_innen sind aber gerade angesichts der aktuellen gesellschaftlichen Entwicklungen gefordert, unsere Erkenntnisse aus den Kernaufgaben Forschung (first mission) und Lehre (second mission) auch in die Gesellschaft (third mission) zu tragen. Es geht dabei um die gezielte Bekanntmachung und Nutzung wissenschaftlicher Erkenntnis zum adäquaten Umgang mit aktuellen gesellschaftlichen Herausforderungen (Stichwort: Wissenstransfer). Im Idealfall sollen auch Entscheidungsträger_innen durch die innovativen sozialwissenschaftlichen Analysen angeregt werden, Schritte hin zu einer positiven gesellschaftlichen Entwicklung zu leisten.

Karim Fathi

Der Russland-Ukraine-Krieg: Eine Manifestation des „Neuen Kalten Krieges"?

Lösungsperspektiven aus der Friedensforschung

Karim Fathi
Karim Fathi RESEARCH + CONSULTING
Berlin, Deutschland

ISSN 2662-1568   ISSN 2662-1576 (electronic)
Innovativ und kompakt – gesellschaftliche Herausforderungen der Gegenwart
ISBN 978-3-658-44356-6   ISBN 978-3-658-44357-3 (eBook)
https://doi.org/10.1007/978-3-658-44357-3

Die Deutsche Nationalbibliothek verzeichnet diese Publikation in der Deutschen Nationalbibliografie; detaillierte bibliografische Daten sind im Internet über https://portal.dnb.de abrufbar.

© Der/die Herausgeber bzw. der/die Autor(en), exklusiv lizenziert an Springer Fachmedien Wiesbaden GmbH, ein Teil von Springer Nature 2024

Das Werk einschließlich aller seiner Teile ist urheberrechtlich geschützt. Jede Verwertung, die nicht ausdrücklich vom Urheberrechtsgesetz zugelassen ist, bedarf der vorherigen Zustimmung des Verlags. Das gilt insbesondere für Vervielfältigungen, Bearbeitungen, Übersetzungen, Mikroverfilmungen und die Einspeicherung und Verarbeitung in elektronischen Systemen.
Die Wiedergabe von allgemein beschreibenden Bezeichnungen, Marken, Unternehmensnamen etc. in diesem Werk bedeutet nicht, dass· diese frei durch jedermann benutzt werden dürfen. Die Berechtigung zur Benutzung unterliegt, auch ohne gesonderten Hinweis hierzu, den Regeln des Markenrechts. Die Rechte des jeweiligen Zeicheninhabers sind zu beachten.
Der Verlag, die Autoren und die Herausgeber gehen davon aus, dass die Angaben und Informationen in diesem Werk zum Zeitpunkt der Veröffentlichung vollständig und korrekt sind. Weder der Verlag noch die Autoren oder die Herausgeber übernehmen, ausdrücklich oder implizit, Gewähr für den Inhalt des Werkes, etwaige Fehler oder Äußerungen. Der Verlag bleibt im Hinblick auf geografische Zuordnungen und Gebietsbezeichnungen in veröffentlichten Karten und Institutionsadressen neutral.

© Tomas Ragina, Stock-Fotografie-ID:146892608

Planung/Lektorat: Cori Antonia Mackrodt
Springer ist ein Imprint der eingetragenen Gesellschaft Springer Fachmedien Wiesbaden GmbH und ist ein Teil von Springer Nature.
Die Anschrift der Gesellschaft ist: Abraham-Lincoln-Str. 46, 65189 Wiesbaden, Germany

Wenn Sie dieses Produkt entsorgen, geben Sie das Papier bitte zum Recycling.

Für meine Kids
Ophelia & Rebeca

Danksagung

Ich möchte allen danken, die direkt oder indirekt an diesem Buch mitgewirkt haben.

Mein besonderer Dank gilt Dr. Wilfried Graf. Seit meiner Zeit als junger Masterstudent der Friedensforschung gehört er zu meinen wichtigsten intellektuellen Sparringspartner*innen in erkenntnistheoretischen und praxeologischen Fragen. Als Experte für integrative Konflikttransformation hat er mich als Mentor mit seinem profunden Erfahrungsschatz und interdisziplinären Wissen in meiner Arbeit vielfach unterstützt, inspiriert und gefördert. Ich kenne kaum einen beleseneren und ganzheitlicheren Denker in dieser sich dynamisch entwickelnden und faszinierenden Metadisziplin der Friedensforschung. Im Rahmen dieses Buches hat er mir wesentlich geholfen, über die unsägliche „Idealismus vs. Pragmatismus"-Debatte hinauszudenken und Ansatzpunkte zu identifizieren, die helfen könnten, die Friedensforschung zu einer „multiparadigmatischen" Disziplin weiterzuentwickeln. Vielen Dank, lieber Wilfried!

Meiner Lektorin Dr. Cori Antonia Mackrodt danke ich herzlich für ihre inhaltlichen und sprachlichen Anregungen. Wir kennen uns nun schon seit fünf Jahren und ich schätze unsere Zusammenarbeit immer sehr!

Das Beste zum Schluss: Die Menschen, die uns besonders nahe stehen, sind nicht nur unsere größten Kraftquellen, sondern oft auch unsere größten Lehrmeister*innen. In Sachen Konfliktmanagement und Frieden inspirieren mich meine beiden Töchter Ophelia und Rebeca immer wieder, wie man mit einer gesunden Mischung aus Empathie, Loslassen und Pragmatismus auch schwierige und konfliktreiche Beziehungen nachhaltig und harmonisch gestalten kann. Da könnte sich die Erwachsenenwelt und vor allem die kriegerische internationale Politik eine Scheibe von abschneiden! Ihr wisst es vielleicht nicht, aber Ihr macht die Welt zu einem besseren Ort, im Kleinen wie im Großen. Danke, dass es Euch gibt!

Berlin   Karim Fathi
30.12.2023

Inhaltsverzeichnis

1	Einführung	1
2	Friedensforschung: Grundannahmen, Instrumente und Debatten	9
3	Die Ebenen des Russland-Ukraine-Kriegs: Ansatzpunkte für eine komplexe Analyse	45
4	Impulse für den Friedensprozess	159
5	Abschließende Bemerkungen	235
Literatur		247

Abkürzungsverzeichnis

Abb.	Abbildung
ASEAN	Association of South East Asian Nations
BRI	Belt and Road Initiative
bzw.	beziehungsweise
ca.	circa
CPI	Corruption Perception Index
ders.	derselbe
d. h.	das heißt
dies.	dieselben
ebd.	ebenda
EMDR	Eye Movement Desensitization Reprocessing
engl.	englisch
etc.	et cetera
EU	Europäische Union
FAP	Feministische Außenpolitik
GATT	General Agreement on Tariffs and Trade
Ggf.	gegebenenfalls
IICP	Institute for Interactive Conflict Transformation and Peace
ICRC	International Committee of the Red Cross

Abkürzungsverzeichnis

i. d. R.	in der Regel
IMF	International Monetary Fund
inkl.	inklusive
KSZE	Konferenz über Sicherheit und Zusammenarbeit in Europa
NATO	North Atlantic Treaty Organization
NGO	Non-Governmental Organization
OBOR	One Belt, One Road
OCHA	Office for the Coordination of Humanitarian Affairs
OECD	Organization for Economic Co-Operation and Development
OHCHR	Office of the High Commissioner for Human Rights
O. J.	Ohne Jahr
OSZE	Organisation für Sicherheit und Zusammenarbeit in Europa
OUN	Organisation Ukrainischer Nationalisten
O. V.	Ohne Verfasser
PTBS	Posttraumatische Belastungsstörung
PZKB	Plattform Zivile Konfliktbearbeitung
SDG	Millennium Development Goals
SE	Somatic Experiencing
Tab.	Tabelle
u. a.	unter anderem
UINE	Ukrainische Institut für Nationale Erinnerung
UN	United Nations
UNDP	United Nations Development Programme
USA	United States of America
vgl.	vergleiche
vs.	versus
WEF	World Economic Forum
WHO	World Health Organization
WTO	World Trade Organization
z. B.	zum Beispiel

Abbildungsverzeichnis

Abb. 3.1 Chronologie des Russland-Ukraine-Konflikts (LpB BW 2023a)   55

Abb. 3.2 Der Russland-Ukraine-Krieg als Teil mehrerer Weltkonfliktformationen. (Eigene Darstellung)   134

Abb. 3.3 Die Ebenen des Russland-Ukraine-Konflikts im Eisbergmodell. (Eigene Darstellung)   139

Tabellenverzeichnis

Tab. 2.1	Unterschiedliche Annahmen von Sicherheitslogik und Friedenslogik im Überblick (inspiriert von PZKB 2022a: 2; PZKB 2022b: 5)	33
Tab. 3.1	Die Vier-Felder-Matrix (basierend auf Lederach 2003; Sibeon 2004: 108–110; Layder 1997: 2–4)	70
Tab. 3.2	Dimensionen zur Analyse des Russland-Ukraine-Kriegs in einer Vier-Felder-Matrix (inspiriert von Ropers 1995; Lederach 2003; Life & Peace Institute 2009; Fathi 2011; IICP 2022)	71
Tab. 3.3	Dimensionen zur Analyse des Russland-NATO-Ukraine-Konflikts in einer Vier-Felder-Matrix. (Eigene Darstellung)	72
Tab. 4.1	Unterschiedliche Arten der Einigung nach der Harvard-Methode (Fisher et al. 2013)	206
Tab. 4.2	Ansatzpunkte und Interventionen für den Friedensprozess im Russland-Ukraine-NATO-Konflikt in einer Vier-Felder-Matrix. (Eigene Darstellung)	211

1
Einführung

Nach der Coronakrise hält nunmehr der Russland-Ukraine-Krieg die Welt in Atem. Die weltweiten wirtschaftlichen Probleme aufgrund von Lieferengpässen und steigenden Preisen infolge des Krieges sind unübersehbar (Schott 2022; Höfgen 2022). Die Entwicklungen lösen zudem Besorgnis aus hinsichtlich einer nuklearen Eskalation (Tschinderle 2022; Wittwer 2022) sowie einer möglichen Ausweitung des Konflikts, etwa durch vermehrte Cyberangriffe und Sabotageakte auf kritische Infrastrukturen in Europa (Weber 2022) und anderswo. Eine weitere beunruhigende Besonderheit des Krieges besteht darin, dass die Ukraine u. a. durch den verstärkten Einsatz unbemannter Waffensysteme und anderer Technologien mit Künstlicher Intelligenz, zu einem „Labor" wird, „in dem die künftige Form der Kriegsführung geschaffen wird (Steinlein 2023)."

Die derzeitige Berichterstattung ist stark von emotionsgeladenen und vorwiegend militär- und geostrategischen Themen geprägt. Es werden hauptsächlich konkrete Entwicklungen des Kriegsgeschehens behandelt, die derzeit nicht durch unabhängige Quellen überprüft werden können. Beiträge aus dem Bereich der Friedens- und Konfliktforschung (im Folgenden: Friedensforschung) werden bei der aktuellen Diskussion um den Krieg in der Ukraine und dessen globaler Bedeutung unzureichend berücksichtigt. Sie sind sogar Gegenstand von Kritik, die sich gegen den Pazifismus richtet. Es gibt jedoch nur wenige Informationen dazu, welche Maßnahmen unerlässlich für eine dauerhafte Friedenssicherung wären. Diese Frage ist von großer Bedeutung, da dieser Krieg – gemäß der These dieses Buches– globale Ausmaße in seinen Tiefendimensionen hat. Es gibt indirekte Verbindungen zu anderen zwischenstaatlichen Territorialkonflikten, wie z. B. dem China-Taiwan-Konflikt (Munk 2022), sowie zu überstaatlichen Konfliktfeldern wie der Krise des westlichen Liberalismus (Rachmann 2022).

1.1 Sechs Grundannahmen dieses Buches

Im Rahmen der Untersuchung wird von sechs Grundannahmen ausgegangen:

These 1: Frieden erfordert Verhandlungslösungen.

Unabhängig davon, ob und wann ein militärisches Eingreifen gerechtfertigt sein könnte, ist davon auszugehen, dass ein Konflikt wie der zwischen Russland und der Ukraine nicht gewaltsam beendet werden kann. Um Frieden zu erreichen, bedarf es umfassender Verhandlungslösungen, die über ein bloßes Waffenstillstandsabkommen hinausgehen.

These 2: Um eine dauerhafte Verhandlungslösung zu erreichen und das Wiederaufflammen von Gewalt zu vermeiden, ist eine umfassende Konfliktanalyse notwendig. Diese sollte die tieferen Motivationen der beteiligten Parteien einbeziehen und die Grundlage für eine tragfähige Verhandlungslösung bieten.

These 3: Perspektiven aus der Friedensforschung können maßgeblich zur Analyse komplexer Konflikte beitragen. Angesichts der Vielfalt internationaler Konfliktfelder ist die Expertise der Friedensforschung – wie Sebastian Groth, Leiter des Planungsstabs im Auswärtigen Amt, bei der Vorstellung des aktuellen Friedensgutachtens am 16.06.2020 betont – heute wichtiger denn je (Deutscher Bundestag o. J.). Im Kontext des Konflikts zwischen Russland und Ukraine kann die Friedensforschung über eine enge Debatte bezüglich Waffenlieferungen und militärischer Erfolge hinausblicken.

These 4: In einer komplexen Konfliktanalyse wird der Russland-Ukraine-Konflikt als Ausdruck und Bestandteil weiterer Konfliktbereiche betrachtet. Der Konflikt zwischen Russland und der Ukraine ist nicht nur ein zwischenstaatlicher Territorialstreit, sondern auch ein Teil und Ausdruck eines regionalen Konflikts zwischen der NATO und Russland sowie globaler Konfliktformationen. Diese Konfliktebenen sind von nicht unerheblicher Bedeutung für die Analyse der tieferen Motivlagen der Konfliktparteien und für erfolgreiche Verhandlungen. Der Russland-Ukraine-Krieg ist aufgrund der Vielzahl an direkten und indirekt beteiligten Parteien, wie die Friedensforscherin Hanne-Margret Birckenbach es formuliert hat, auch eine globale Angelegenheit (Birckenbach 2023).

These 5: Der Konflikt zwischen Russland und der Ukraine ist Teil eines aufkommenden „Neuen Kalten Krieges" mit anderen beteiligten Akteuren. Es wird angenommen, dass sich global eine Blockbildung abzeichnet, die den Konflikt zwischen Russland und der Ukraine weiter befeuert. Dieser Konflikt hat nicht nur Europa und die USA näher zusammengebracht, sondern auch Russland und die aufstrebende Großmacht China (Reichart 2022; Molinari 2022). Es ist davon auszugehen, dass der Konflikt zwischen Russland und der Ukraine Teil eines sich entwickelnden „Neuen Kalten Krieges" ist (Kühl 2023; Fasanotti 2022). Definitionsgemäß ist ein Kalter Krieg durch einen schweren Konflikt zwischen verfeindeten Staaten gekennzeichnet, bei dem die Waffen „kalt" bleiben, d. h. der Konflikt nicht direkt mit kriegerischen Mitteln ausgetragen wird. Stattdessen wird der Konflikt indirekt durch gegenseitige Aufrüstung, Drohungen und Propaganda ausgetragen (Schneider und Toyka-Seid 2023). Charakteristisch für die eskalierenden Beziehungen des Westens zu Russland und China ist der häufige und zunehmende Einsatz von Mitteln der hybriden Kriegsführung.[1]

---

[1] Der 2005 vom Militärtheoretiker Frank G. Hoffman im heutigen Sinne geprägte Begriff beschreibt eine flexible Mischform offener und verdeckter Konfliktmittel mit dem Ziel, die Schwelle zwischen den völkerrechtlich binären Zuständen Krieg und Frieden zu verwischen (Hoffman 2006). Hybride Kriegführung umfasst u. a. den Einsatz verdeckt kämpfender Soldaten ohne Hoheitsabzeichen, die auf fremdem Territorium operieren, Desinformations- und Propagandakampagnen sowie Cyber-Angriffe. All diese Komponenten finden sich nicht nur im Krieg in der Ukraine (so z. B. im Bericht des UN-Hochkommissariats für Menschenrechte anlässlich der russischen Invasion auf der Krim 2014 [UNHCR 2014]), sondern auch in der außenpolitischen Strategie Chinas. Wesentliche Bestandteile der außenpolitischen Strategie im Umgang mit der (noch) technologisch überlegenen Supermacht USA sind die von chinesischen Offizieren verfassten Doktrinen der „Three Warfares" (Stokes und Hsiao 2013) und des „Unrestricted Warfare" (Liang und Xiangsui 2017) sowie die systematische Anwendung antiker Kriegslist, wie sie u. a. im Strategiespiel Go oder in Sun Tsus berühmtem Werk „Art of War" angelegt sind (vgl. dazu ausführlich Senger 2018; Fathi 2021). William Braun, Oberst a.D. der Army und Forschungsprofessor am Strategic Institute des U.S. Army War College (USAWC), beschreibt die Ambiguität der Beziehungen zwischen dem Westen und China als eine „Grauzone, in der es weder Krieg noch Frieden gibt" (Vergun 2016).

These 6: Der Krieg zwischen Russland und der Ukraine fungiert als Katalysator für einen globalen Wandel und stellt Fragen nach einer neuen, multilateralen Weltordnung auf. Auf europäischem Terrain hat er zu einer Umstrukturierung bezüglich der europäischen Sicherheitspolitik, Energieversorgung und Nahrungsmittelsicherheit geführt (vgl. Klein 2022). Auf globaler Ebene wird immer häufiger von der Entstehung einer „neuen Weltordnung" gesprochen (vgl. Molinari 2022; Leistner 2023). Angesichts der globalen Brisanz des Konflikts zwischen Russland und der Ukraine sowie der zunehmenden Kritik des globalen Südens an der westlich-liberalen Hegemonie ergeben sich mehr denn je Fragen nach multilateralen bzw. globalen Kooperationsmöglichkeiten.

1.2 Fragestellungen und Vorgehensweise dieses Buches

Ausgehend von diesen Grundannahmen widmet sich das vorliegende Buch folgenden Fragen:

- Worum geht es im Russland-Ukraine-Krieg und was sind seine tieferen Triebkräfte?
- Was gehört zu einer nachhaltigen Befriedung dieses Konflikts, auch in Anbetracht seiner weitgehend unterschätzten globalen Tiefendimensionen?
- Welche Einsichten und Werkzeuge ergeben sich dabei aus unterschiedlichen Ansätzen der Friedensforschung?
- Was gehört zu einem nachhaltigen Friedensprozess für solch einen komplexen Konflikt und an welchen Stellschrauben könnte Friedensarbeit ansetzen?
- Wie können Friedensforschung und Friedenspolitik im Sinne einer komplexitätsangemessenen Außenpolitik weitergedacht werden?

Kap. 2 bietet einen systematischen Überblick über die Analysewerkzeuge und Handlungsfelder der Friedensforschung sowie ihrer praktischen Umsetzung in der Friedensarbeit. Zudem wird in der Arbeit auf die Debatte über Pazifismus und Bellizismus eingegangen, die im Russland-Ukraine-Krieg besonders emotional aufgeladen ist. Dabei wird eine Perspektive aufgezeigt, wie Friedensforschung im Kontext einer komplexen Außen- und Sicherheitspolitik multiparadigmatisch weitergedacht werden kann.

In Kap. 3 erfolgt dann die eigentliche Untersuchung des Russland-Ukraine-Krieges unter Berücksichtigung seiner globalen Relevanz. Dabei wird kein Anspruch auf eine detaillierte Analyse des Russland-Ukraine-Konflikts erhoben. Vielmehr soll gezeigt werden, wie die Anwendung verschiedener Analysemethoden zu einer umfassenden Untersuchung dieses Konflikts beiträgt, einschließlich seiner globalen Auswirkungen und Triebkräfte. Daher wird in der Arbeit nicht nur auf die Konstellation „Russland vs. Ukraine" eingegangen, sondern auch auf weiter gefasste Konfliktkonstellationen, u. a. den Russland-NATO-Ukraine-Konflikt und weiteren so genannten „Weltkonfliktformationen" im Kontext des Neuen Kalten Krieges.

Basierend auf dieser komplexen Analyse werden in Kap. 4 Hebelpunkte für eine multidimensional ausgerichtete Friedensarbeit aufgezeigt. Dabei werden Überlegungen angestellt, um die heterogene und ungeordnete Friedensforschung disziplinübergreifend und multidimensional zu systematisieren und multiparadigmatisch weiterzuentwickeln. Dies könnte zu einer komplexitätsangemessenen Außen- und Interventionspolitik beitragen, indem die enggeführten Gegensätze „Idealismus vs. Realismus" bzw. „Pazifismus vs. Militarismus" integriert werden. U. a. wird hierbei auf den Ansatz des Gefangenendilemmas zurückgegriffen.

1 Einführung

Das Ziel dieses Buches ist weniger eine historisch tiefgehende Analyse des Russland-Ukraine-Krieges. Stattdessen wird der Krieg auf verschiedenen Ebenen untersucht, u. a. als Teil eines Neuen Kalten Krieges. Dabei wird auf Beiträge aus der Friedensforschung und darüber hinaus zurückgegriffen, um vor allem der Frage nachzugehen, wie der Konflikt in seiner gesamten globalen Brisanz und Komplexität erfasst und nachhaltig befriedet werden kann. Das Buch ist bewusst kompakt gehalten und will Impulse für einen weiterführenden komplexitätsangemessenen und differenzierten Diskurs setzen.

2
Friedensforschung: Grundannahmen, Instrumente und Debatten

In der aktuellen Debatte um den Russland-Ukraine-Krieg finden sich relativ wenige Beiträge aus der Friedensforschung und Friedensarbeit. Dabei verfügen diese beiden verwandten Disziplinen über weitreichende Erkenntnisse und Instrumente zur Friedensförderung. Das folgende Kapitel gibt einen sehr kurzen Überblick über die Grundannahmen und über einige wesentliche Analyseinstrumente der Friedensforschung. Es folgt ein Überblick über die daraus abgeleiteten praktischen Instrumente der Friedensarbeit – gerade im aktuellen Russland-Ukraine-Krieg sind diese Instrumente kaum diskutiert und wenig verstanden. Darauf folgt schließlich eine kritische Auseinandersetzung mit der aktuellen „Bellizismus-Pazifismus"-Debatte, die auch mit der inneren Heterogenität der Friedensforschung korreliert.

2.1 Was ist Friedensforschung?

Friedensforschung (oder auch Friedens- und Konfliktforschung) untersucht die Grundlagen für einen dauerhaften Frieden zwischen Staaten, Völkern und Menschen. Die folgenden Unterkapitel geben einen Überblick über Grundannahmen, innere Vielfalt und wesentliche analytische Instrumente der Friedensforschung.

2.1.1 Innere Vielfalt und Entwicklung der Friedensforschung

Es ist viel darüber diskutiert worden, was für eine Disziplin die Friedensforschung ist – eine disziplinübergreifende „Superwissenschaft" oder eher eine „Subdisziplin"? Sicher ist, dass sie keineswegs einheitlich ist. Sie weist zahlreiche Überschneidungen mit anderen Forschungsfeldern auf, die sich mit Friedensfragen beschäftigen, etwa den Internationalen Beziehungen (Brühl 2012) oder der Futurologie (Seefried 2015). Bereits Ende der 1960er-Jahre wurde in einer wegweisenden Studie zur Situation der Friedensforschung in der Bundesrepublik Deutschland die Friedensforschung als ein politisch und disziplinär außerordentlich breites Feld von Disziplinen und Initiativen beschrieben, die alle für sich in Anspruch nahmen, „Friedensforschung" zu betreiben (Kaiser 1970).

Bei aller Heterogenität und Breite des Feldes zeichnete sich eine gemeinsame Abgrenzung gegenüber den sicherheits- und verteidigungspolitisch orientierten Strategic Studies ab. Die Vertreter*innen der Friedensforschung kritisierten in diesem Zusammenhang die Abschreckungspolitik als „organisierte Friedlosigkeit" (Senghaas 1969). Seitdem hat sich die Friedensforschung über mehrere Generationen hinweg weiterentwickelt, was mit einer zunehmenden internen Vielfalt von Theorien und Paradigmen einherging.

Die Abgrenzung von den Strategic Studies markierte in den 1960er-Jahren die Entwicklung der sogenannten „zweiten Generation" der Friedensforschung. Bis dato war die Disziplin von einem „Sicherheitsdenken" und einer Sicht auf Frieden geprägt, die von der Theorie des politischen Realismus dominiert ist. Der Fokus liegt auf dem sogenannten „negativen" Frieden, was bedeutet, eskalierte Gewalt durch politische Vereinbarungen, ggf. auch Abschreckung, zu beenden (vgl. Richmond 2008; Graf 2009). Die zweite Generation betont zivilgesellschaftliche Akteure als aktiven Teil der Konfliktlösung und arbeitet auf die Beseitigung struktureller Gewalt und den „root causes" hin. Typisch für diese in den 1960er- und 1970er-Jahren entstandene „kritische Friedensforschung" ist ein „positiver Friedensbegriff", der mit dem Etablieren sozialer Gerechtigkeit einhergeht (Graf 2009; Richmond 2008). Der Forscher Oliver Richmond beschreibt diese Ansätze als strukturalistisch, liberalistisch und idealistisch (Richmond 2008).

In den 1980er-Jahren entstand eine neue Generation von Ansätzen. Ihre Vertreter*innen hinterfragten die Rolle des liberalen Staates als einzig relevanten Akteur für die Lösung internationaler Konflikte. Dementsprechend zeichnen sich die Ansätze der dritten Generation durch multidimensionale und Mehrebenen-Friedensmissionen aus, die nicht nur mit der staatlichen, sondern auch mit der zivilgesellschaftlichen Ebene arbeiten. Ansätze der dritten Generation versuchen auch, Maßnahmen der anderen Generationen zu kombinieren, z. B. Maßnahmen zur Beendigung offener Gewalt durch Verhandlungen (erste Generation) und zur Schaffung sozialer Gerechtigkeit durch Strukturreformen (zweite Generation) (Richmond 2008).

Die seit den 1990er-Jahren entstandene vierte Generation zeichnet sich durch eine emanzipatorisch-partizipatorische Friedensagenda und eine kritische Friedensforschung aus. Sie wirft der dritten Generation vor, den impliziten Eurozentrismus ihrer eigenen Friedensagenda nicht zu hinterfragen. Das von der westlichen Geschichte geprägte Ideal des westfälischen Friedens und die neoliberale Marktagenda würden als universale Maßstäbe vorausgesetzt. Sie hinterfragt auch kritisch, dass jede intervenierende Partei nicht losgelöst vom Konfliktsystem ist, sondern auch „Teil" des Systems. Dementsprechend steht die vierte Generation für Ansätze, die lokale Konfliktparteien aus einer emanzipatorischen Perspektive aktiv einbeziehen und gemeinsames Lernen fördern (Richmond 2008). Vor diesem Hintergrund entstand u. a. Johan Galtungs Konzept der „kulturellen Gewalt" (Graf 2009), das unten noch erläutert wird.

Dieser grobe Überblick verdeutlicht die geradezu dialektische Entwicklung der Friedensforschung und die ihr immanenten unterschiedlichen Strömungen, die auch heute noch aktuell sind. Zentraler Antrieb für die Weiterentwicklung der Friedensforschung über die beschriebenen Generationen hinweg ist die Annahme, dass ein nachhaltiger Frieden nur erreicht werden kann, wenn die tiefer liegenden Anliegen und Themen berücksichtigt werden. Werden diese Wurzeln in einem Friedensprozess nicht bearbeitet, können Konflikte wieder aufbrechen und Gewalt eskalieren (Lederach 1999; Galtung 1998). Die Erfahrungen seit dem Ende des Kalten Krieges bestätigen dies. So griffen in zahlreichen bewaffneten Konflikten, z. B. in El Salvador, Angola oder Israel-Palästina, herkömmliche Ansätze in Form von politischen Vereinbarungen zu kurz, sodass nach einem Waffenstillstand sogar mehr Menschen starben als vorher (O'Toole 1997).

2.1.2 Unterschiedliche Arten der Konfliktbearbeitung

Analog zu den oben dargestellten vier Generationen der Friedensforschung lassen sich unterschiedliche Ansätze der Konfliktbearbeitung voneinander abgrenzen.

Zur *Konfliktregelung* zählen herkömmliche Ansätze, die in der gängigen Politikpraxis beobachtet werden können. Im Wesentlichen umfassen sie ergebnisorientierte Strategien mit dem Ziel, tragfähige Lösungen zu erreichen und/oder direkte Gewalt zu beenden, ohne die zugrunde liegenden Konfliktursachen anzusprechen. Das vorrangige Ziel besteht darin, Konflikte durch politische Vereinbarungen wie beispielsweise Waffenstillstand beherrschbar zu machen. Die handelnden Personen, welche diese Maßnahmen umsetzen, sind meist offizielle Führungskräfte aus Militär, Politik und teilweise auch aus der Wirtschaft. Ein bekannter Vertreter dieser Tradition der Konfliktbearbeitung, die auch der oben beschriebenen ersten Generation der Friedensforschung zugeordnet werden kann, ist William Zartman (vgl. Reimann 2004).

Etwas tiefer reichen Ansätze der sogenannten *„Konfliktlösung"*. Sie zielen darauf ab, den Konflikt als gemeinsames Problem neu zu definieren und akzeptable Lösungen für beide Seiten zu finden. Lang andauernde Konflikte werden dabei als natürliche Folgen tieferliegender und unerfüllter menschlicher Bedürfnisse, wie Identität, Nahrung, Sicherheit und Freiheit, angesehen. Im Gegensatz zu Interessen sind diese Bedürfnisse nicht verhandelbar. Die Strategien der Konfliktlösung reichen weit über politische Vereinbarungen hinaus. Sie sind prozess- und beziehungsorientiert und beinhalten auch inoffizielle Aktivitäten, die von zivilgesellschaftlichen Gruppen oder Nichtregierungsorganisationen (NGOs) durchgeführt werden (Reimann 2004;

Miall 2004). Diese Ansätze zählen typischerweise zur zweiten und dritten Generation der Friedensforschung.

Sowohl die Ansätze zur Konfliktregelung als auch zur Konfliktlösung haben sich seit dem Ende des Kalten Krieges als unzureichend erwiesen, wenn es um die Bearbeitung hochkomplexer Konflikte geht. In den Worten des Konfliktberaters Paulo Freire ist ein Friedensprozess, der in einem Friedensabkommen seinen Höhepunkt findet, nicht „das Ende des Kampfes", sondern „ein Moment im Kampf" (Freire 1998). Das Aufkommen der sogenannten „neuen Kriege" (Münkler 2004; Kaldor 2007) und „postmodernen Kriege" (Wollscheid 2004) führte zu einem steigenden Bedarf an differenzierteren Ansätzen für eine angemessene Konfliktanalyse sowie für eine Interventionspraxis mit mehreren Dimensionen (Purkharthofer 2000).

Infolgedessen entstanden in den 1990er-Jahren Ansätze zur Konflikttransformation. Sie umfassen nicht nur ergebnisorientierte (Konfliktregelung) und beziehungs- bzw. prozessorientierte (Konfliktlösung), sondern auch strukturorientierte Strategien. Das Ziel besteht in der Herstellung umfassender sozialer Gerechtigkeit und der Versöhnung der Konfliktparteien. Im Fokus stehen die Ressourcen für Frieden innerhalb der Konfliktkonstellation und das Einbinden aller involvierten Akteure auf allen Ebenen. Prominente Vertreter*innen der Konflikttransformation sind Johan Galtung[1], John Paul Lederach (Reimann

---

[1] Johan Galtung, einer der Gründerväter der Friedensforschung, ist heute nicht unumstritten, vor allem wegen vereinzelter äußerst missverständlicher Äußerungen, die verschwörungstheoretisch und antisemitisch gelesen werden können. Ich persönlich distanziere mich von solchen Ansichten. Im Rahmen dieses Buches beziehe ich mich fast ausschließlich auf die Modelle und Begriffe, mit denen er die Friedensforschung und Konflikttransformation bis heute beeinflusst hat und die für komplexe Konfliktanalysen meines Erachtens unverzichtbar sind. Hierzu gehören u. a. die von ihm geprägten Begriffe der strukturellen und kulturellen Gewalt.

2004; Miall 2004) und Herbert Kelman. Das Herbert C. Kelman Institute for Interactive Conflict Transformation in Wien (IICP), das vom Mitbegründer des Ansatzes der integrativen Konflikttransformation, Wilfried Graf, geleitet wird, wurde ebenfalls nach ihm benannt (IICP 2022). Diese Ansätze sind Teil der vierten Generation der Friedensforschung.

Die Entwicklung der verschiedenen Konfliktbearbeitungsansätze verdeutlicht die Bedeutung umfassender und multidimensionaler Interventionen zur nachhaltigen Konfliktlösung. Dazu sind entsprechend multidimensionale Analysewerkzeuge und Begrifflichkeiten zur Analyse von Konflikten erforderlich.

2.1.3 Analysewerkzeuge der Friedensforschung

In analytischer Hinsicht ist für die Friedensforschung, insbesondere in der Tradition der vierten Generation bzw. der Konflikttransformation, ein mehrdimensionales Verständnis von Konflikt und Gewalt charakteristisch. Demnach sind Konflikte als Ereignisse zu verstehen, in denen unterschiedliche, als unvereinbar wahrgenommene Positionen aufeinanderprallen. Hinter jedem Konflikt stehen – so die Friedensforschung – unerfüllte tiefere Anliegen, z. B. in Form von nicht verhandelbaren Bedürfnissen. Johan Galtung, einer der Gründerväter der Friedensforschung, identifizierte vier Grundbedürfnisse: Überleben, Wohlergehen, Identität und Freiheit (Galtung 1998; 2008). Andere Konzepte gehen von deutlich mehr Bedürfnissen aus (z. B. Max-Neef 1991; Fathi 2019). Unabhängig davon sind verletzte Bedürfnisse die eigentliche Triebfeder jedes Konflikts – werden sie erkannt und erfüllt, kann der Konflikt auch nachhaltig gelöst werden. Konflikte sind somit wichtige Signalgeber für problematische Zustände und können Entwicklungsmotoren für notwendige Veränderungen sein.

Konflikt ist daher nicht zwangsläufig als Gegenteil von Frieden zu verstehen, denn Konflikte können auch „friedlich" ausgetragen werden. Vielmehr ist Frieden das Gegenteil von Gewalt. In Anlehnung an das Konzept von Galtung ist eine Minimalanforderung an Frieden die Abwesenheit von sogenannter direkter, struktureller und kultureller Gewalt (Galtung 1975; 1998; 2008).

Direkte Gewalt ist jede Art von verbaler oder physischer Handlung, die von Menschen gegen andere ausgeübt wird und ihnen Schaden zufügt. Galtung bezeichnet sie auch als „personale" Gewalt, weil sie von Personen ausgeht, oder als „manifeste" Gewalt, weil sie im Gegensatz zu den beiden anderen Gewaltarten sichtbar ist (Galtung 1998).

Der von Galtung Anfang der 1970er-Jahre etablierte Begriff der *strukturellen Gewalt* versteht sich als vermeidbare Beeinträchtigung menschlicher Grundbedürfnisse, ausgehend von ausbeuterischen und unterdrückerischen Rahmenbedingungen und Machtverhältnissen. Er bezeichnet sie auch als „Ursache für den Unterschied zwischen dem, was sein könnte und dem, was ist (Galtung 1975: 9)." Strukturelle Gewalt umfasst somit alle Formen struktureller Diskriminierung, die ungleiche Verteilung von Lebenserwartung, Bildungschancen und Einkommen. Sie zeigt sich charakteristischerweise im Wohlstandsgefälle zwischen den Gesellschaften des globalen Nordens und des globalen Südens, kann aber auch eingeschränkte Lebenschancen durch Umweltverschmutzung bedeuten. Für die Analyse inter- und vor allem innergesellschaftlicher Konflikte (einschließlich der Hintergründe terroristischer Anschläge) bleibt diese Untersuchungsdimension unverzichtbar (Galtung 1975).

Anfang der 1990er-Jahre führte Galtung den Begriff der *kulturellen Gewalt* ein. Darunter versteht er charakteristische Muster in den verschiedenen Bereichen der Kultur, wie z. B. in der Kunst, der Berichterstattung, der Folklore etc., die direkte und strukturelle Gewalt legitimieren. Dazu gehören z. B. in Religionen die Vorstellung der eigenen Auserwähltheit oder Ideologien, in denen andere Menschengruppen und Länder herabgesetzt oder gar entmenschlicht werden. Typischerweise zeigt sich kulturelle Gewalt auch in der Verklärung vergangener Kriege (Galtung 1998). In ihrer extremsten Form manifestiert sich kulturelle Gewalt als „Hate Speech" und kann sogar zu extremer Gewalt aufrufen, wie etwa im Kontext der Genozide im nationalsozialistischen Deutschland (Lukianoff und Strossen 2022) oder in Ruanda (UNESCO 2021) gut dokumentiert ist. Im 21. Jahrhundert erhält kulturelle Gewalt im Kontext hybrider Kriegsführung und unter dem Einfluss sozialer Kommunikationsmedien sowie neuer Möglichkeiten der Datenmanipulation eine neue Dimension mit unabsehbaren Folgen. Der Russland-Ukraine-Krieg, der sich auch in einer groß angelegten Propagandaschlacht manifestiert, beinhaltet somit vielfältige Aspekte kultureller Gewalt, die einen Friedensprozess in Zukunft nachhaltig erschweren werden.

Friedensforscher*innen wie Galtung zufolge liegen allen Gewaltarten auch unbewusste Tiefendimensionen zugrunde. Dies ermöglicht die Analyse tiefer liegender Triebkräfte.

Strukturelle Gewalt entsteht aus sogenannten „Tiefenwidersprüchen" oder Machtungleichgewichten in den unbewussten Beziehungsmustern verschiedener gesellschaftlicher Segmente. Galtung unterscheidet folgende Trennlinien

1) Umwelt: Mensch vs. Natur;
2) Geschlecht: männlich vs. weiblich (Sexismus);
3) Generation: alt vs. „erwachsen" vs. jung;
4) Hautfarbe: hell vs. dunkel (Rassismus)
5) Klasse: Mächtige vs. Machtlose (Klassismus). Als Unterpunkte dieser Kategorie unterscheidet Galtung verschiedene Machtformen: a) Politische Macht: Wer entscheidet über/unterdrückt wen? b) Militärische Macht: Wer marschiert wo ein/besetzt wen? c) Ökonomische Macht: Wer beutet wen aus? d) Kulturelle Macht: Wer durchdringt/konditioniert/entfremdet wen?)
6) Normalität vs. Abweichung (Stigmatisierung);
7) Nationalität („Ethnie") / Kultur (Religion) / Zivilisation: Herrschende vs. Beherrschte (Nationalismus, Fundamentalismus);
8) Territorium: Staatenwelt, Zentrum vs. Peripherie (Zentralismus).

Über diese Trennlinien hinaus geht Galtung davon aus, dass der strukturellen Gewalt eine Pathologie zugrunde liegt, die er als *„PSFM-Syndrom"* bezeichnet. Dies bedeutet, dass das Machtungleichgewicht der genannten Trennlinien folgende Komponenten beinhaltet: *P*enetration (als Gegenteil von Autonomie), *S*egmentierung (als Gegenteil von Integration), *F*ragmentierung (als Gegenteil von Solidarität), *M*arginalisierung (als Gegenteil von Partizipation) (Galtung 1998; Graf und Bilek 2003).

In ähnlicher Weise geht Galtung auch im Kontext kultureller Gewalt von unbewussten, syndromartigen Programmierungen aus, die der gesamten Kultur (Religion und Ideologie, Sprache und Kunst, empirische und formale Wissenschaft) zugrunde liegen und die andere Formen von Gewalt antreiben und legitimieren. Das emotionale „*MMT*-Syndrom" setzt sich aus den Komponenten *M*ission (Sendungsbewusstsein), *M*ythos (Auserwähltheit) und *T*rauma (Verletzungen durch Feinde) zusammen. Das eher kognitive „*DMA*-Syndrom" ist gekennzeichnet durch *D*ualismus (wir vs. sie), *M*anichäismus (gut vs. böse) und *A*rmageddon (ein alles entscheidendes letztes Ereignis) (ebd.).

Die Tiefendimension akteurszentrierter Gewalt ergibt sich nach Galtung aus der Nichterfüllung von Grundbedürfnissen. Er unterscheidet zwischen Wohlergehen, Überleben, Freiheit und Identität. Sie sind gleichwertig und können durch alle hier aufgeführten Gewaltformen bedroht werden (Galtung 1998).

Zusammenfassend lässt sich sagen, dass Gewalt nicht mit Konflikt identisch ist, Gewalt aber immer einen Konflikt beinhaltet. Dem Konflikt liegt immer die Möglichkeit zugrunde, ihn auszutragen. Insofern steht Frieden für die Fähigkeit, „mit einem Konflikt einfühlsam, gewaltfrei und kreativ umzugehen" und dabei den Konflikt in seinen drei Erscheinungsformen zu bearbeiten (Galtung und Tschudi 2003: 9 f.). Konkret bedeutet dies:

- Im Bereich der direkten Gewalt muss Gewaltfreiheit aufgebaut werden, indem die Grundbedürfnisse aller Parteien respektiert und befriedigt werden.
- Bei kultureller Gewalt muss eine Transformation destruktiver kultureller Elemente durch die Förderung von Empathie angestrebt werden.
- Bei struktureller Gewalt geht es um die Überwindung der Grenzen von Spaltungen durch die Förderung von Kreativität (Graf und Bilek 2003).

Aus der Perspektive vieler Strömungen der Friedensforschung bedeutet Frieden zu schaffen, Gewalt vorzubeugen (Prävention) und zu mindern (Heilung) sowie Konfliktenergien in eine positive Richtung zu lenken (Transformation).

Kurz: Ein wesentlicher Beitrag der Friedensforschung und verwandter Ansätze (z. B. der Konflikttransformation) besteht darin, Instrumente für eine komplexitätsangemessene Analyse von Konflikten bereitzustellen, die eine nachhaltige Bearbeitung erst ermöglichen. Neben diesen eher analytischen Instrumenten stehen konkrete praktisch-politische Instrumente der Friedensarbeit.

2.2 Instrumente der Friedensarbeit

In der praktisch-politischen Anwendungsperspektive bedeutet Friedensarbeit unbedingten Gewaltverzicht und verstärkten Einsatz nicht-militärischer Mittel. Was beinhalten die in der Friedensarbeit enthaltenen Ansätze der zivilen Konfliktbearbeitung (Abschn. 2.2.1) und der Sozialen Verteidigung (Abschn. 2.2.2) und inwieweit sind sie für den Russland-Ukraine-Krieg relevant?

2.2.1 Zivile Konfliktbearbeitung

Friedensarbeit stützt sich wesentlich auf Mittel der zivilen Konfliktbearbeitung im In- und Ausland. Sie entwickelt dazu ein breites Spektrum nicht-militärischer, d. h. vor allem politischer und diplomatischer Aktivitäten zur Friedensentwicklung. Auch „nichtstaatliches" Handeln, also der Einsatz zivilgesellschaftlicher Akteure, spielt eine wesentliche Rolle (Birckenbach 2014). Zivile Konfliktbearbeitung trägt in diesem Zusammenhang dem Umstand Rechnung, dass seit dem Ende des Kalten Krieges über 90 % der heutigen Gewaltkonflikte keine zwischenstaatlichen, sondern innerstaatliche und damit auch hochkomplexe innergesellschaftliche Konflikte sind (Lammers 2014).

Dies trifft auch auf den Russland-Ukraine-Konflikt zu. Er ist nicht nur durch die zwischenstaatliche Konstellation Ukraine vs. Russland geprägt, sondern auch durch konfliktverschärfende innerstaatliche Dimensionen wie Korruption im großen Stil (Norden 2022), zunehmende autoritäre Tendenzen (Kudelia 2022) oder Sezessionskonflikte in der Ostukraine (Fischer 2019). In diesem Sinne verortet zivile Konfliktbearbeitung die Konfliktursachen weniger im „eindimensionalen Kampf um staatliche Macht und nationale Interessen", sondern vielmehr in sozialen und ökonomischen Rahmenbedingungen. Eine zentrale Einsicht im Kontext ziviler Konfliktbearbeitung ist, dass Konfliktakteure und von Konflikten Betroffene immer Menschen sind (Lammers 2014).

Auf der Grundlage einer komplexitätsadäquaten Konfliktanalyse geht die Friedensforschung davon aus, dass Gewalthandeln auf verschiedenen Ebenen „kultiviert" wird und sich dadurch verselbstständigt. Indem aus Gewalt neue Gewalt entsteht, nimmt die Komplexität eines Konfliktes weiter zu. Zivile Konfliktbearbeitung geht daher von einem breiten Spektrum von Maßnahmen aus, die teilweise auch der Entwicklungszusammenarbeit und der humanitären Hilfe zuzuordnen sind, um die Friedenspotenziale der Konfliktbeteiligten zu fördern (Lammers 2014).

Es lassen sich mindestens acht Handlungsfelder zivilgesellschaftlicher Konfliktbearbeitung unterscheiden:

- *Humanitäre Hilfe:* Unabhängige Organisationen wie Ärzte ohne Grenzen (2021) bieten in Konflikten wie dem israelisch-palästinensischen die notwendige medizinische, psychologische und soziale Unterstützung für die Opfer. Dazu gehören gezielte Initiativen zur Behandlung von Angststörungen, Depressionen, Verhaltensstörungen und posttraumatischen Belastungsstörungen (PTSD). Diese Symptome sind in kriegsbetroffenen

Bevölkerungen sehr häufig und führen zu einem Wiederaufflammen der Gewalt, wenn sie nicht behandelt werden.
- *Schutzmaßnahmen ergreifen:* Beispiele hierfür sind Initiativen von Organisationen wie Amnesty International (2022). Sie verbreiten Petitionen, um Betroffene, z. B. inhaftierte Kriegsdienstverweigerer, durch internationale Aufmerksamkeit zu schützen.
- *Beitrag zur Deeskalation:* Dies kann z. B. Beratungsexpertise zur Demilitarisierung und Demobilisierung durch spezialisierte NGOs beinhalten. Das Bonn International Center for Conflict Studies (früher: Bonn International Center for Conversion) verfügt über weltweite Analyse- und Beratungsexpertise (BICC 2021).
- *Lösungsvorschläge mitentwickeln:* Dieses Handlungsfeld beinhaltet auch Beratungsexpertise durch spezialisierte „Dritte". Im Fall des Tschad-Pipeline-Projekts hat beispielsweise ein internationales NGO-Netzwerk, an dem u. a. EIRENE und Brot für die Welt beteiligt waren, Lösungsvorschläge erarbeitet, wie die Folgen des Pipelinebaus und der Ölförderung durch politische Maßnahmen konkret abgemildert werden können (Petry 2015). Ähnliche Expertise könnte auch für die Verhandlung der strittigen Territorialfrage im Russland-Ukraine-Krieg genutzt werden.
- *Kompetenzen stärken:* Dazu gehört z. B. der Ausbau und die Kooperation von Zentren für Deeskalationstraining und Friedenserziehung für unterschiedliche Bevölkerungsgruppen. Beispiele hierfür sind in Deutschland die SOS-Gewalt-Akademie Villigst, die zwischen 1998 und 2003 mehrfach Trainings und Konferenzen für israelische Teilnehmende durchführte, oder die von ihr inspirierten „SOS-Gewalt – Zentren für Gewaltstudien", die 2004 in Jerusalem gegründet wurden (GAV, o. J.).

- *Dialogforen unterstützen:* Dieses Handlungsfeld beinhaltet gezielte Förderung von Veranstaltungen im zivilgesellschaftlichen Sektor, in denen Vertreter*innen beider Konfliktparteien in konstruktivem Austausch treten, wobei das Thema nicht unbedingt direkt mit dem Krieg zu tun haben muss. Exemplarisch hierfür stehen z. B. interreligiöse Dialoge für Frieden. Hierzu finden sich zahlreiche Beispiele in Palästina-Israel (z. B. Hausen 2017; Zentrum Ökumene 2022)
- *Durchführung von mehrgleisigen Mediationsverfahren (Multi-Track-Mediation):* Verschiedene Institute wie das Herbert Kelman IICP (2022), die Berghof Foundation (2022) oder Inmedio (2022) verfügen über besondere Expertise in internationalen Mediationsverfahren. Die beiden letzteren Organisationen sind Teil der Initiative Mediation Support Deutschland (IMSD 2022a), einem Expert*innen-Netzwerk bestehend aus fünf deutschen Organisationen mit dem Ziel, „die Instrumente Friedensmediation und Mediation Support als integralen Bestandteil der deutschen Außenpolitik zu stärken und weiterzuentwickeln (IMSD 2022a)". Eine Besonderheit solcher professionell geführter Mediationsprozesse besteht darin, dass nicht nur die Ebene der politischen Entscheidungsträger*innen (Track 1), sondern auch gesellschaftliche Führungspersönlichkeiten (Track 2) und zivilgesellschaftliche Führungspersönlichkeiten (Track 3) einbezogen werden (Lederach 1997).
- *Konfliktkultur aufbrechen helfen:* Dieses Handlungsfeld zielt verstärkt auf den Abbau kultureller Gewalt. Beispiele sind überregionale Kurse für Jugendliche und Erwachsene beider Seiten oder konsequent zweisprachige Schulen, die Zugang zu den Kulturen beider Konfliktparteien vermitteln. Am bekanntesten sind in diesem Kontext die sogenannten Schulbuchprojekte – hier

wiederum erfolgreich in Israel-Palästina umgesetzt –, bei denen die Schüler*innen auch die Narrative und das Geschichtsverständnis der „anderen Seite" kennen und akzeptieren lernen (Adwan und Bar-On 2012).

All diese Ansätze werden häufig von zivilgesellschaftlichen Akteuren wie NGOs umgesetzt, können aber auch als Aufforderung an die Politik verstanden werden, entsprechende Initiativen zu entwickeln und umzusetzen. Auf politischer Ebene gibt es weitere, weitgehend nicht-militärische Interventionsmöglichkeiten, die von Nationalstaaten oder supranationalen Organisationen wie der NATO oder den Vereinten Nationen (UN) umgesetzt werden könnten. Als Maßnahmen zur gewaltfreien Beendigung direkter Gewalt nennt Galtung u. a. die Evakuierung von Zielen, Waffen- und Söldnerembargos sowie eine „drastisch erhöhte" Zahl von Friedenstruppen, die den Kombattanten den Raum zum Kämpfen nehmen (Galtung 2000). Für die Phase danach sind nach Galtung verschiedene weitere Maßnahmen vor allem im Zusammenhang mit Wiederaufbau und Versöhnung wichtig (Galtung und Tschudi 2003).

Maßnahmen des Wiederaufbaus reversibler Schäden umfassen u. a. psychische Traumabearbeitung und kollektive Trauer, Wiederaufbau und Entwicklungszusammenarbeit sowie Abbau struktureller und kultureller Gewalt. Versöhnungs- und Heilungsarbeit betont darüber hinaus einen gemeinsamen Prozess der Konfliktparteien. Maßnahmen sind z. B. Reparationszahlungen, Entschuldigung und Vergebung, gemeinsamer Wiederaufbau, Heilung durch gemeinsame Trauer (Galtung 2000).

2.2.2 Soziale Verteidigung

Während das Konzept der zivilen Konfliktbearbeitung vor allem von sogenannten „Drittparteien", die in Konflikte eingreifen, umgesetzt wird, richtet sich das Konzept der Sozialen Verteidigung an Bevölkerungen und Staaten, die direkt von militärischen Angriffen eines Aggressors betroffen sind. Das Konzept der Sozialen Verteidigung wurde in den 1960er- und 1970er-Jahren als Alternative zu Krieg und militärischer Verteidigung entwickelt. Grundlagen waren u. a. das von Henry David Thoreau entwickelte Konzept des zivilen Ungehorsams sowie der gewaltfreie Widerstand von Mahatma Gandhi und Martin Luther King (Ebert 1981). Gene Sharp gilt heute als einer der prominentesten Vertreter dieses Ansatzes (BSV 2022).

Soziale Verteidigung geht von der Werthaltung aus, dass die Erhaltung von Menschenleben und Gemeinschaftsstrukturen wichtiger ist als die Erhaltung politisch-historischer Einflusssphären. Fremdherrschaft ist demnach besser als gegenseitige Vernichtung. Soziale Verteidigung geht davon aus, dass ein Aggressor aus seinem Angriff den größtmöglichen Nutzen im Sinne einer effektiven Beherrschung des besetzten Territoriums und der Ausbeutung von Ressourcen und Arbeitskräften ziehen will (Schmid 2004; BSV 2022). Soziale Verteidigung basiert daher auf folgenden Grundhaltungen (nach Schmid 2004):

- Jeder Mensch wird als Mensch respektiert – auch der Gegner.
- Das Unrecht wird bekämpft – nicht die Person, die es ausübt oder unterstützt.
- Jeder Mensch wird als veränderungsfähig angesehen.

- Es besteht die Bereitschaft, Leid auf sich zu nehmen, um die Glaubwürdigkeit des eigenen Anliegens zu unterstreichen und so aus der Spirale von Gewalt und Gegengewalt auszubrechen.
- Bei gewaltfreiem Handeln müssen Ziel und Mittel übereinstimmen.

Soziale Verteidigung bestraft nicht den Angriff, sondern die Besatzung. Während es bei der militärischen Verteidigung in erster Linie darum geht, den Eintrittspreis für den Aggressor so hoch wie möglich zu machen, wird bei der Sozialen Verteidigung der Preis für den Aufenthalt so hoch wie möglich angesetzt. Dabei versucht die Bevölkerung durch gewaltfreie Aktionsformen, dem Besatzer die Kontrolle über die Strukturen und Institutionen des Landes zu erschweren oder gar unmöglich zu machen (Ebert 1981; Schmid 2004).

Mögliche Aktionen reichen von Freundlichkeit gegenüber den Soldaten des Aggressors über Diskussionen, Streiks, symbolische Aktionen, Aktionen der Kommunikationsguerilla (Schölzel 2013), zivilen Ungehorsam (Galtung 1972) bis hin zu aktiver Sabotage. Begleitet wird dies häufig durch Maßnahmen der zivilen Konfliktbearbeitung, wie z. B. Aufklärung der Weltöffentlichkeit, Krisenprävention, Programme für soziale und ökologische Gerechtigkeit etc. (BSV 2022).

All dies ist nicht ohne Risiko, da Angreifer auch auf Methoden der Sozialen Verteidigung mit Gewalt und Zerstörung reagieren können. Soziale Verteidigung geht jedoch davon aus, dass die Wahrscheinlichkeit und der Grad der Zerstörung umso geringer sind, je weniger Gewalt ihr entgegengesetzt wird.

In der politischen Praxis gibt es eine Vielzahl von erfolgreichen Beispielen Sozialer Verteidigung. Sie reichen vom indischen Unabhängigkeitskampf unter Gandhi

(Dharampal-Frick und Ludwig 2009) über die Bürgerrechtsbewegungen der 1960er-Jahre, die 1968 z. B. im Prager Frühling gipfelten (Horský 1975), bis hin zu den farbigen Revolutionen seit den 2000er-Jahren (Gerlach 2014). Dazu gehören u. a. die

- Rosenrevolution in Georgien (2003);
- Orange Revolution in der Ukraine (2004);
- Zedernrevolution im Libanon (2005);
- Tulpenrevolution in Kirgisistan (2005);
- Safran-Revolution in Myanmar (2007);
- Jasmin-Revolution in Tunesien (2010–2011) (Gerlach 2014).

In all diesen und weiteren Beispielen zeigte sich, welche Wirkung es auf Soldaten haben kann, wenn sie nicht einem bewaffneten Gegner, sondern unbewaffneten, gesprächsbereiten Menschen gegenüberstehen. Bemerkenswert ist: Im Falle der Ukraine gab es bei der unblutigen Orangen Revolution 2004 im Gegensatz zu den späteren Protesten vom November 2013 bis 2014 auf dem Euromaidan keine Toten (Quinn-Judge und Zharakovic 2004).

Die erfolgreiche Umsetzung Sozialer Verteidigung ist jedoch an mindestens zwei Bedingungen geknüpft, die allerdings im gegenwärtigen Russland-Ukraine-Krieg nicht mehr gegeben zu sein scheinen. Erstens setzt sie voraus, dass die Bevölkerung und die Entscheidungsträger*innen die Wertordnung der Sozialen Verteidigung teilen. Bereits die Bereitschaft Einzelner, mit Gewalt auf die Besatzer zu reagieren, kann ausreichen, um Gewalt unorganisiert ausbrechen zu lassen und die Situation eskalieren zu lassen. Zweitens liegt eine weitere Grenze der Sozialen Verteidigung vor, wenn der Aggressor ausschließlich am Territorium interessiert ist, z. B. wegen seiner strategischen Lage oder seiner Bodenschätze, und keine Rücksicht auf die lokale, nationale oder internationale Öffentlichkeit nimmt.

2.3 Die „dritte Position": Impulse für eine komplexitätsadäquate Außenpolitik und Friedensarbeit

Die aktuelle Debatte um den Russland-Ukraine-Konflikt ist emotional aufgeladen und polarisiert. Vielerorts wird sie auf die Entweder-oder-Frage zugespitzt, ob und inwieweit der Westen die Ukraine mit Waffenlieferungen unterstützen oder neue Sanktionen gegen Russland verhängen soll. Im Folgenden wird ein Schlaglicht auf die Debatte und die den unterschiedlichen Positionen zugrunde liegenden Kernannahmen und Logiken geworfen (Abschn. 2.4.1). Darauf aufbauend wird skizziert, wie eine „dritte Position" als Grundlage einer komplexitätsadäquaten bzw. komplexen Außen-, Sicherheits- und Friedenspolitik aussehen könnte (Abschn. 2.4.2).

2.3.1 Die Pazifismus-Bellizismus-Debatte

Die dem Russland-Ukraine-Krieg inhärente Pazifismus-Bellizismus-Debatte dürfte nach der Corona-Debatte und der aktuellen Diskussion über den israelisch-palästinensischen Konflikt zu den polarisiertesten und emotionalsten Diskussionen der letzten Jahre gehören. Seit Beginn der russischen Invasion konzentrierte sich der öffentliche Diskurs in Deutschland vor allem auf die Frage der Waffenlieferungen und die von Bundeskanzler Scholz proklamierte „Zeitenwende". Zahlreiche Beiträge widmeten sich der Dynamik des Krieges, wobei die Bundesregierung wegen ihrer anfänglichen Zurückhaltung bei der Lieferung schwerer Waffen, die Bundeskanzler Scholz mit der Abstimmung mit den Verbündeten begründete, häufig als zu zögerlich kritisiert wurde (Fischer 2023a).

Die Auseinandersetzung mit den Friedensinitiativen der damals der Linken zugehörigen Politikerin Sahra Wagenknecht und der Frauenrechtlerin Alice Schwarzer markierte einen vorläufigen Höhepunkt in der emotional geführten Debatte. Am 10.02.2023 veröffentlichten sie das sogenannte „Friedensmanifest". Nach Zählung der Unterschriften auf der Internetseite change.org überschritt die Zahl der Unterstützer*innen im März 2023 die Marke von 800.000. In der Petition wird die Bundesregierung aufgefordert, sich auf deutscher und europäischer Ebene „an die Spitze einer starken Allianz für einen Waffenstillstand und für Friedensverhandlungen" zu stellen, statt weiter Waffen in die Ukraine zu liefern. Weiter heißt es, dass die Ukraine keinen Krieg gegen die größte Atommacht der Welt gewinnen könne und dass Verhandeln bedeute, „Kompromisse zu machen, auf beiden Seiten" (Schwarzer und Wagenknecht 2023). Am 25.02.2023 riefen Wagenknecht und Schwarzer zu einer „Demonstration für den Frieden" am Brandenburger Tor auf, an der nach offiziellen Angaben etwa 50.000 Demonstrant*innen teilnahmen. Unter den Unterzeichner*innen und Demonstrant*innen befanden sich auch rechtsgerichtete Personen. Den Initiatorinnen wurde deshalb vorgeworfen, sich nicht klar gegen Rechts und die AfD abgegrenzt zu haben. Sahra Wagenknecht wies die Kritik zurück und sieht sich in der Öffentlichkeit als „rechtsoffen diffamiert" (WELT 2023).

Das Manifest und die Demonstration stießen sowohl bei den Regierungsparteien als auch in der Linken selbst auf heftige Kritik. Deutschlandweit warfen Kritiker*innen dem Manifest Naivität und die Unterschlagung der Leiden der Ukrainer*innen vor (Berliner Zeitung 2023). Der Politikwissenschaftler Herfried Münkler bezeichnete das Friedensmanifest als „verlogenes und ignorantes Geschwätz". Mit dem Papier werde eine Komplizenschaft mit dem Aggressor Putin eingegangen (Frank 2023). Vizekanzler Robert Habeck kritisierte die Demonstration als „Irreführung der Bevölkerung" und sagte, „jeder, der bei Verstand ist, […] will Frieden". Wagenknecht versuche, etwas als Frieden zu verkaufen, was ein „imperialistischer Diktator" Europa aufzwinge (ZEIT 2023a).

Die emotionalisierte Debatte hat sich zu einem Dilemma zugespitzt: Wer für Frieden demonstriert und bellizistische Rhetorik kritisiert, ist in der öffentlichen Wahrnehmung auch für Russland (Gassert 2022). Denn keinen militärischen Widerstand gegen die russischen Invasoren zu leisten, würde für die ukrainische Bevölkerung de facto bedeuten, dass Russland Teile der Ukraine behalten könnte. In diesem Zusammenhang wurde die Kritik an Waffenverkäufen häufig als „Unterwerfungspazifismus" bezeichnet (z. B. in Münkler 2022 oder Gathmann 2022).

Insgesamt fällt auf, dass pazifistische Ansätze – also Ansätze, die für einen unbedingten Gewaltverzicht stehen – in Politik und Gesellschaft am schärfsten kritisiert werden. Besonders häufig wird Pazifist*innen Naivität und unbelehrbare Realitätsferne sowie Prinzipienreiterei vorgeworfen, die gegenüber den Opfern der russischen Aggression wie zynische Gleichgültigkeit wirke. Diesen Vorwürfen liege, so der Naturphilosoph und Wissenschaftstheoretiker Olaf Müller, die verbreitete Annahme zugrunde, Pazifismus sei rein „gesinnungsethisch" motiviert. Wer diese ethische Position vertritt, erklärt jede kriegerische Handlung ohne Rücksicht auf die Folgen für moralisch unzulässig. Dem steht eine „verantwortungsethisch" begründete antipazifistische Position gegenüber. Sie argumentiert, dass der Mensch für die Folgen seines Handelns verantwortlich ist. Demnach können kriegerische Mittel mit Blick auf die Opferbilanz „weniger schlimme Folgen nach sich ziehen als ihre vermeintlich sauberen pazifistischen Alternativen (Müller 2023: 10)".

Müller merkt in seiner Analyse kritisch an, dass Pazifismus keineswegs nur gesinnungsethisch interpretiert werden kann – dies wäre eine Form des Pazifismus, die auf komplexe Probleme kaum anwendbar ist. Ein „wohlverstandener" Pazifismus, wie er ihn nennt und wie er in weiten Teilen der Friedensforschung vertreten wird, ließe sich keineswegs auf eine einzige Norm wie „Sag immer Nein zu Krieg und Waffenlieferungen" reduzieren (Müller 2023). Was den Pazifismus auszeichnet, sind vielmehr eine spezifische Haltung und Annahmen über die Realität und die Ursachen von Kriegen, die in der Friedensforschung auch unter dem Begriff der sogenannten „Friedenslogik" zusammengefasst werden. Die Friedenslogik grenzt sich vom bellizistisch orientierten Konzept der „Sicherheitslogik" ab. Beide Logiken unterscheiden sich in ihren Grundannahmen und daraus resultierenden Werthaltungen in mindestens fünf Punkten (im Folgenden Jaberg 2014; 2023):

- Erstens ist für Friedenslogik das Problem die stattfindende oder drohende Gewalt, weshalb ein besonderer Fokus auf Gewaltprävention und -abwendung liegt. Aus der Perspektive der Sicherheitslogik ist das Problem eher die Bedrohung, Gefahr und Unsicherheit, die von einem Gegner ausgeht. Sicherheit und Frieden werden hier gleichgesetzt und damit Rüstung und Krieg als „normale" Handlungsformen angesehen.
- Zweitens begreift Friedenslogik das Problem als Folge komplexer Konflikte. In der entsprechend vielschichtigen Konfliktanalyse müssen daher auch die Eigenanteile am Konflikt berücksichtigt werden. Sicherheitslogik nimmt das Problem eher als von außen kommend und vom Gegner ausgehend wahr. Der Gegner wird nicht nur als Symptom, sondern auch als Verursacher

des Konflikts gesehen, den es entsprechend abzuwehren gilt.

- Drittens konzentriert sich Friedenslogik auf eine kooperative und damit nachhaltige Konfliktbearbeitung, die Deeskalation, Opferschutz und dialogorientierte Konflikttransformation zwingend einschließt. Sicherheitslogik fokussiert eher auf militärische Verteidigung und Selbstschutz.
- Viertens begründet Friedenslogik das eigene Handeln mit der Universalität des Völkerrechts und der Menschenrechte, was auch dazu führt, eigene Interessen und Verhaltensweisen im Sinne globaler Normen zu hinterfragen. In der Sicherheitslogik haben die eigenen (nationalen) Interessen Vorrang, was unter Umständen zu Doppelstandards führen kann.
- Fünftens setzt Friedenslogik auf kritische Selbstreflexion im Falle des Scheiterns. Sie räumt eigene Fehler ein, sucht nach gewaltfreien Alternativen und reflektiert auch die eigenen Konstruktionsmuster sowie die Grenzen der eigenen Erkenntnis. Sicherheitslogik neigt weniger zur Selbstkritik und konzentriert sich mehr auf die Verteidigung und Bestätigung der eigenen Position.

Tabellarisch lassen sich die unterschiedlichen Annahmen der Friedens- und Sicherheitslogik wie folgt zusammenfassen (Tab. 2.1):

Die unterschiedlichen Annahmen beider Logiken führen zu gänzlich unterschiedlichen Schlussfolgerungen im Russland-Ukraine-Krieg.

So sind sich die meisten Befürworter*innen von Waffenlieferungen an die Ukraine weitgehend darüber einig, dass das Land seinen militärischen Widerstand gegen Russland nicht hätte lange durchhalten können und ein Völkermord die Folge gewesen wäre, der alles Leid in den Schatten gestellt hätte, das der Krieg nach sich gezogen hat

Tab. 2.1 Unterschiedliche Annahmen von Sicherheitslogik und Friedenslogik im Überblick (inspiriert von PZKB 2022a: 2; PZKB 2022b: 5)

	Sicherheitslogik	Friedenslogik
Was ist das Problem?	Bedrohung, Gefahr, Unsicherheit	Gewalt, die stattfindet oder bevorsteht
Wodurch ist das Problem entstanden?	Durch Andere/von außen kommend	Als Folge komplexer Konflikte
Wie wird das Problem bearbeitet?	Durch Verteidigung und Selbstschutz	Durch kooperative Konfliktbearbeitung
Wodurch wird eigenes Handeln gerechtfertigt?	Mit dem Vorrang eigener Interessen/Doppelmoral	Mit der Universalität von Menschen- und Völkerrecht
Wie wird auf Scheitern und Misserfolg reagiert?	Mit Selbstbestätigung, ohne Selbstkritik	Mit offener, selbstkritischer Reflexion

und noch nach sich ziehen wird (Heitkamp 2022). Ergänzend wird aus sicherheitspolitischer Perspektive argumentiert, dass keine militärische Antwort auf Präsident Putins Völkerrechtsbruch ihm signalisieren würde, dass es sich ausgezahlt hätte und ihm der Erfolg Appetit auf mehr machen könnte. Mit Blick auf viele historische Beispiele wird argumentiert, dass Appeasement gegenüber Aggressoren generell der falsche Weg sei (Rhotert und Rolofs 2022).

Demgegenüber gehen Vertreter*innen einer pazifistischen Werthaltung von der Annahme aus, dass mit einer Kombination aus ziviler Konfliktprävention und Sozialer Verteidigung eine Invasion durch Russland hätte verhindert werden können (Müller 2023). In den Worten von Müller (2023):

„Wenn sich die Ukraine bereits unmittelbar nach der Annexion der Krim im Jahr 2014 entschieden auf eine zivile Verteidigung gegen einen weitergehenden Überfall vorbereitet hätte, wenn sie den Verzicht auf militärische Konfliktlösungen

angekündigt hätte sowie den Verzicht auf Bemühungen um eine NATO-Mitgliedschaft, wenn sie ihren Widerwillen gegen Fremdherrschaft aus Moskau durch millionenfache Demonstrationen mit Slogans wie ‚Ihr seid nicht willkommen' gezeigt hätte, und wenn der Westen alles das (sowie vertrauensbildende Maßnahmen auf beiden Seiten) mit denselben finanziellen Summen unterstützt hätte wie jetzt den ukrainischen Verteidigungskrieg, dann hätte Putin seinen Truppen vielleicht keinen Einmarsch befohlen – und wenn doch, dann hätte es im weiteren Verlauf bei nur friedlichem Widerstand weit weniger Tote, Verletzte und Traumatisierte gegeben als im tatsächlichen Kriegsverlauf (Müller 2023: 12)."

Da sich die jeweiligen Folgen der Handlungsalternativen nicht eindeutig belegen lassen, bleiben beide Positionen bis zu einem gewissen Grad spekulativ. Obwohl sich in den Debatten um Krieg und Frieden alle Seiten um ein hohes Maß an Fakten bemühen, ist zu beobachten, dass sich die jeweilige Gegenseite kaum von der eigenen Position überzeugen lässt. Ein wesentlicher Grund dafür ist, dass es in der Debatte weniger um „Wahrheit" und „Lüge" geht, denn die wissenschaftliche Auseinandersetzung mit komplexen Situationen wie der Coronapandemie oder aktuell dem Russland-Ukraine-Krieg operiert mit Unsicherheiten und Wahrscheinlichkeiten. Erkenntnisse können daher oft vorläufig und mehrdeutig sein (Walbrühl 2023). Ein weiterer Grund ist, dass die unterschiedlichen Positionen in der Debatte um Krieg und Frieden stark von den zugrunde liegenden Menschen- bzw. Russlandbildern geprägt sind.

Eine Sichtweise, die eher das Gewalttätige, toxisch Männliche, toxisch Nationalistische betont oder/und davon ausgeht, dass nur mit Gewalt und Gewaltandrohung Aggressoren davon abgehalten werden können, ihre Nachbarn zu überfallen, wird sich vermutlich eher für Waffenlieferungen aussprechen. Wer dagegen ein optimistisches

Menschenbild hat – möglicherweise auch religiös oder philosophisch inspiriert –, das vom Guten im Menschen ausgeht und darauf abzielt, jedem Menschen mit Liebe und Mitgefühl zu begegnen, wird sich wahrscheinlich gegen Waffenlieferungen aussprechen. Müller betont in diesem Zusammenhang, dass pazifistische und extrem pazifistische Positionen durchaus scheitern können – es sei aber keineswegs ausgemacht, ab welchem Punkt objektiv feststehe, dass sich der optimistische Glaube an das Gute im Menschen als falsch erweise (Müller 2023).

Die Debatte enthält weitere strittige Fragen, die den Gegensatz unterschiedlicher Wertvorstellungen, Menschen- und Russlandbilder sowie divergierender Annahmen über Zukunft und Vergangenheit verdeutlichen: Gibt es eine nukleare Bedrohung durch Putin? Sind Verhandlungen mit dem Aggressor Russland überhaupt möglich? Ist Russland militärisch überhaupt zu besiegen? Wann hat der Konflikt überhaupt begonnen: mit dem Einmarsch russischer Truppen in die Ukraine am 24. Februar 2022 oder mit der Annexion der Krim 2014 oder mit den vorangegangenen Euromaidan-Protesten 2013 oder mit der Orangen Revolution 2004 oder noch früher mit dem Ende des Kalten Krieges oder des Zweiten Weltkrieges? Diese und andere Fragen lassen sich nicht eindeutig beantworten.

Auch innerhalb der Friedens- und Konfliktforschung wurde das Vorgehen im Russland-Ukraine-Krieg sehr kontrovers diskutiert. Weitgehende Einigkeit besteht im Hinweis auf die Risiken einer Eskalation und Ausweitung des Konflikts, so z. B. in den vielfältigen Beiträgen des im Frühjahr 2023 erschienenen Dossiers *„Quo vadis Friedensforschung?"* der Zeitschrift Wissenschaft und Frieden (W&F), Heft 01/23, mit dem Titel *„Jenseits der Eskalation"* (Wissenschaft und Frieden 2023). Uneinig und ist man sich über den eigentlichen Auftrag der Friedensforschung und in der Gewichtung von Maßnahmen, um „Druck auf Russland" auszuüben und von diplomatischen Initiativen.

Die Herausgeber*innen des Friedensgutachtens, das von der Hessischen Stiftung Friedens- und Konfliktforschung (HSFK), dem Hamburger Institut für Friedensforschung und Sicherheitspolitik (IFSH), dem Bonn International Center for Conflict Studies (BICC) und dem Institut für Entwicklung und Frieden (INEF) an der Universität Duisburg-Essen veröffentlicht wurde, sprachen sich nach dem Beginn des Angriffskriegs für westliche Sanktionen und Waffenlieferungen aus. In ihrem Gutachten vom Herbst 2022 mit dem Titel „Friedensfähig in Kriegszeiten" verwiesen sie auf die imperialen Züge des Krieges und dass man „Druck auf Russland ausüben müsse, um ernsthafte Verhandlungen zu ermöglichen (BICC et al. 2022)." Gleichzeitig müsse der Gefahr nuklearer Eskalation, weiterer Proliferation und internationalisierter Bürgerkriege durch diplomatische Initiativen, eine restriktive Rüstungsexportpolitik und die Stärkung regionaler Organisationen begegnet werden (ebd.). Im kürzlich erschienenen Friedensgutachten 2023 empfehlen die Autor*innen darüber hinaus, schon jetzt Verhandlungen vorzubereiten (BICC et al. 2023). Auch die Friedensforscher Tobias Debiel und Herbert Wulf, die nach dem russischen Angriff ebenfalls für Waffenlieferungen und Sanktionen plädierten, warnten gleichzeitig explizit vor den Eskalationsrisiken, die mit der Lieferung schwerer Waffen einhergehen könnten (Debiel und Wulf 2023).

Auf der Jahrestagung der Arbeitsgemeinschaft Friedens- und Konfliktforschung und der Evangelischen Akademie Villigst im März 2023 wurde besonders kontrovers diskutiert (AFK/Evangelische Akademie Villigst 2023). Einige Teilnehmer*innen sahen den Auftrag der Friedensforschung vor allem in der Erforschung der Ursachen für Kriege und der Bedingungen für Frieden. Gleichzeitig vermissten sie differenzierte Konfliktanalysen und Regionalexpertisen, die die historische Dimension einbeziehen. Besonders umstritten waren und sind die sehr unterschiedlichen Einschätzungen der Kriegsentstehung (Ganser 2023). Einige Friedensforscher*innen forderten verstärkte diplomatische Initiativen, um Wege aus dem Krieg aufzuzeigen und sich frühzeitig auf mögliche Verhandlungen vorzubereiten, auch wenn die Zeit dafür noch nicht unmittelbar reif sei (z. B. Debiel und Wulf 2022). Friedensforscher wie Wolfgang Zellner, ehemaliger Leiter des Zentrums für OSZE-Forschung am IFSH in Hamburg, äußerten sich pessimistisch über die Aussichten auf eine politische Lösung und ein baldiges Ende des Krieges. Er hält eine Vermittlung durch die UN – möglichst auf der Grundlage einer Sicherheitsratsresolution – für absolut wünschenswert (Zellner 2022). Darüber hinaus äußert er, dass Sicherheitsgarantien für die Ukraine durch die USA im Verbund mit anderen Mächten auf der Grundlage des „Kiev Security Compact"[2] ausgestaltet werden könnten. Die in diesem Dokument enthaltenen Sicherheitsgarantien, die eine mehrjährige Unterstützung zusichern, würden, so die Argumentation, Putin zeigen, dass er sich diesem Krieg nicht entziehen könne (Rasmussen und Yermak 2022). Andere, wie z. B. die Bundesregierung, stehen diesem Ansatz bislang zurückhaltend gegenüber, da sie eine Ausweitung des Krieges befürchten (Schwung 2023).

---

[2] Das von der ukrainischen Regierung in Zusammenarbeit mit dem ehemaligen NATO-Chef Anders Fogh Rasmussen ausgearbeitete Dokument basiert auf vier Säulen: Erstens verpflichten sich die Garantiestaaten zu langfristigen Waffenlieferungen an die Ukraine, zweitens zur Ausbildung ukrainischer Soldaten auf ukrainischem Territorium, drittens zum Aufbau einer leistungsfähigen ukrainischen Rüstungsindustrie und viertens zum Austausch nachrichtendienstlicher Informationen mit Kiew (Rasmussen und Yermak 2022).

Für eine Politik der Friedensförderung, die der Komplexität der Lage gerecht wird, leitet sich aus der Tatsache ab, dass sich keine einfachen Antworten finden lassen. Umgekehrt lässt sich aus Perspektive von Komplexitätsdisziplinen, wie z. B. der Kybernetik, schlussfolgern, dass komplexitäts- und situationsangemessene Antworten voraussetzen, dass man eine Vielfalt von Handlungsoptionen hat und Uneindeutigkeit aushalten kann.[3] Schließt z. B. ein gewaltfreier Umgang mit Gewaltkonflikten per se den Einsatz von Machtmitteln und den Aufbau von Drohpotenzial in Form von Wirtschaftssanktionen oder sogar robusten Mandaten mit bewaffneten Truppen aus? Ist Soziale Verteidigung, die im Kontext der Orangen Revolution im Jahre 2004 und während der Euromaidan-Proteste im Jahre 2013 in der Ukraine durchaus funktioniert hatten, gegenwärtig im Kontext eines zunehmenden Nationalismus in der ukrainischen Bevölkerung seit der Krim-Annexion 2014 (hierzu z. B. Beck und Siggelkow 2022), eine realistische Option? Was kann in er aktuellen Eskalationsphase des Russland-Ukraine-Kriegs realistisch unternommen werden?

Um zu einer komplexitätsangemessenen Außen-, Sicherheits- und Friedenspolitik zu gelangen, bedarf es nicht nur einer vielschichtigen, unterschiedliche Perspektiven

---

[3] Dieses Prinzip lehnt sich an das Ashby'sche Gesetz an, eines der Grundprinzipien der Kybernetik, das besagt, dass jedes System nur so viel Komplexität bewältigen kann, wie seiner eigenen Komplexität entspricht. Genauer gesagt besagt das Ashby'sche Gesetz, dass die Fähigkeit eines Systems, mit der Komplexität seiner Umwelt umzugehen, wesentlich davon abhängt, dass es hinsichtlich seines Handlungspotenzials eine mindestens ebenso hohe Komplexität bzw. Vielfalt aufweist (der Fachbegriff für diese Handlungsvielfalt ist „Varietät"). Ashby fasste sein Gesetz in die Formulierung „variety can destroy variety" (1956), die später vom Begründer der Managementkybernetik, Stafford Beer, für den Managementkontext positiv umformuliert wurde in „variety absorbs variety" (Beer 1974). Dieses Prinzip wird bis heute in der Komplexitätsdebatte als gültig angesehen und hat damit weitreichende Implikationen für komplexe Problemlösungen.

integrierenden Analyse, sondern auch einer realistischen Einschätzung des Eskalationsgrades und der aktuell verfügbaren Ressourcen.

2.3.2 Die „dritte Position"

Für die aktuelle Situation kann eindeutig festgestellt werden, dass ein Zermürbungskrieg vorherrscht, mit unglaublich hohen Opferzahlen auf beiden Seiten und verheerenden Auswirkungen auf die Infrastruktur und die Zivilbevölkerung der Ukraine. Dabei wird auch kritisiert, dass die Waffenlieferungen an die Ukraine, um sich wirkungsvoll zu verteidigen „zum Sterben zu viel, zum Leben zu wenig" seien (Reisner 2023). Auch Russland trägt Beobachter*innen zufolge hohe Kosten vom Krieg. Die Schätzungen reichen von etwa einer halben (RND 2022) bis zu einer Milliarde Euro pro Tag (Huber 2022). Obwohl auch das Land von den vielfältigen Wirtschaftssanktionen des Westens betroffen ist (Europäischer Rat 2023), scheinen die Einnahmen aus dem Öl- und Gasgeschäft die Kriegskosten noch abfedern zu können, was sich jedoch in absehbarer Zeit ändern könnte (DW 2022a). Hinzu kommen die humanitären „Kosten". Schätzungen zufolge sollen bereits im ersten Kriegsjahr mehr russische Soldaten gefallen sein als in zehn Jahren Afghanistankrieg (Handke 2022; The Economist 2023).

Die Relevanz all dieser Überlegungen wird mit der „Ripeness"-Theorie begründet, die von einer sehr pragmatischen Richtung innerhalb der Friedensforschung vertreten wird. Prominentester Vertreter dieser Theorie ist William Zartman, ebenfalls ein bekannter Vertreter der oben skizzierten Tradition der Konfliktregelung (Zartman 2008). Demnach muss der Konflikt einen gewissen „Reifegrad" („ripeness") erreicht haben, damit sich die

Kombattanten überhaupt auf Friedensverhandlungen einlassen (Podzsun 2011). In diesem Zusammenhang soll der berühmte ehemalige US-Diplomat Henry Kissinger bereits 1974 gesagt haben, dass ein für beide Seiten schmerzhaftes „Patt" die beste Voraussetzung für ein Abkommen sei (Zartman 2008).

Auch wenn diese These nicht von allen Friedensforscher*innen geteilt wird, dürften die meisten Beobachter*innen die Einschätzung teilen, dass sich angesichts der steigenden Kriegskosten auf beiden Seiten und der geringen Wahrscheinlichkeit eines schnellen militärischen Sieges „weniger die […] Frage [stellt], ob es weitere Verhandlungen geben wird, sondern eher wann und unter welchen Bedingungen (IMSD 2022b)." Insofern schließen sich Kriegspolitik und Friedensarbeit im Russland-Ukraine-Krieg nicht gänzlich aus, zumal Verhandlungen nicht selten während laufender militärischer Aktivitäten stattfinden (IMSD 2022b).

Um der Komplexität gerecht zu werden, wäre es sinnvoll, die polarisierte Debatte „Bellizismus/Sicherheitslogik vs. Pazifismus/Friedenslogik" um eine integrative Position zu erweitern, die sich der Entweder-oder-Verengung entzieht. Ich bezeichne sie arbeitshypothetisch als „dritte Position", weil sie Aspekte beider Seiten berücksichtigt und zu integrieren versucht, ohne sich einseitig festlegen zu lassen. Komplexitätstheoretisch erweist sich eine solche dritte Position insofern als sinnvoll, als sie – ähnlich wie bei der Konfliktlösung – prinzipiell alle Optionen offen hält und zwischen ihnen klug abwägt. So ergibt sich in vielen komplexen außenpolitischen Fragen unter Berücksichtigung der verfügbaren Ressourcen und der Besonderheiten einer gegebenen Situation ein „Sowohl als auch" oder „Es kommt darauf an".

Die dritte Position knüpft unmittelbar an Oliver Richmonds Forderung nach einer „pluralistischen Debatte über

Frieden" und einer daraus abgeleiteten „interdisziplinären Friedensagenda" (Richmond 2008) und einer Integration aller oben beschriebenen Generationen der Friedensforschung im Sinne einer – mit den Worten Wilfried Grafs gesprochen – „komplexen Friedenslogik" (Graf 2020) an. Übertragen auf die Debatte „Bellizismus/Sicherheitslogik vs. Pazifismus-Friedenslogik" würde die integrative Perspektive der dritten Position einerseits im Sinne des Pazifismus der Einsicht Rechnung tragen, dass Gewalt nicht durch Gewalt beendet werden kann. Sie verabscheut daher grundsätzlich Waffen und militärische Gewalt. Gleichzeitig schließt sie nicht aus, dass Gewalt in Ausnahmesituationen, z. B. zur Selbstverteidigung, legitim sein kann, um größeren Schaden abzuwenden. So konnte das nationalsozialistische Deutschland nicht durch gewaltfreie Proteste und Appeasement-Politik, sondern durch militärische Gewalt gestoppt werden. Die dritte Position sieht Krieg also nicht als „normale" Handlung im Sinne einer – in den berühmten Worten von Carl von Clausewitz – „Fortsetzung der Politik mit anderen Mitteln", sondern als allerletzte Option im Umgang mit extrem gewaltbereiten Akteuren. Die Grundstimmung im Falle einer Entscheidung für den Einsatz militärischer Gewalt sei nicht von Kriegseuphorie und Aggression geprägt, sondern – neben der notwendigen Entschlossenheit – eher von Trauer und Mitgefühl über den Verlust von Menschenleben auf beiden Seiten. Eine der prägnantesten Beschreibungen dieser komplexen Grundhaltung findet sich im 31. Kapitel eines der bedeutendsten Weisheitstexte der Welt, dem Tao te king – dem Grundlagentext des Daoismus (übersetzt von Wilhelm 1984):

Waffen sind unheilvolle Geräte, alle Wesen hassen sie wohl. Darum will der, der den rechten SINN hat, nichts von ihnen wissen.

> *Der Edle in seinem gewöhnlichen Leben achtet die Linke als Ehrenplatz.*
> *Beim Waffenhandwerk ist die Rechte der Ehrenplatz.*
> *Die Waffen sind unheilvolle Geräte, nicht Geräte für den Edlen.*
> *Nur wenn er nicht anders kann, gebraucht er sie.*
> *Ruhe und Frieden sind ihm das Höchste.*
> *Er siegt, aber er freut sich nicht daran.*
> *Wer sich daran freuen wollte, würde sich ja des Menschmordes freuen.*
> *Wer sich des Menschenmordes freuen wollte, kann nicht sein Ziel erreichen in der Welt.*
> *Bei Glücksfällen achtet man die Linke als Ehrenplatz.*
> *Bei Unglücksfällen achtet man die Rechte als Ehrenplatz.*
> *Der Unterfeldherr steht zur Linken, der Oberführer steht zur Rechten.*
> *Das heißt, er nimmt seinen Platz ein nach dem Brauch der Trauerfeiern.*
> *Menschen töten in großer Zahl, das soll man beklagen mit Tränen des Mitleids.*
> *Wer im Kampfe gesiegt, der soll wie bei einer Trauerfeier weilen.*

Ein wesentlicher Unterschied zu einer rein bellizistischen Position besteht im Verzicht auf eine gewalttätige Haltung und damit auch in der Ablehnung jeglicher Form kultureller Gewalt, z. B. in Form von Kriegsverherrlichung, Selbstüberhöhung und Entmenschlichung der Gegenseite. Darüber hinaus besteht die Motivation, jede sich bietende Chance zur einvernehmlichen Konfliktlösung zu nutzen und einen Friedensprozess zu initiieren, da militärische Gewalt und Opfer möglichst vermieden werden sollen. In der Debatte um die Frage, ob Waffenlieferungen an die Ukraine legitim sind, wäre es daher durchaus möglich, dass Vertreter*innen dieser dritten Position Waffenlieferungen im Sinne einer völkerrechtlich legitimierten Hilfe zur Selbstverteidigung befürworten. Gleichzeitig würden sie die strukturellen Rahmenbedingungen, die kriegerische Gewalt begünstigen, kritisieren und dafür plädieren, auf diese einzuwirken. So könnte eine Initiative darin bestehen, Waffenverkäufe bis zu einem gewissen Grad zu befürworten, gleichzeitig aber Rüstungskonzerne wie BAE Systems (England), Thales (Frankreich), Leonardo (Italien), Rheinmetall (Deutschland)[4], die wesentlich vom Russland-Ukraine-Krieg profitieren, zu besteuern und diese Mittel für friedensfördernde Maßnahmen wie Wiederaufbau, humanitäre Hilfe, Strukturreformen und Korruptionsbekämpfung einzusetzen.

All diese Überlegungen machen deutlich, dass es nicht „den" Weg der Friedensarbeit gibt und dass Friedensforschung schon aufgrund der Vielfalt der Grundhaltungen unterschiedlicher Friedensbegriffe keine einheitliche Disziplin sein kann. Zwar grenzt sich ein Großteil der Friedensforschung, wie oben dargestellt, von den Strategic Studies ab – richtig ist aber auch, dass das neorealistische sicherheitslogische Denken die erste Generation der Friedensforschung darstellt und damit auch ein Teil von ihr ist. Friedensforschung erweist sich in den Worten von Wilfried Graf und Gudrun Kramer als „aufklärende", weil „systematische" Forschung und damit vor allem „dort sinnvoll und notwendig, wo es um eine ‚neue Unübersichtlichkeit', um unbekanntes Terrain, um neues Denken geht, das vielleicht noch gar nicht systematisierbar ist (Graf und Kramer 2009: 27)." Sie muss daher möglichst viele Denkschulen

---

[4] Die Mittel wären durchaus vorhanden. Seit Kriegsbeginn hat sich beispielsweise allein der Börsenwert von Rheinmetall im Vergleich zum Vorjahr verdoppelt und könnte demnächst sogar in den DAX, die Gruppe der 40 größten börsennotierten Unternehmen Deutschlands, aufsteigen (Zajonz 2023). Insgesamt sind die Umsätze der 100 größten Waffenhersteller der Welt laut aktuellem SIPRI-Bericht seit 2018 stetig gestiegen (SIPRI 2021).

und Methoden integrieren, ja „miteinander kombinieren" (ebd.: 27)."

Übertragen auf den Russland-Ukraine-Konflikt erfordert dies u. a. auch einen komplexen Umgang mit der derzeit stark polarisierten Debatte um den Einsatz von Gewalt zur Beendigung des Krieges. Die hier skizzierte dritte Position wäre der Versuch, nach differenzierten Lösungs- und Erklärungsansätzen zu suchen und bewusst auf polarisierende, unterkomplexe Zuspitzungen wie „Waffenlieferungen: ja oder nein" zu verzichten. Dahinter steht die Annahme, dass solche Entweder-oder-Ansätze tendenziell nicht friedensförderlich sind, weil sie nicht das gesamte Spektrum der Handlungsmöglichkeiten berücksichtigen und ausschöpfen. In diesem Sinne steht die dritte Position für eine transdisziplinäre und multiparadigmatische Ausrichtung von Friedensforschung und Friedensarbeit. Welche Implikationen sich daraus für eine komplexitätsadäquate Außen-, Sicherheits- und Friedenspolitik ergeben, wird in einem späteren Kapitel u. a. mit Bezug auf das Modell des Gefangenendilemmas zu entwickeln sein.

Letztlich, und hier dürften sich Bellizist*innen und Pazifist*innen in einem wesentlichen Punkt einig sein, gilt: Waffenlieferungen und militärische Erfolge in aktuellen Kriegen allein werden nicht zu einem nachhaltigen Frieden führen. Denn: Nicht der Gewinner eines Konflikts bestimmt, ob dieser beendet wird, sondern der Verlierer (Simon 2012). Ein Ende des Krieges kann nur durch Verhandlungen herbeigeführt werden, in denen strittige Punkte, wie z. B. die Territorialfrage, geklärt werden. Ein solcher Friedensprozess, der auch Rüstungskontrolle, Abrüstung, Versöhnung und Wiederaufbau beinhalten kann, bedarf jedoch einer der Komplexität angemessenen Analyse und Intervention.

3

Die Ebenen des Russland-Ukraine-Kriegs: Ansatzpunkte für eine komplexe Analyse

Die folgende Darstellung erhebt nicht den Anspruch einer in allen Details vollständigen Analyse dieses Krieges. Vielmehr geht es darum, einige Dimensionen und Ebenen der Konfliktanalyse und -intervention aufzuzeigen, zu denen Friedensforschung und Friedensarbeit wichtige Beiträge leisten können und die in der aktuellen Diskussion und in der internationalen Politik vernachlässigt werden. Im folgenden Unterkapitel werde ich kurz erläutern, wie die Begriffe „Ebenen" und „Dimensionen" verwendet werden, bevor ich auf die eigentliche Konfliktanalyse eingehe.

3.1 Methodische Vorüberlegungen

Der Anspruch einer komplexen Analyse besteht u. a. darin, die weniger sichtbaren Gewaltpotenziale, -ursachen und -treiber zu identifizieren. In deren Beseitigung liegen wichtige Ansatzpunkte für die Friedensarbeit. Die Begriffe „Dimensionen" und „Ebenen" erweisen sich dabei als zentral.

Der Begriff *„Dimensionen"* wird verwendet, um verschiedene, parallel existierende Dimensionen der Wirklichkeit zu kategorisieren, in denen sich Konfliktsymptome und Gewalt manifestieren können und die nicht aufeinander reduzierbar sind. In den Geisteswissenschaften gehört das Mitte des 20. Jahrhunderts formulierte „Drei-Welten-Modell" des Wissenschaftsphilosophen Karl Popper zu den ersten und bekanntesten erkenntnistheoretischen Ansätzen dieser Art. Er unterschied eine „Welt 1" der Objekte und beobachtbaren Gegenstände, eine „Welt 2" der subjektiven Gedanken, Vorstellungen und Gefühle und eine „Welt 3" der vermittelbaren Produkte des menschlichen Geistes, z. B. Theorien, Normen, Kultur (Popper 2004). Heute ist in den Geisteswissenschaften ein erweitertes Modell verbreitet, meist in Form eines Vier-Quadranten-Modells bzw. einer Vier-Felder-Matrix (z. B. Layder 1997; Sibeon 2004). Die Kategorien dieses Modell wurden von einigen Vertreter*innen der Konflikttransformation übernommen und werden heute vielfach für Konfliktanalysen und Interventionsplanungen verwendet. Dazu gehören u. a. die Modelle von Norbert Ropers (1995), John Paul Lederach (2003), dem Life & Peace Institute (2009), Fathi (2011) oder dem IICP (2022). Die einzelnen Dimensionen und ihre nicht aufeinander reduzierbaren Geltungskriterien umfassen eine

- *Individuell-objektive Dimension:* Diese bezieht sich auf empirische Wahrheit und damit auf alle Faktoren, die faktisch, messbar oder objektiv beobachtbar sind (Sibeon 2004; Layder 1997). Typische Analyseinstrumente und Disziplinen, die sich mit dieser Dimension befassen, sind quantitativ, positivistisch und empirisch. Dazu gehören u. a. die Naturwissenschaften, die Wirtschaftswissenschaften und die Verhaltenspsychologie (Fathi 2022). Konfliktanalysen untersuchen im Rahmen dieser Dimension das beobachtbare Konfliktverhalten und die von Menschen ausgeübte direkte Gewalt (Galtung 1998). Weitere relevante Inhalte können quantitative oder faktische Indikatoren sein, wie militärische (z. B. eingesetzte Waffen), ökonomische (z. B. wirtschaftliche Kennzahlen) oder juristische (z. B. bestehende Gesetze und Vereinbarungen).
- *Individuell-subjektive Dimension:* Diese bezieht sich auf Wahrhaftigkeit und umfasst damit Inhalte, die in der eigenen Subjektivität wahrnehmbar sind, z. B. Intentionen, Gefühle und Gedanken (Popper 2004) und Selbst-Identität (Sibeon 2004; Layder 1997). Typische Disziplinen und Analyseinstrumente, die auf diese Dimension spezialisiert sind, sind qualitativ, z. B. Psychoanalyse, Tiefenpsychologie oder introspektive Methoden wie Meditation (Fathi 2022). Konfliktrelevante Inhalte und Untersuchungsgegenstände können z. B. tiefere Motive in Form von Bedürfnissen, individuell erlebte Belastungen, psychische Symptome in Form von Projektionen und Schatten sein. In Mikrokonflikten, wie z. B. einem Ehestreit, ist diese Untersuchungsdimension sehr wichtig, da sie die tieferen psychologischen Triebkräfte hinter dem Konfliktverhalten aufdeckt. In Makrokonflikten, wie dem Russland-Ukraine-Konflikt, ist diese

Dimension relativ weniger ausgeprägt, aber dennoch relevant. Hier sind es Bedürfnisse, Stress und Traumata in der Bevölkerung sowie individuelle Beweggründe von einzelnen Entscheidungsträger*innen, die im Rahmen dieser Dimension untersucht werden.

- *Kollektiv-subjektive Dimension:* Die intersubjektive Dimension verdeutlicht, dass sich Akteure auf einen gemeinsamen Bedeutungszusammenhang verständigen können (Popper 2004) und dass jeder Gedanke und jede Handlung in einen kollektiv geteilten Bedeutungszusammenhang eingebettet sind. Typische Inhalte dieser Dimension sind z. B. Normen, Moral, Ethik, Sprache (Sibeon 2004 und Layder 1997) und Kultur (Lederach 2003). Diese Inhalte werden von qualitativen Disziplinen und Methoden wie z. B. der Sozialpsychologie, der qualitativen Soziologie oder dem Dekonstruktivismus erschlossen (Fathi 2022). Im Kontext von Konfliktanalysen sind kollektiv geteilte Bedrohungs- und Konfliktwahrnehmungen von Bevölkerungen und Formen kultureller Gewalt typische Untersuchungsgegenstände (Galtung 1998).
- *Kollektiv-objektiv:* Die interobjektive Dimension schließlich beschäftigt sich mit Strukturen und Institutionen (Sibeon 2004; Lederach 2003). Hier interessiert nicht die innere Bedeutung, wie sie typischerweise im Rahmen der intersubjektiven Dimension untersucht wird, sondern die „äußere Funktionalität", d. h. ob etwas stabilisierend oder destabilisierend auf das untersuchte kollektive System wirkt. Typische Ansätze, die sich auf diese Dimension konzentrieren, finden sich in systemischen Theorien (Fathi 2022) und im Strukturalismus (Sibeon 2004). Wichtige Untersuchungsgegenstände für Konfliktanalysen sind alle Formen struktureller Gewalt (Galtung 1998) und strukturelle Risikopotenziale, die z. B. von geopolitischen Machtkonstellationen ausgehen.

Grafisch lassen sich die wesentlichen Inhalte der vier Analysedimensionen in einer Vier-Felder-Matrix wie folgt zusammenfassen:

Bei der Untersuchung von Makrokonflikten liegt es nahe, die beiden rechten Quadranten auch den PESTLE-Faktoren zuzuordnen. Dieses Akronym steht für Political, Economic, Sociological, Technological, Legal, Environmental und repräsentiert die typischen Faktoren der externen Umweltanalyse.

Ergänzend wird mit dem Begriff der *„Ebenen"* deutlich gemacht, dass der Russland-Ukraine-Krieg tiefer liegende Themen und Triebkräfte beinhaltet, die nicht nur die beiden unmittelbar betroffenen Staaten, sondern weit über die beiden Ländergrenzen hinausgehende, umfassendere Konfliktkonstellationen betreffen. In diesem Sinne wird davon ausgegangen, dass sich der Russland-Ukraine-Krieg auf mindestens vier Systemebenen manifestiert, wobei in der aktuellen Debatte meist nur die erste und teilweise auch die zweite Ebene thematisiert wird. Auf Ebene 1 wird der Konflikt als Konfrontation zwischen Russland und der Ukraine charakterisiert. Auf Ebene 2 erweitert sich die Analyse auf den Russland-NATO-Ukraine-Konflikt. Analog kann auf beiden Ebenen die oben dargestellte Vier-Felder-Matrix zur Analyse herangezogen werden. Auf Ebene 3 lässt sich die Brisanz des Russland-Ukraine-Konflikts als Ausdruck tiefer liegender „Weltkonfliktformationen" begreifen – ein Begriff, der in der Friedensforschung bereits in den 1990er-Jahren verwendet wurde, in der aktuellen Diskussion aber fast völlig vernachlässigt wird. Auf Ebene 4 stellt sich der Russland-Ukraine-Krieg als Ausdruck eines tiefer liegenden globalen Konflikts um die Frage einer neuen, multilateral legitimierten, gerechten Weltordnung dar. Einer einvernehmlichen Lösung dieser Frage steht ein globales Gefangenendilemma entgegen. Gelänge es, dieses Dilemma aufzulösen, könnte dies den Weg zu einem nachhaltigen Friedensprozess ebnen, der auch die Brisanz des Neuen Kalten Krieges entschärft. Diese Ebene ist, vermutlich aufgrund ihres höheren Abstraktionsgrades, bislang in keiner Analyse des Russland-Ukraine-Konflikts berücksichtigt worden.

3.2 Ebene 1: Der Russland-Ukraine-Konflikt

Auf der Analyseebene 1 stellt sich der vorliegende Konflikt als militärische Konfrontation zwischen der Ukraine und Russland dar. Die aktuelle Berichterstattung konzentriert sich zumeist auf diese Ebene und mit Blick auf die oben dargestellte Vier-Felder-Matrix fast ausschließlich auf die faktische Dimension. Diese umfasst objektiv-faktische Informationen wie Truppenbewegungen, Siege, Zerstörungen, Opferzahlen, Wirtschaftsdaten, eingesetzte Waffen etc. Weitere Konflikt- und Gewaltpotenziale, die einer psychischen, strukturellen und kulturellen Dimension zugeordnet werden können, werden vergleichsweise weniger berücksichtigt. Eine ganzheitliche Konfliktanalyse sollte zumindest alle vier Dimensionen berücksichtigen.

3.2.1 Faktische Dimension: Was ist passiert?

Wie bereits erwähnt, konzentriert sich ein Großteil der Berichterstattung auf die Wiedergabe und Interpretation von Fakten. Die Polarisierung der Debatte zeigt jedoch, dass die Ergebnisse nicht immer so eindeutig zu interpretieren sind, wie es manche Darstellungen suggerieren. Häufig sind die sehr unterschiedlichen Angaben, insbesondere zu den Opferzahlen, die von den Kriegsparteien genannt werden, nicht von unabhängiger Seite aus zu überprüfen. Uneinigkeit herrscht auch bei der Interpretation historischer Fakten, etwa bei der Frage, wann genau der Konflikt begann. Begann er mit der Annexion der Krim 2014? Oder mit der Orangen Revolution 2004? Oder mit dem Zweiten Weltkrieg? Typischerweise erzählen die Konfliktparteien sehr unterschiedliche Geschichten über den Verlauf des Konflikts, was darauf zurückzuführen ist, dass die Fakten in unterschiedliche Sinnzusammenhänge gestellt werden. Darauf wird insbesondere im Zusammenhang mit kultureller Gewalt und Kriegspropaganda näher einzugehen sein. Im Folgenden soll – ohne Anspruch auf Vollständigkeit – ein kurzer Überblick über die wichtigsten Eckdaten des Konflikts und die Positionen beider Seiten gegeben werden:

Die Ukraine ist nach Russland der flächenmäßig größte Staat Europas. Mit dem aktuellen Krieg steht das Land vor seiner größten Herausforderung seit der Unabhängigkeitserklärung im Dezember 1991. Russland hatte Anfang des Jahres 2022 mit einem massiven Truppenaufmarsch begonnen und bis Februar rund 150.000 Soldaten und militärisches Gerät an den Grenzen rund um die Ukraine zusammengezogen. Weitere 30.000 russische Soldaten wurden in Belarus stationiert. Am 24.02.2022 startete Russland mit allen Einheiten einen militärischen Angriff auf das gesamte Land mit dem Ziel, den ukrainischen Präsidenten Wolodymyr Selenskyj abzusetzen und die Ukraine unter die eigene Kontrolle zu bringen (LpB BW 2023a). Der Konflikt ist mittlerweile in die Phase eines Abnutzungs- und Zermürbungskrieges mit relativ starren Frontlinien und verstärktem Artillerieeinsatz übergegangen, ähnlich dem Ersten Weltkrieg (Fearon 2023). Die Kämpfe konzentrieren sich vor allem auf den Süden und Osten der Ukraine. Die Separatistengebiete im Donezbecken (kurz: Donbas), Donezk und Luhansk, wurden von Russland einseitig als unabhängige Staaten anerkannt (Fischer 2019). Die internationale Staatengemeinschaft verurteilt diesen völkerrechtswidrigen Angriff auf ein souveränes Land aufs Schärfste und hat verschiedene Sanktionen gegen Russland beschlossen (UN 2022). Zuletzt wurde am 17.03.2023 sogar ein Haftbefehl gegen Wladimir Putin durch den Internationalen Strafgerichtshof (IStGH) erlassen. Ihm liegt der begründete Verdacht zugrunde, für die Deportation ukrainischer Kinder nach Russland verantwortlich zu sein (ICC 2023). Nach einem Bericht der Moscow Times sollen seit Beginn der Invasion 700.000 Kinder nach Russland gebracht worden sein (Moscow Times 2023). Die Zerstörung des Kachowka-Staudamms am 06.06.2023 in der südukrainischen Region Cherson stellt einen weiteren traurigen Höhepunkt des Konflikts dar. Die Schäden durch den Dammbruch gehen in die Milliarden und haben massive Auswirkungen auf Menschen, Umwelt und Landwirtschaft. Die Ukraine und Russland beschuldigen sich gegenseitig, für die Zerstörung verantwortlich zu sein (Bräunlein 2023).

Der Krieg hat eine Vorgeschichte. Wo dieser genau zu verorten ist, ist umstritten (Müller 2023). Fest steht, dass die Beziehungen zu Russland bereits mit dem bewaffneten Konflikt um die ukrainische Halbinsel Krim in den Jahren 2013 und 2014 einen Tiefpunkt erreicht hatten, der am 18.03.2014 zur Annexion und damit zur völkerrechtlich nicht anerkannten Einverleibung der Halbinsel durch Russland führte (Dembinski et al. 2014). Am 17.07.2014 wurde eine Passagiermaschine der Malaysia Airlines auf dem Weg von Amsterdam nach Kuala Lumpur über umkämpftem Gebiet in der Ostukraine abgeschossen. Alle 298 Insassen wurden getötet. Ein niederländisches Strafgericht sprach am 17.11.2022 nach langwierigen Ermittlungen drei ehemals hochrangige pro-russische Separatisten in Abwesenheit schuldig (SZ 2022).

Zur Deeskalation und Lösung des Konflikts wurden Verhandlungen im sogenannten „Normandie-Format" aufgenommen, das Verhandlungen zwischen den vier Staaten Russland, Ukraine, Frankreich und Deutschland vorsieht. Sie mündeten im Februar 2015 in das Minsker Abkommen, das Vereinbarungen zur Beendigung des Konflikts in der Ostukraine enthielt, aber bereits wenige Tage nach seiner Unterzeichnung durch das Wiederaufflammen der Kämpfe im Donbas gebrochen wurde.[1] In der Folge erkannte Putin die selbsternannten „Volksrepubliken" Donezk und Luhansk, die bereits im Mai 2014 ein von prorussischen Separatisten organisiertes Referendum über die staatliche Eigenständigkeit durchgeführt hatten (Pleines 2014), einseitig als unabhängige Staaten an und schloss mit ihnen Freundschaftsverträge (LpB BW 2023a).

Dem Minsker Abkommen und der Annexion der Krim gingen die großen Euromaidan-Proteste voraus, die zum Sturz des pro-russischen Präsidenten Viktor Janukowitsch und seiner Flucht führten. Auslöser war die überraschende Erklärung Janukowitschs im November 2013, das geplante Assoziierungsabkommen mit der EU nicht unterzeichnen zu wollen (Andruchowytsch 2014).

---

[1] Das Minsker Protokoll oder „Minsk I" ist die schriftliche Zusammenfassung der Ergebnisse der Gespräche zwischen der Ukraine und Russland und der OSZE über gemeinsame Schritte zur Umsetzung eines Friedensplans im Russland-Ukraine-Konflikt, das am 05.09.2014 im belarussischen Minsk unterzeichnet wurde. Durch die Verabschiedung der Resolution 2202 (2015) des Sicherheitsrates der Vereinten Nationen wurde es am 17.02.2015 zu einem völkerrechtlichen Vertrag (UN Security Council 2015). Hauptziel war ein zeitlich begrenzter Waffenstillstand. Nach einem Wiederaufflammen der Kämpfe um den Flughafen von Donezk im selben Monat wurde am 12.09.2015 auf Initiative Deutschlands und Frankreichs ein neues Waffenstillstandsabkommen geschlossen: Minsk II. Dieses Abkommen beinhaltet ein Maßnahmenpaket zur Umsetzung der Vereinbarungen von Minsk I. Eine politische Lösung des Konflikts wurde jedoch nicht erreicht. Am 21.02.2022, kurz vor dem Einmarsch in die Ukraine, erklärte Präsident Putin, dass es für das Minsker Abkommen keine Perspektive mehr gebe (NTV 2022a).

Einen weiter zurückliegenden Höhepunkt in der Konfliktgeschichte stellt die Orange Revolution dar, die im Herbst 2004, also rund zehn Jahre vor den Euromaidan-Protesten, stattfand und noch relativ unblutig verlief. Die Orange Revolution, auch „Kastanienrevolution" genannt, war eine Serie von Protesten und Demonstrationen in der Ukraine, ausgelöst durch die Präsidentschaftswahlen in der Ukraine im selben Jahr, bei denen es auf beiden Seiten zu Wahlfälschungen gekommen war. Die Proteste gingen von den Anhänger*innen des Präsidentenanwärters Wiktor Juschtschenko aus, der während des Wahlkampfes vergiftet worden war und dessen Wahlfarbe Orange war. Nach den ersten offiziellen Ergebnissen der Zentralen Wahlkommission unterlag er dem von Russland unterstützten Wiktor Janukowytsch. Nach Protesten wurde der erste Wahlgang vom Obersten Gericht für ungültig erklärt. In der Wiederholung der Stichwahl wurde Juschtschenko im Dezember 2004 zum Präsidenten gewählt (Boekh und Völkl 2007).

Ältere rechtlich relevante Eckpunkte des Russland-Ukraine-Konflikts sind das im Dezember 1994 unterzeichnete Budapester Memorandum und die Unabhängigkeitserklärung der Ukraine von 1991. Die Unabhängigkeitserklärung der Ukraine erfolgte am 24.08.1991 und wurde am 01.12.1991 mit einer Mehrheit von 90,3 % der abgegebenen Stimmen bestätigt. Einen Tag später erkannten Russland, Polen und Kanada die Unabhängigkeit der Ukraine an (Kappeler 2022). Das Budapester Memorandum umfasst drei Vereinbarungen, die im Rahmen der dort stattfindenden KSZE-Konferenz, dem Vorläufer der heutigen OSZE, unterzeichnet wurden. Darin gaben die Russische Föderation, die USA und Großbritannien den postsowjetischen Staaten Kasachstan, Belarus und der Ukraine Sicherheitsgarantien im Zusammenhang mit deren Beitritt zum Atomwaffensperrvertrag als Gegenleistung für die Beseitigung aller Nuklearwaffen auf ihrem Territorium.

3 Die Ebenen des Russland-Ukraine-Kriegs ...

Die Unverletzlichkeit der Grenzen und die territoriale Integrität der Staaten wurden ausdrücklich bekräftigt (UN 2014).

Die Landeszentrale für politische Bildung (LpB) fasst die Chronologie der jüngeren Konfliktgeschichte grafisch wie folgt zusammen (Abb. 3.1):

In seiner Rede kurz vor der Invasion rechtfertigte der russische Präsident Putin den Angriff mit der Verteidigung

Abb. 3.1 Chronologie des Russland-Ukraine-Konflikts (LpB BW 2023a)

der russischen Bevölkerung, die vor allem in den östlichen Gebieten der Ukraine lebe und von der ukrainischen Regierung misshandelt und ermordet werde. Die russische Armee kämpfe gegen den „Genozid an Russen" und wolle das Land „entnazifizieren" (Al Jazeera 2022). Die Chronologie des Konflikts zeigt, dass die Motive historisch tiefer liegen. Den vergangenen Eskalationen 2004 (Orange Revolution) und 2013/2014 (Euromaidan, Krim-Annexion) lag stets ein Kampf Russlands gegen den Westen um Einfluss auf die Ukraine zugrunde (Mearsheimer 2022). Zudem fordert Russland seit Jahren von der NATO und den USA eine Reduzierung der militärischen Präsenz an der NATO-Ostflanke und einen Stopp der NATO-Osterweiterung (Hacke 2014; LpB BW 2023a, 2023b).

In der Gemengelage eines asymmetrischen Abnutzungskrieges besteht die Position der Ukraine vor allem darin, die Invasion zu stoppen, den „Aggressor" vom eigenen Territorium zu vertreiben und die eigene Unabhängigkeit zu wahren. Am 04.09.2022 kündigte Präsident Selenskyj an, auch die Krim zurückerobern zu wollen (Merkur 2022a).

Während des Krieges gab es mehrere Versuche, eine Verhandlungslösung zu finden. Bereits im ersten Kriegsmonat gab es durchaus realistische Chancen. Nach Gesprächen in Istanbul Ende März bot die Ukraine ihre Neutralität und den Verzicht auf einen NATO-Beitritt an (ZEIT 2022). Für den Fall einer Einigung über ihre Neutralität verlangte die Ukraine mehrere Sicherheitsgarantien. Als Bedingungen wurden u. a. ein Waffenstillstand und der Rückzug aller russischen Militäreinheiten auf ihre Positionen vor dem 24.02.2022 genannt. Damals wurde auch vorgeschlagen, für 15 Jahre zu garantieren, nicht militärisch gegen russische Truppen auf der von Russland annektierten Krim vorzugehen. In dieser Zeit sollten separate Gespräche mit Russland über den Status der Halbinsel sowie über den Status der von Russland als unabhängige Staaten anerkannten „Volksrepubliken" im Donbas geführt werden (DW 2022b). Letztlich führten die Verhandlungen zu keinem Ergebnis. Seitdem konzentrieren sich die Kämpfe vor allem auf diese Regionen (FOCUS 2022a). Seit Februar 2023, also ein Jahr nach Beginn des Krieges, versucht China eine aktivere Rolle in den Vermittlungen einzunehmen. Nach Vorgesprächen mit Russland legte das Außenministerium in Peking am ersten Jahrestag einen Zwölf-Punkte-Friedensplan vor. Er enthält mehrere Handlungsempfehlungen, die zur Beendigung des Krieges ergriffen werden sollten. U.a. beinhaltet er die Forderung nach einem Waffenstillstand, ruft zu Verhandlungen auf, spricht sich gegen den Einsatz von Atomwaffen und gegen unilaterale Sanktionen aus. Trotz vieler wichtiger Punkte (auf die an anderer Stelle näher eingegangen wird) wird der Friedensplan im Westen mit Skepsis betrachtet, da die russische Invasion nicht explizit als „Angriffskrieg" verurteilt wird (Bölükbasi 2023a). Zudem weisen die USA darauf hin, dass Informationen über mögliche Waffenlieferungen Chinas an das russische Militär vorlägen (Bölükbasi 2023b).

Unterdessen setzt sich die Eskalationsdynamik fort. Wladimir Putin hat wiederholt den Einsatz von Nuklearwaffen in Aussicht gestellt. Ende März 2023 kündigte er im russischen Fernsehen die Stationierung taktischer Nuklearraketen im Nachbarstaat Belarus an. Das Land gehört zur strategischen Einflusssphäre Russlands und grenzt an die Ukraine sowie an die NATO-Staaten Polen und Litauen (Angerer et al. 2023). Finnland trat der NATO am 04.04.2023 bei, Schwedens Beitrittsgesuch wurde von der Türkei und Ungarn blockiert (Gutschker 2023), wird jedoch im Laufe des Jahres 2024 erfolgen (tagesschau 2024a). Gleichzeitig häufen sich Berichte über diverse Cyberangriffe auf Webseiten und Internetplattformen in Europa und Nordamerika. So bekannte sich eine pro-russische Hackergruppe namens „NoName057(16)" zu Denial-of-Service-Attacken, die als Reaktion auf den NATO-Beitritt Finnlands sämtliche Online-Auftritte von Behörden in Europa lahmlegten. Beobachter*innen befürchten für die Zukunft eine Zunahme von Cyberangriffen als Teil hybrider Kriegsführung, ausgehend von einer Mischszene aus kremltreuen Hacktivist*innen, Cyberkriminellen und russischen Geheimdiensten. Unter den Aktivitäten werden zunehmend Informationsdiebstahl, die Verbreitung von Desinformation, Sabotage und der Diebstahl von Kryptowährung erwartet (Flade 2023a). Letzteres dürfte als Reaktion auf die wirtschaftliche Isolation Russlands ein zunehmend wichtiges Betätigungsfeld werden. Da dies auch eine traditionelle Domäne nordkoreanischer Hacker ist (Flade 2023b), sprechen Expert*innen von einer „Nordkoreanisierung" Russlands (Flade 2023a).

Das Scheitern der bisherigen Verhandlungen und die Ausweitung der Eskalation können u. a. darauf zurückgeführt werden, dass weitere Konfliktdimensionen und tiefer liegende Triebkräfte in der bisherigen Politik nicht ausreichend berücksichtigt wurden. Die gewichtige Rolle weiterer Akteure wie der USA, der NATO und Chinas deutet darauf hin, dass der Konflikt keineswegs auf Russland und die Ukraine beschränkt ist. Darüber hinaus erweisen sich traditionelle Ansätze der Konfliktbearbeitung als eindimensional, da sie sich fast ausschließlich auf Maßnahmen der Verhaltensdimension, wie z. B. Waffenstillstandsvereinbarungen, konzentrieren. Tiefergehende, weniger verbreitete Ansätze der Konflikttransformation berücksichtigen weitere Dimensionen von Konflikt und Gewalt, wie z. B. die psychische, kulturelle und strukturelle Dimension. Ein solcher multidimensionaler Ansatz würde dazu beitragen, Konfliktursachen und damit verbundene Risikopotenziale komplexitätsadäquat zu analysieren und Interventionen effektiver zu gestalten.

3.2.2 Psychische Dimension: Seelische Schäden in der Bevölkerung und irrationale Entscheidungen von Politiker*innen

Der Russland-Ukraine-Konflikt wird auch von psychischen Faktoren beeinflusst, die sich auf der Ebene der Bevölkerung, also die sogenannte „Graswurzelebene", und auf der Ebene der Top-Entscheidungsträger*innen manifestieren.

Auf der Graswurzelebene bezieht sich die psychische Dimension auf den erheblichen Stress und die psychischen Schäden der direkt vom Angriffskrieg betroffenen Bevölkerung. Dieser Faktor nimmt mit der Dauer des Krieges zu und kann im Sinne eines posttraumatischen Behandlungsbedarfs (Europarat 2022) und einer „Jetzt erst recht"-Haltung den Konflikt verlängern und sogar über Generationen weitergegeben werden (Jannaschk 2022). Traumaarbeit und psychosoziale Hilfe für die betroffene Bevölkerung dürfte sich als ein nicht zu unterschätzender Faktor in der Friedensarbeit erweisen.

Auf der Top-Ebene der verantwortlichen politischen Entscheidungsträger*innen lassen sich die psychischen Einflussfaktoren untersuchen. Im Kontext des russisch-ukrainischen Krieges werden diesbezüglich mindestens drei miteinander verknüpfte Themen diskutiert: Die Unzurechnungsfähigkeit, der Eskalationsgrad und das Gesichtswahrungskalkül der Entscheidungsträger*innen.

Vor allem in der ersten Jahreshälfte 2022 häuften sich Gerüchte über den Gesundheitszustand eines schlecht beratenen Putin und über seine angebliche Unzurechnungsfähigkeit (z. B. Denk 2023), die bis heute nicht bestätigt werden konnten. Dieser Faktor ist friedenspolitisch nicht direkt beeinflussbar, hat aber Einfluss auf die Entscheidungen aller Konfliktparteien und die weitere Eskalation des

Konflikts. Werden Entscheidungen von Staatsführer*innen von der Außenwelt als erratisch wahrgenommen, können sie von anderen als bedrohlich empfunden werden und entsprechende Reaktionen – Nachgeben/Appeasement oder Aufrüstung – provozieren. Was tun, wenn der gegnerische Oberbefehlshaber, der über Atomwaffen verfügt, als unberechenbar wahrgenommen wird? Für Verhandlungen ist es wichtig, von einer zumindest rationalen, im Sinne von „berechenbaren" Gegenseite auszugehen, auch um deren Prioritäten nachvollziehen zu können. Der Kriegsforscher James Fearon nimmt Präsident Putin nicht als irrational wahr, auch wenn einige seiner Entscheidungen von einigen Expert*innen nicht als strategisch sinnvoll eingeschätzt wurden. Fearon beschreibt sein Entscheidungskalkül als „Glücksspielsituation": Putin habe bereits so viel investiert, dass er nun etwas zurückbekommen müsse, das nach einem guten Ergebnis aussehe. Er müsse weiter würfeln und sehen, ob etwas Besseres herauskomme (Fearon 2023).

Dieses Phänomen ähnelt der in der kognitiven Psychologie untersuchten Wahrnehmungsverzerrung des „eskalierenden Commitments". Dieses auch als „Sunk-costs-fallacy-Effekt", „Too-much-invested-to-quit-Syndrom" oder „Entrapment" bezeichnete Phänomen beschreibt ein Verhalten, bei dem man sich einer bereits getroffenen Entscheidung verpflichtet fühlt und diese mit zusätzlichen Ressourcen unterstützt, obwohl sie sich bisher als ineffektiv oder falsch erwiesen hat (Brockner und Rubin 1985). Obwohl das Phänomen des eskalierenden Commitments eher Putin zugeschrieben werden kann, lassen sich Zustände zunehmender Eskalation auf beiden Seiten beobachten. Bot Selenskyj in den ersten Kriegsmonaten noch die Neutralität der Ukraine und einen Nichtangriff auf russische Truppen auf der Krim für die nächsten 15 Jahre an, ist seit September 2022 die Rede davon, die Krim zurückerobern zu wollen (Merkur 2022a). Es liegt in der Natur von Eskalationen, dass mit zunehmendem Eskalationsgrad die sogenannten „Ich-Kräfte" abnehmen und die Handlungen der Konfliktparteien zunehmend polarisiert und affektiv werden (Glasl 2004). Anders als der psychische Gesundheitszustand von Entscheidungsträger*innen lässt sich dieser Faktor durchaus direkt beeinflussen. Deeskalierende Interventionen von Akteuren mit entsprechendem Einfluss auf die Konfliktparteien – im Falle Russlands wäre dies China, im Falle der Ukraine die USA – könnten schwerwiegende Entscheidungen wie den Einsatz von Nuklearwaffen durch Russland verhindern.

Eng verbunden mit dem Eskalationsgrad ist auch der Faktor der Gesichtswahrung, der ebenfalls maßgeblichen Einfluss auf Entscheidungen und Verhandlungsergebnisse hat. Im Zusammenhang mit dem Russland-Ukraine-Konflikt wurde beispielsweise die – bis heute nicht eindeutig belegbare – Vermutung geäußert, der Untergang des symbolträchtigen Schlachtschiffs „Moskwa" am 14. April 2022 habe dazu beigetragen, dass Putin die von der Türkei initiierten Verhandlungen mit der Ukraine abgebrochen habe (FOCUS 2022a). Der Aspekt der Gesichtswahrung wurde vor allem in den ersten Monaten des Krieges betont. Putin sollte ein „sanfter Ausweg aus dem Krieg" gebaut werden, damit er „sein Gesicht wahren" könne und Anreize für Verhandlungslösungen habe (Kaess 2014; Snyder 2022). Gesichtsverlust kann erheblich zur weiteren Eskalation beitragen. So entschloss sich die Sprecherin der US-Demokraten, Nancy Pelosi, im August 2022 ausgerechnet vor dem Hintergrund des sich zuspitzenden Russland-Ukraine-Krieges und der sich ohnehin verschlechternden Beziehungen zwischen China und den USA zu einem Besuch in Taiwan, was von Beobachter*innen als unnötige Provokation empfunden wurde (Hansen 2022). China betrachtet Taiwan als Teil des eigenen Territoriums

(Dlf 2022) und reagierte mit einem mehrtägigen Militärmanöver in sechs Seegebieten rund um Taiwan, dem größten militärischen Muskelspiel seit der Raketenkrise 1995 (DW 2022c).

Diese Themen und die damit verbundenen Beispiele auf Top- und Graswurzelebene verdeutlichen, dass psychologische Faktoren wie traumatischer Stress, kognitive Verzerrungen oder Gesichtswahrung zu einem Wiederaufflammen oder Fortbestehen von Gewalt führen können. Sie müssen, wie im Folgenden gezeigt wird, bei der Konfliktintervention berücksichtigt werden.

3.2.3 Strukturelle Dimension: Innerstaatliche Diskriminierung und Korruption

Die strukturelle Dimension des Russland-Ukraine-Konflikts wirft ein Schlaglicht auf innerstaatliche Risikopotenziale. Als besonders relevante Konflikttreiber erweisen sich innerstaatliche Diskriminierung, vor allem in der Ostukraine, und die weit verbreitete Korruption in beiden Ländern.

Von der systematischen Diskriminierung innerhalb der Ukraine waren und sind mehrere ethnische Gruppen betroffen, insbesondere die russischsprachigen. Das EU-Parlament hat in diesem Zusammenhang „schwerwiegende" Fälle von Diskriminierung der russischsprachigen Bevölkerung angeprangert. Die Ukraine, die durch ein Assoziierungsabkommen eng mit der EU verbunden ist, verstößt mit ihrer Sprach- und Minderheitenpolitik immer wieder gegen internationale Minderheitenstandards. U.a. habe der Rat der Oblast Lwiw im September 2018.

> *„die öffentliche Darbietung jeglicher Werke in russischer Sprache [u. a. Filme, Lieder, Bücher, Theaterstücke und Konzerte auf Russisch] verboten (…). Zuvor hatte die Ukraine rund 40*

Medikamente (!) aus Russland oder mit russischen Beipackzetteln und Beschriftungen verboten (Europäisches Parlament 2018)."

Darüber hinaus hat die Staatsanwaltschaft der Oblast Donezk Medienberichten zufolge den Status des Russischen als regionale Amtssprache aufgehoben, obwohl dort ein erheblicher Teil der Bevölkerung Russisch spricht (Europäisches Parlament 2018).

Ähnliche Formen struktureller und direkter Unterdrückung von Nicht-Russ*innen werden auch aus den von Russland besetzten Gebieten berichtet. In der Ukraine sind daher keineswegs nur Russ*innen betroffen (Konyashina und Niedermeier 2022; Dornblüth und Adler). Strukturelle Gewalt stellt einen konfliktverschärfenden Risikofaktor dar, der gewalttätige Sezessionsbestrebungen diskriminierter Gruppen, z. B. im Donbas, befeuert.

Ein weiterer struktureller Risikofaktor ist die weit verbreitete Korruption in Russland und der Ukraine. Die viel kritisierte Einschätzung von Sahra Wagenknecht, die am 08.02.2023 in der Talkshow Maischberger den Russland-Ukraine-Krieg als einen Kampf des „russischen Oligarchenkapitalismus gegen den ukrainischen Oligarchenkapitalismus" (Thorwarth 2023) bezeichnete, kann durchaus bestätigt werden.[2] Laut dem Sonderbericht 23/2021 unterstützt der Europäische Rechnungshof, die Ukraine seit Jahren bei der Bekämpfung der weit verbreiteten Korruption im Land (Europäischer Rechnungshof 2022). Im Korruptionsindex 2022 von Transparency International

---

[2] In der Debatte widersprach Sahra Wagenknecht der These des FDP-Politikers und ehemaligen Innenministers Gerhart Baum, der den Russland-Ukraine-Krieg als Konfliktformation „Demokratie vs. Autokratie" bezeichnete (Thorwarth 2023). Dieser Kontext ist, wie in einem späteren Kapitel vor dem Hintergrund sogenannter „globaler Konfliktformationen" näher zu untersuchen sein wird, durchaus relevant. Beide Diskurspositionen sind also nicht falsch.

liegt die Ukraine auf Platz 116, gleichauf mit Sambia und den Philippinen. Russland liegt zusammen mit Paraguay und Mali auf Platz 137 (Transparency International 2022). Zuletzt hat der ukrainische Sicherheitsdienst SBU im Januar 2024 ein Korruptionssystem beim Kauf von Waffen durch das ukrainische Militär im Gegenwert von etwa 40 Mio. US-Dollar aufgedeckt. Eine Untersuchung hat ergeben, dass Beamte des Verteidigungsministeriums und Manager des Waffenlieferanten Lviv Arsenal in eine Unterschlagung beim Kauf von 100.000 Mörsergranaten für das Militär verwickelt waren (ZEIT 2024). Korruption erweist sich nicht nur als Hemmschuh für die wirtschaftliche Entwicklung, sondern führt auch zu einer Verschlechterung des Gesundheits- und Bildungssystems, zerstört Sozialkapital und schürt Misstrauen in der Bevölkerung gegenüber Verwaltung und Politik (Enste 2021). Im Kontext des Krieges stellt sie ein großes Hindernis für den Wiederaufbau in der Ukraine dar (Norden 2022).

Insgesamt sind im Russland-Ukraine-Krieg unterschiedliche Formen struktureller Gewalt wirksam. Sie befeuern den Konflikt und sind im Rahmen einer vernetzten, nachhaltigen Friedensintervention zu berücksichtigen. Strukturelle Gewalt hat auch einen wesentlichen Einfluss auf die Entwicklung kultureller Gewalt. U.a. befeuert sie Kriegspropaganda auf beiden Seiten und wird gleichzeitig durch sie legitimiert.

3.2.4 Kulturelle Dimension: Erinnerungskultur, Feindbilder und Informationskrieg

Im Russland-Ukraine-Krieg manifestiert sich kulturelle Gewalt auf beiden Seiten in einer Vielzahl von Bildern und Narrativen sowie einseitigen Darstellungen, die in unterschiedlichen Medien vermittelt werden. Sie fördern Feindbilder in der Bevölkerung und begünstigen politische Entscheidungen und Handlungen, die zu einer weiteren Eskalation führen können. Wesentliche Bereiche, in denen sich kulturelle Gewalt manifestiert, sind die historische Erinnerungskultur und die aktuelle Berichterstattung.

Im Zusammenhang mit der Berichterstattung hat die Friedensforschung den Begriff des sogenannten „Kriegsjournalismus" geprägt. Galtung kritisierte in diesem Zusammenhang in den 2000er-Jahren einen weitgehend unkritischen Kriegsjournalismus, der den Charakter einer Sportberichterstattung habe. Diese zeichne sich zumeist durch eine klare Einteilung in „gut und böse" und einen Kontext von „Sieg" oder „Niederlage" aus. Darüber hinaus zeichnet sich Kriegsjournalismus auch dadurch aus, dass der Krieg als unvermeidlich dargestellt und die Sprache des Militärs übernommen wird (Lynch und Galtung 2010; Kempf 2004). Ein Blick auf die aktuelle Berichterstattung zum Russland-Ukraine-Krieg zeigt, dass die hier beschriebenen Merkmale weitgehend vorherrschen (vgl. z. B. Gahler et al. 2022; BR24 2022; Baumann 2023. Zudem fällt auf, dass beide Seiten weitgehend identische moralisierende Begriffe wie „Nazismus", „Faschismus" (Kotsev 2022; Freund 2022) oder „genozidales" Verhalten (Tacke und Busche 2022; Krökel 2022) verwenden, um sich gegenseitig zu etikettieren.

Auch die westliche Berichterstattung ist nicht frei von negativ wertenden Bezeichnungen. Präsident Putin wird hier u. a. mit Begriffen wie „Tyrann" oder „Staatsterrorist" bezeichnet (z. B. Mützel 2022; Schlögel 2022). Eine von der Otto Brenner Stiftung geförderte vergleichende Analyse von knapp 4.300 Beiträgen aus acht Leitmedien in den ersten Kriegsmonaten ergab, dass die Berichterstattung hinsichtlich der Bewertung der verschiedenen Maßnahmen zur Beendigung des Krieges durchaus heterogen und kontrovers war. Hinsichtlich der Frage der Kriegsschuld und der Bewertung der Konfliktparteien, so die Autoren, hätten die untersuchten Medien hingegen sehr einheitlich antirussisch über den Krieg berichtet (Maurer et al. 2023). Im Kontext kultureller Gewalt ist dies insofern bedeutsam, als eine überwiegend einheitliche Berichterstattung mit einer undifferenzierten Gut-Böse-Zuordnung eskalierende Einstellungen in der Bevölkerung begünstigen kann.

Wesentlich für die Analyse kultureller Gewalt ist der Blick auf den historischen Kontext kriegsfördernder Narrative aufseiten beider Kriegsparteien. Dabei zeigen sich wesentliche Gemeinsamkeiten und Unterschiede. Gemeinsam ist beiden Ländern, dass ihr kollektives Selbstverständnis eng mit dem Zweiten Weltkrieg verknüpft ist und den Kern ihrer postsowjetischen Identität bildet. Charakteristisch sind auch ihre Unterschiede und wie diese im aktuellen Krieg zur Abgrenzung vom Gegner genutzt werden.

Auf der pro-ukrainischen Seite, so die Politikwissenschaftlerin Lisa Gaufman, sei u. a. zu beobachten, dass Kommentator*innen in den sozialen Medien häufig Parallelen zwischen Putin und Hitler zögen und ihn als „Faschisten" beschuldigten. Dieser Vorwurf ist seit langem auch für den russischen Oppositionsdiskurs charakteristisch, in dem Putin als „Putler" bezeichnet wird und kremlnahe Jugendorganisationen wie Naschi, Molodaia Gvardiia Yedinoi Rossii und Idushchie Vmeste häufig als „Putinjugend" bezeichnet wurden und werden (Gaufman 2022). Bezeichnend für die ukrainische Position ist, dass sich das Land nicht nur in Bezug auf seine Zukunft von der vermeintlichen russischen Dominanz lösen, sondern auch historisch aus dem gemeinsamen russisch-sowjetischen Geschichtsnarrativ aussteigen will. Das Ukrainische Institut für Nationale Erinnerung (UINE), das unter

3 Die Ebenen des Russland-Ukraine-Kriegs …

seinem umstrittenen Direktor Wladimir Wjatrowitsch maßgeblich die Ausrichtung der nationalen Geschichts- und Erinnerungspolitik bestimmt, konstruiert dafür ein entsprechendes antisowjetisches und nationalukrainisches Narrativ (Myeshkov 2015). Bereits nach dem Euromaidan und den darauffolgenden Ereignissen wie der Annexion der Krim fokussierten die Poroschenko-Regierung und ihre Nachfolger die Vision einer westlichen Zukunft und zugleich die bis heute diskutierte Frage, welche europäische Vergangenheit die Ukraine hat und wie sie sich dieser erinnern soll (Hörbelt 2017). Als Antwort darauf strebt die UINE die Etablierung einer antisowjetischen Erinnerungskultur und eine kompromisslose Entkommunisierung und Stärkung der nationalen Identität der Ukraine an. Entsprechende Gesetze wurden bereits 2015 vom ukrainischen Parlament verabschiedet (Myeshkov 2015). In der Folge erhielten fast alle ehemals sowjetischen Straßen- oder Ortsnamen neue Namen, nationale Feier- oder Gedenktage wurden eingeführt, sowjetische Statuen oder Denkmäler demontiert. Die Rehabilitierung von Mitgliedern der Organisation Ukrainischer Nationalisten (OUN) und der Ukrainischen Aufstandsarmee (UPA)[3] wie Stepan

---

[3] Die Organisation Ukrainischer Nationalisten (OUN) war eine 1929 in Wien gegründete ukrainisch-nationalistische Organisation, deren Ziel die Unabhängigkeit der Ukraine war. Während des Zweiten Weltkrieges arbeitete sie bis 1942 zeitweise mit Nazi-Deutschland zusammen. Die Zusammenarbeit der OUN beruhte weniger auf einer durchaus vorhandenen ideologischen Nähe als vielmehr auf der Hoffnung, mit deutscher Hilfe einen ukrainischen Staat gründen zu können. Der militärische Arm der OUN war die 1942 gegründete Ukrainische Aufstandsarmee (UPA). Bereits 1940 spaltete sich die OUN in die von Andrij Melnyk geführten „Melnykisten" (OUN-M) und die von Stepan Bandera geführten Banderisten" (OUN-B). Bandera und seine Anhänger traten für einen aktiven Kampf gegen die sowjetische und später auch gegen die deutsch-nationalsozialistische Besatzung ein. Melnyk lehnte dies in Übereinstimmung mit den Deutschen ab (Struve 2022).

Bandera zu nationalen Freiheitskämpfern erfolgte durch das Dekommunisierungsgesetz 2538–1 *„Über den Rechtsstatus und die Verehrung"*.

Auf russischer Seite ist die sogenannte „Entnazifizierung" der Ukraine eines der zentralen Propagandamotive. In seiner Rede in der Nacht vom 23. auf den 24. Februar 2022 rechtfertigte Präsident Putin damit den Angriff auf die Ukraine (Coerschulte 2023). Das Narrativ, die Ukraine sei ein neonazistischer Staat, der die russischsprachige Bevölkerung bedrohe, wurde bereits zur Rechtfertigung der Annexion der Krim verwendet (Gaufman 2022). In Russland stellt der Zweite Weltkrieg, der auch als „Großer Vaterländischer Krieg" bezeichnet wird, das wichtigste heroische und einigende Ereignis der jüngeren russischen Geschichte dar. Der Kampf gegen den Faschismus war immer eng mit der nationalen Identität als „Großmacht" und „Befreier Europas" verbunden. Heute, so Gaufman, werde die kollektive Erinnerung daran aktiv genutzt, um den Nationalstaat zu festigen und für den Krieg mit der Ukraine zu instrumentalisieren (Gaufman 2022). Dazu trägt erstens die Mythologisierung des „Tages des Sieges" am 09. Mai bei – ein Ereignis, das 1965 als pompöse Militärparade eingeführt wurde, um, so die Slawistin Nina Tumarkin, der allmählichen Entwertung des Lenin-Kults einen neuen Legitimationsmythos entgegenzusetzen (Tumarkin 2015; Behrends 2022; Medwedew 2022). Zweitens wird Beobachter*innen zufolge die kollektive Erinnerung an den „Großen Vaterländischen Krieg" auch dazu genutzt, um die Bevölkerung gegen „ukrainische Faschisten" einzuschwören. Dabei wird argumentativ auf das durchaus vorhandene rechtspolitische Erbe der Ukraine verwiesen. Dazu gehören u. a. der umstrittene radikalnationalistische Politiker und Nazi-Kollaborateur Stepan Bandera und die derzeit erstarkende rechtsextreme

Swoboda-Partei[4] und das in der ukrainischen Armee integrierte paramilitärische Asow-Regiment, das mit dem deutschen Nationalsozialismus sympathisierte (Jarczyk 2023).[5] Drittens, so Gaufman, gebe es seit der Annexion der Krim verstärkte Bemühungen, den Krieg im Donbas zu legitimieren. Dazu wurde der Begriff „Neurussland" (Noworossia) aus dem Sprachgebrauch zu Zeiten Katharinas der Großen wiederbelebt, um die Verbindung des Donbas mit Russland zu stärken. Gleichzeitig wurde verbreitet, dass ukrainische Faschisten systematisch russischsprachige Menschen ermorden würden – Morde, die an die Besatzung während der Nazizeit erinnern sollten (Gaufman 2023).

Kulturelle Gewalt wird nicht nur innerhalb eines Staates ausgeübt, um die eigene Bevölkerung auf Linie zu bringen. Im Russland-Ukraine-Krieg zeigt sich die Ausübung kultureller Gewalt vor allem auch als international ausgetragener Kampf um Deutungshoheit und moralische Legitimation. Längst wird dieser Kampf als „Information

---

[4] Die Allukrainische Union „Swoboda" (Freiheit) ist Beobachter*innen zufolge als eine ultranationalistische, rechtsextreme Partei einzustufen. Sie zielt auf eine ethnische ukrainische Identität ab und sieht ihren Ursprung explizit in der OUN und deren Partisanenarmee UPA. Die Swoboda-Partei verehrt zudem Stepan Bandera und sieht sich im Widerstand gegen den „russischen Imperialismus" (Umland 2013; 2020).

[5] Die Sturmbrigade Asow ist eine Frontbrigade der Ukraine, die seit der Annexion der Krim 2014 im Osten und teilweise im Süden des Landes gegen russische Truppen kämpft. Im selben Jahr wurde sie als Regiment in die ukrainische Nationalgarde eingegliedert und gilt heute als Eliteeinheit. 2022 war das Asow-Regiment lange Zeit die letzte ukrainische Bastion in der von Russland belagerten und eroberten Stadt Mariupol, was ihm in der Ukraine Heldenstatus einbrachte (Gomza 2022). Der Verband ist u. a. wegen begangener Menschenrechtsverletzungen (BpB 2018) und Verbindungen zu rechtsextremen Gruppierungen und der Verwendung nationalsozialistischer Symbolik sehr umstritten und ein wichtiger Bestandteil der russischen Propaganda zur Rechtfertigung des Krieges (Gomza 2022).

War" im digitalen Raum ausgetragen (Hate Aid 2022a). Dabei erweisen sich auch Apps wie TikTok als Plattform für Propaganda, Informations- und Desinformationskampagnen (Hate Aid 2022b) und Deep Fakes (Feller 2022), an denen sich längst nicht mehr nur Militärs und professionelle Hacker*innen beteiligen, sondern auch Internetnutzer*innen aus der Zivilgesellschaft (Neuhann 2022).

Zusammenfassend und in Anlehnung an Tab. 3.2 können auf der hier vorgestellten Analyseebene „Russland vs. Ukraine" zumindest folgende Dimensionen im Rahmen einer ganzheitlich ausgerichteten Konfliktanalyse berücksichtigt werden:

Tab. 3.1 Die Vier-Felder-Matrix (basierend auf Lederach 2003; Sibeon 2004: 108–110; Layder 1997: 2–4)

	Subjektiv	Objektiv
Individuell	**Individuell-subjektiv:** Motive, Gefühle, Gedanken, innere Handlungsantriebe, Stress, Trauma Methodologie: Qualitative Erhebung, Tiefenpsychologie, Introspektion, Meditation	**Individuell-objektiv:** Positivistisches und Messbares (Zahlen, Fakten), beobachtbares Verhalten und Interaktionen, direkte/personale Gewalt Methodologie: Quantitative Methoden, Positivismus, Empirismus, Verhaltenspsychologie
Kollektiv	**Kollektiv-subjektiv:** Gemeinsam geteilte Bedeutungen: Kultur, Normen, Werte, Ethik etc., kulturelle Gewalt Methodologie: Sozialpsychologie, qualitative Soziologie etc.	**Kollektiv-objektiv:** Strukturen, Systeme, Institutionen, strukturelle Gewalt Methodologie: Systemtheorie, Strukturalismus

Tab. 3.2 Dimensionen zur Analyse des Russland-Ukraine-Kriegs in einer Vier-Felder-Matrix (inspiriert von Ropers 1995; Lederach 2003; Life & Peace Institute 2009; Fathi 2011; IICP 2022)

	Subjektiv	Objektiv
Individuell	*Psychische Dimension:* • Graswurzelebene: Seelische Schäden und Traumatisierungen in der ukrainischen Bevölkerung • Top-Ebene: Unzurechnungsfähigkeit, Eskalationsgrad und Gesichtswahrungskalküle von Entscheidungsträger*innen	*Faktische Dimension:* • Historischer Verlauf, militärische Strategien und aktuelle Handlungen von Russland und der Ukraine • Völkerrechtliche Rahmenbedingungen zwischen beiden Staaten (z. B. Minsk-Abkommen) • Weitere Rahmenbedingungen: ökonomisch, militärisch, geostrategisch
Kollektiv	*Kulturelle Dimension:* • Kulturelle Gewalt in Form polarisierender Erinnerungskultur und Berichterstattung • Russlands Identität: „Befreier Europas", „Entnazifizierung" der Ukraine • Identität der Ukraine: Unabhängigkeit und Abgrenzung von sowjetischer Vergangenheit • Kampf um Deutungshoheit, Informationskrieg	*Strukturelle Dimension:* • Strukturelle Gewalt, z. B. innerhalb der Ukraine und Russlands in Form von Diskriminierung anderssprachiger Minderheiten • Großkorruption in Russland und der Ukraine als Hemmnis für Entwicklung und Wiederaufbau und als sozialer Risikofaktor

Tab. 3.3 Dimensionen zur Analyse des Russland-NATO-Ukraine-Konflikts in einer Vier-Felder-Matrix. (Eigene Darstellung)

	Subjektiv	Objektiv
Individuell	*Psychische Dimension:* • Unbewusste, verdrängte Aspekte und Projektionen (Schatten) • Unbewusste wechselseitige Konstellation (Kollusion)	*Faktische Dimension:* • Tiefergehende Motivationen auf allen Seiten, insbesondere Sicherheitsbedürfnisse • Historischer Verlauf und aktuelle Handlungen der Parteien (hier: zusätzlich NATO, EU, USA) • Juristische, vor allem völkerrechtliche Rahmenbedingungen: Russland, NATO, EU • Weitere Rahmenbedingungen: ökonomisch, militärisch, geostrategisch • Great Game zwischen Russland und dem Westen auf dem Schachbrett Europas
Kollektiv	*Kulturelle Dimension:* • Kulturelle Gewalt, in Form konfliktverschärfender Bedrohungsdarstellungen (z. B. Gegenseite als feindliche Großmacht) • Kulturelle Gewalt in Form historisch, ideologisch etc. begründeter Legitimierung von geokultureller Expansion • Propagandakrieg, verschärfte Kritik an der Doppelmoral des Westens als Infrage-Stellen der liberalen Hegemonie • Tiefenkultur: MMT- und DMA-Syndrom	*Strukturelle Dimension:* • Strukturelle Konstellation: Liberale Hegemonie des Westens • Strukturelle Konstellation in der postsowjetischen Region: Russlands Politik des Sammelns „sowjetischer Erde" • Auswirkungen der Großkorruption in der Ukraine und Russland auf ganz Europa: Waffenschwemme und strategische Korruption • Tiefenstruktur: PSFM-Syndrom

3.3 Ebene 2: Die Russland-Ukraine-NATO-Konfrontation

Auf einer tieferen Analyse- und Interventionsebene werden nicht nur die Positionen der Konfliktparteien berücksichtigt (dies geschieht bereits auf Ebene 1), sondern auch ihre tiefer liegenden, nicht verhandelbaren Anliegen. Diese können mithilfe des Bedürfniskonzepts erfasst werden. Darüber hinaus wird auf dieser Analyseebene eine breitere regionale Konstellation abgedeckt. So kann der Russland-Ukraine-Krieg hinsichtlich seiner tiefer liegenden Triebkräfte und Themen nicht hinreichend verstanden und nachhaltig gelöst werden, wenn nicht weitere direkt und indirekt beteiligte Konfliktakteure berücksichtigt werden. So stellt sich der Russland-Ukraine-Krieg zumindest auch als eine Ausprägung des Russland-Ukraine-NATO-Konflikts dar. Auch diese Analyseebene lässt sich anhand der Dimensionen der Vier-Felder-Matrix zuordnen.

3.3.1 Tiefenverhalten: Bedürfnisse und Mitverantwortung

Das Bedürfniskonzept erweist sich als zentral für nahezu alle nachhaltigen Friedensprozesse, in zwischenmenschlichen wie zwischenstaatlichen Konflikten (Galtung 2008). Es geht davon aus, dass jeder Mensch Bedürfnisse wie Nahrung, Fürsorge, Unterkunft, Frieden, Freiheit, Respekt, Sicherheit, Identität etc. hat und dass diese Bedürfnisse den legitimen Kern hinter jeder Handlung bilden (Fathi 2011, 2019; Max-Neef 1991). Selbst in kriegerischen Konflikten, die von denkbar destruktiven Handlungen geprägt sind, lassen sich legitime Bedürfnisse wie Identität, Frieden, Sicherheit, Gerechtigkeit identifizieren. Unerfüllte Bedürfnisse sind die tiefere Triebfeder jedes

Konflikts. Da Bedürfnisse deutlich machen, worum es im Konflikt eigentlich geht, stellen sie auch ein wesentliches Mittel dar, um im Dialog nachhaltige Konfliktlösungen zu entwickeln (Galtung 1998; 2008), die, wie im Folgenden gezeigt wird, jenseits einer Entweder-oder-Logik liegen und zu einem Win–Win-Ergebnis führen.

Jeder nachhaltig angelegte Konfliktlösungsprozess erfordert nicht nur die Berücksichtigung der tiefer liegenden Bedürfnisse aller Konfliktparteien, sondern auch eine differenzierte Identifizierung und Diskussion der Mitverantwortung aller Beteiligten an der gemeinsamen Konfliktdynamik. Dies mag angesichts der asymmetrischen Konstellation Ukraine vs. Russland auf den ersten Blick befremdlich erscheinen, zumal die Ukraine von Russland völkerrechtswidrig angegriffen wurde und sich aus einer militärisch deutlich schwächeren Position heraus gegen eine Großmacht verteidigt.

Aufseiten der Ukraine sind Bedürfnisse nach Sicherheit, Überleben, Identität, Freiheit/Gerechtigkeit betroffen. Sie entsprechen auch den vier Grundbedürfnissen nach Johan Galtung. Demnach ist die Ukraine in dieser asymmetrischen Konfliktkonstellation Gewalt in allen denkbaren Dimensionen ausgesetzt. Ein zentrales Thema ihrer Konfliktgeschichte mit Russland dürfte die nationale Unabhängigkeit und entsprechende Abgrenzung von der Sowjetunion bzw. dem postsowjetischen Russland sein. Dieses Bedürfnis entspringt – wie im Folgenden näher zu untersuchen sein wird – der Tiefenkultur der Ukraine.

Welche legitimen Bedürfnisse finden sich aufseiten Russlands, des „Aggressors", und was könnte in dieser asymmetrischen Konfliktkonstellation „Mitverantwortung auf allen Seiten" bedeuten? Auf russischer Seite scheinen vor allem die Bedürfnisse nach Sicherheit und Identität betroffen zu sein. Das Identitätsbedürfnis Russlands ist dem historischen Selbstverständnis der Ukraine geradezu entgegengesetzt, wie im Kontext der Tiefenkultur noch näher zu untersuchen sein wird. Die Sicherheitsbedürfnisse werden erst deutlich, wenn der Beitrag indirekt beteiligter Akteure wie der USA oder der NATO in die Analyse einbezogen wird.

Die Berücksichtigung einer erweiterten Russland-NATO-Ukraine-Konfliktkonstellation ist für den Friedensprozess unerlässlich. Seit Jahren fordert Russland von der NATO und den USA Sicherheitsgarantien, eine Reduzierung der militärischen Präsenz an der Ostflanke der NATO und einen Stopp der Ausdehnung des westlichen Bündnisses in Richtung Russland. In der Vergangenheit verlangte Putin von der NATO schriftliche Garantien, in Zukunft keine weiteren osteuropäischen Staaten wie Georgien oder die Ukraine in die NATO aufzunehmen. Hinsichtlich der geographischen Reichweite der NATO forderte Russland, diese auf den Stand von 1997 zurückzuführen. Die USA und die NATO wiesen diese Forderungen als weitgehend inakzeptabel zurück. Putin sieht den Krieg daher als Stellvertreterkrieg zwischen dem Westen und Russland (LpB BW 2023a, b; Hacke 2014; Fischer 2023a).

Für Friedensverhandlungen mit Russland sind diese Überlegungen insofern von Bedeutung, als Russland die Ukraine nicht als eigenen, unterlegenen Konfliktakteur, sondern als „Vasallen" der Supermacht USA sieht und sich selbst in einem Stellvertreterkrieg mit der NATO wahrnimmt. In diesem Sinne sieht sich Russland durch die „NATO-Osterweiterung" in seinen Sicherheitsbedürfnissen bedroht. Tatsächlich hat dieser Prozess bis heute zu einer zunehmenden Integration ehemaliger Sowjetstaaten wie Polen, Rumänien, Bulgarien oder den baltischen Staaten geführt (Sarotte 2021). In westlichen Medien wird die russische Wahrnehmung einer Bedrohung durch die NATO in sogenannten „Faktenchecks" häufig widerlegt.

Dabei wird argumentiert, dass Russland nicht wirklich „umzingelt" sei und die postsowjetischen Staaten freiwillig der NATO beitreten würden (z. B. Fücks und Becker 2019). Nicht unplausibel erscheint die russische Perspektive und Bedarfslage hingegen im Kontext des Gedankenspiels, das der Linken-Politiker Gregor Gysi aufgeworfen hat. So twitterte er:

> *„Die USA würden niemals hinnehmen, wenn schwer bewaffnete russische Soldaten in Mexiko und auf Kuba stationiert werden würden (Gysi 2022)."*

Auch John Mearsheimer, einer der bekanntesten Vertreter der politischen Theorie des Realismus, interpretiert die russische Ablehnung dieser Situation als durchaus erwartbares Verhalten zur Sicherung der Interessensphäre (Mearsheimer 2022). Dies ist insofern bemerkenswert, als dass der Realismus weder eine Orientierung an Bedürfnissen noch eine friedenslogische oder pazifistische Ausrichtung aufweist. Aber auch nach diesem Ansatz sind die artikulierten Sicherheitsinteressen Russlands eindeutig als konfliktrelevante Dimension zu betrachten – sie bei einer zukünftigen Friedensfindung auszuklammern, kann fast nur zum Scheitern aller Verhandlungen führen. Dies wäre dann aufseiten dritter Konfliktparteien wie der NATO-Staaten eine Kernforderung des Projekts „Friedenslogik" (Jaberg 2014).

Demgegenüber, und dies ist für den Friedensprozess ebenso zu berücksichtigen, hat die von vielen Beobachter*innen konstatierte Politik des „Sammelns sowjetischer Erde" eine erhebliche Tiefenwirkung in der Region. Zuletzt bezeichnete Putin am 26. Dezember 2021, dem 30. Jahrestag des Zusammenbruchs der Sowjetunion, dieses Ereignis als „größte geopolitische Katastrophe des 20. Jahrhunderts (RND 2021)". Der Begriff verweist auf das imperiale Erbe und die damit verbundene Gewaltgeschichte des stalinistischen Imperiums mit Zwangsumsiedlungen, Hungersnöten, Terror und Annexionen (Furman 2011; Sasse 2022). In diesem Zusammenhang wird von einer traumatischen polnischen, baltischen, ukrainischen, kaukasischen und georgischen Erfahrung gesprochen (ebd.). Dieser Kontext erweist sich, so der Historiker Dimitrij Furman (2011) und andere kritische Beobachter*innen aus der Ostmitteleuropaforschung wie Andreas Kappeler (1992; 2017) und Gwendolyn Sasse (2022), als entscheidende Triebkraft für den Drang postsowjetischer Staaten in die NATO. Zuletzt hat der völkerrechtswidrige Angriffskrieg Russlands dazu geführt, dass, wie oben beschrieben, sogar die traditionell neutralen skandinavischen Staaten Finnland und Schweden einen NATO-Beitritt beantragt haben (Gutschker 2023). Der einst zerstrittene Westen ist, auch trotz der Auseinandersetzungen rund um das tendenziell pro-russisch eingestellte Ungarn (Gutschker 2024)[6], geeinter denn je (Fras 2022).

Beide Perzeptionen der Konfliktparteien, die Russlands einer NATO-Osterweiterung einerseits und die der Ukraine und anderer postsowjetischer Staaten einer russischen Politik der „Sammelns sowjetischer Erde" andererseits, lassen eine Verschärfung und Ausweitung des Konflikts erwarten. Aus der Perspektive der Friedensforschung geht es dabei nicht um die Frage, welche Seite historisch schuld oder moralisch im Recht ist. Vielmehr geht es im Kontext

---

[6] Auf den schwedischen Antrag auf NATO-Mitgliedschaft (tagesschau 2024a) und die Frage der EU-Hilfspakete für die Ukraine reagierte Ungarn mit einer Blockadehaltung. Dass die EU-Kommission Ende 2020 mehr als sechs Milliarden Euro Fördermittel aus mehreren Strukturfonds für Ungarn wegen Verstößen des Landes gegen die Rechtsstaatlichkeit gesperrt hat, sorgte für zusätzliches Konfliktpotenzial (Gutschker 2024).

von „Mitverantwortung" um die Frage, wie es allen Beteiligten gelingt, das Konfliktsystem „am Leben" zu erhalten und was getan werden müsste, um das Konfliktsystem zu stören oder gar zu transformieren. Notwendigerweise müssen im Friedensprozess auch andere, vor allem strukturelle und kulturelle Konfliktdimensionen und -potenziale berücksichtigt werden.

3.3.2 Tiefenstrukturelle Konfliktpotenziale: Syndrome, regionale Auswirkungen von Korruption und das Great Game

Im Rahmen der strukturellen Analysedimension lassen sich weitere Konfliktpotenziale und -treiber identifizieren. Im Kontext der Russland-Ukraine-NATO-Konfrontation sind mindestens drei Untersuchungsgegenstände relevant. Da sind zum einen die tiefer liegenden, zum Teil kollektiv unbewussten Widersprüche und Bruchlinien, die den Konflikt antreiben. Galtung bezeichnet sie als „Tiefenwidersprüche" (Galtung 1998). Dazu gehören zum einen die oben genannten konfliktverschärfenden sozialen Spaltungen und zum anderen das sogenannte PSFM-Syndrom. Darüber hinaus gibt es zwei weitere strukturelle Konflikttreiber mit gravierenden Auswirkungen über die Staatsgrenzen der Ukraine und Russlands hinaus: Dies sind erstens die regionalen Auswirkungen der Korruption in der Ukraine und Russland und zweitens die Konfliktformation des sogenannten „Great Game". Diese vier eben genannten Konflikttreiber werden im Folgenden in der genannten Reihenfolge näher beschrieben.

Das *PSFM*-Syndrom setzt sich aus den konfliktverschärfenden Komponenten *P*enetration (als Gegenteil von Autonomie), *S*egmentation (als Gegenteil von Integration), *F*ragmentation (als Gegenteil von Solidarität) und *M*arginalisation (als Gegenteil von Partizipation) zusammen (Galtung 1998). Alle Komponenten finden sich sowohl in der asymmetrischen Konfliktkonstellation zwischen Russland und der Ukraine als auch innerhalb der Ukraine zwischen der Kiewer Regierung und den selbsternannten „Volksrepubliken" Donezk und Luhansk. In beiden Konstellationen ist der Aspekt der Durchdringung – einerseits der Ukraine durch Russland, andererseits der selbsterklärten Volksrepubliken durch die Kiewer Regierung – und das Bedürfnis nach Selbstbestimmung seitens der Ukraine bzw. der selbsterklärten Volksrepubliken besonders ausgeprägt. Für die Gestaltung eines nachhaltigen Friedensprozesses und die Realisierung von Win–Win-Lösungen ist die Überwindung dieser PSFM-Komponenten zwingend erforderlich.

Das Modell der sozialen Trennlinien beschreibt Machtungleichgewichte in den unbewussten Beziehungsmustern verschiedener Gesellschaftssegmente:

1) Umwelt: Mensch vs. Natur;
2) Geschlecht: männlich vs. weiblich (Sexismus);
3) Generation: alt vs. „erwachsen" vs. jung;
4) Hautfarbe: hell vs. dunkel (Rassismus)
5) Klasse: Mächtige vs. Machtlose (z. B. Klassismus). Diese Kategorie enthält weitere Formen von Macht:

   a. Politische Macht: Wer bestimmt über/unterdrückt wen?
   b. Militärische Macht: Wer marschiert wo ein/erobert wen?
   c. Wirtschaftliche Macht: Wer beutet wen aus?
   d. Kulturelle Macht: Wer durchdringt/konditioniert/entfremdet wen?)

6) Normalität vs. Abweichung (Stigmatisierung);
7) Nationalität („Ethnie")/Kultur (Religion)/Zivilisation: Herrschende vs. Beherrschte (Nationalismus, Fundamentalismus);
8) Territorium: Staatenwelt, Zentrum vs. Peripherie (Zentralismus).

Die meisten dieser Trennlinien finden sich heute, wenn auch in unterschiedlicher Gewichtung, in nahezu allen Gesellschaften der Welt. Keine Gesellschaft ist frei von Konfliktpotenzialen. Im Kontext der aktuellen Debatten um Klimagerechtigkeit, soziale Gerechtigkeit und Diversität (u. a. sexuelle Identität, Alter, Behinderung, Geschlecht, Rasse, Religion) ist eine Auseinandersetzung mit diesen Trennlinien heute relevanter denn je. Auch innerhalb der russischen und ukrainischen Gesellschaft sowie der selbsternannten Volksrepubliken dürften alle hier genannten Trennlinien betroffen sein. Im Kontext des russisch-ukrainischen Krieges sind vor allem die Trennlinien „Geschlecht" und „Normalität vs. Abweichung", „Macht" und „Nationalität" von Bedeutung.

Hinsichtlich der Kategorien „Gender" und „Normalität vs. Abweichung" zeigt der Russland-Ukraine-Krieg, dass vor allem Frauen und LGBTIQ+−Personen besonders von Armut und Hunger oder sexualisierter Kriegsgewalt bedroht sind. Vor allem in den von Russland besetzten Gebieten Luhansk und Donezk sind Frauen und Mädchen einem hohen Risiko sexualisierter Kriegsgewalt ausgesetzt. Es ist die Rede von systematischen Vergewaltigungen ukrainischer Frauen und Mädchen durch russische Soldaten (Meier 2022), sogar von russischen Filtrationslagern und Deportationen von Ukrainer*innen nach Russland (Busol 2022). Russland erlebt seit geraumer Zeit einen deutlichen Gender-Backlash – also eine Umkehrung menschenrechtlicher Standards, die auch LGBTIQ+betrifft (Wisotzki und Scheyer 2022). Hinzu kommt, dass viele Frauen zur Pflege von Angehörigen zurückgeblieben sind und pflegebedürftige Menschen von der humanitären Krise als Folge von Krieg und Zerstörung besonders bedroht sind (Wisotzki und Scheyer 2022).[7] Der Krieg hat zu einer der größten Fluchtbewegungen in Europa seit Ende des Zweiten Weltkriegs geführt. Auch hiervon sind überwiegend Frauen betroffen, da es Männern über 18 Jahren derzeit verboten ist, das Land zu verlassen (Hogger 2023).

Weitgehend unterschätzt wird das große Leid der Flüchtlinge nicht-ukrainischer Herkunft, die direkt vom Krieg betroffen sind. Etwa 30 % der ukrainischen Studierenden stammen aus afrikanischen Ländern, die Hälfte davon aus Marokko und Ägypten. Nach Beginn des Angriffskrieges berichteten viele afrikanische Studierende von Rassismus auf ihrer Flucht aus der Ukraine. Zahlreiche Beiträge dokumentieren, wie People of Color an der ukrainisch-polnischen Grenze zusammengepfercht, aus Zügen gedrängt, mit Waffen bedroht und beschimpft wurden. Das ukrainische Militär und die Polizei würden Ukrainer*innen durchlassen, alle anderen müssten lange warten (Parbey 2022). Noch schlimmer sind die Erfahrungen von Flüchtlingen an der Grenze zwischen Belarus und der EU. Sie sind die Opfer einer Migrationskrise, die von der polnischen Regierung sogar als Teil eines „hybriden Krieges" bezeichnet wird (Sander 2021). Seit Juli 2021 fördern die belarussische und die russische Regierung aktiv die Migration in die EU, um diese politisch unter Druck zu setzen und die im Zuge der Proteste in Belarus

---

[7] Die Gesundheitsversorgung ist in vielen Regionen zusammengebrochen. Krankenhäuser wurden, wie von der Weltgesundheitsorganisation (WHO) dokumentiert, von Russland gezielt bombardiert (Felden/Sanders IV/Theise 2022).

verhängten Sanktionen[8] gegen Lukaschenko und Personen aus seinem Umfeld aufzuheben (Kellermann et al. 2021). Berichte dokumentieren, dass zu diesem Zweck Migrationswillige aus dem Nahen Osten teilweise mit falschen Versprechungen und der Hoffnung auf eine Einreise in die EU angelockt und zunächst mit Linienflügen und gecharterten Flugzeugen eingeflogen wurden (Gutschker 2021). Nach ihrer Ankunft wurden die Migrant*innen in bewaldete Heidegebiete bis kurz vor die polnische Grenze gebracht (Lokshin et al. 2021), wo sie dann Opfer sogenannter „Push Backs" durch polnische und belarussische Sicherheitskräfte wurden (Sander 2021). Im Zuge der Migrationskrise wurden Misshandlungen von Flüchtlingen (Kellermann et al. 2021) sowie Todesfälle durch Unterkühlung oder Erschöpfung (Winter 2023) dokumentiert. Es wird nicht erwartet, dass die Migrationskrise direkte Auswirkungen auf den Krieg zwischen Russland und der Ukraine haben wird. Aus einer globaleren Perspektive, die im Kontext der sogenannten „Weltkonfliktformationen" noch näher zu untersuchen ist, zeigt sich jedoch, dass der Russland-Ukraine-Krieg vielfältige globale Auswirkungen hat.

Unmittelbare, direkt auf den Russland-Ukraine-Krieg einwirkende Konfliktpotenziale bestehen entlang der gesellschaftlichen Trennlinien „Macht" und „Nationalität". Sie werden durch entsprechende kulturelle Narrative legitimiert, wie im nächsten Abschnitt (s. Abschn. 3.2.3)

---

[8] Die Krise geht auf den umstrittenen Wahlsieg des belarussischen Machthabers Aleksander Lukaschenko im August 2020 zurück. In der Folge konnten zahlreiche Fälle von Wahlbetrug nachgewiesen werden (OSTEUROPA 2020) und es kam zu Protesten der Bevölkerung, die von den belarussischen Sicherheitsbehörden brutal niedergeschlagen wurden (Chernyshev und Hebel 2020). Die EU reagierte mit Sanktionen (Schlitz 2020).

näher beschrieben wird. In der russisch-ukrainischen Konstellation übt Russland gegenüber der Ukraine vor allem politische, militärische und kulturelle Macht aus. Analog dazu scheint sich innerhalb der Ukraine eine ähnliche Macht- und Konfliktkonstellation zwischen der Kiewer Regierung und den selbsternannten Volksrepubliken abzuzeichnen. Durchdringung, Dominanzstreben und Machtausübung der stärkeren Seite treffen auf Autonomiebestrebungen der schwächeren Seite. Ähnlich wie beim oben skizzierten PSFM-Syndrom ist die Berücksichtigung der Trennlinien für die Gestaltung eines nachhaltigen Friedensprozesses und die Vermeidung von (Re-)Eskalation unabdingbar.

Ein weiterer struktureller Konflikttreiber ist die bereits erwähnte massive Korruption in Russland und der Ukraine. Sie hat nicht nur verheerende innerstaatliche, sondern auch erhebliche regionale und sogar globale Auswirkungen. So bestätigten die finnische Polizei, Europol und Interpol, dass Waffen, die im Rahmen westlicher Militärhilfe an die Ukraine geliefert wurden, bei kriminellen Banden in Westeuropa gefunden wurden (Wolff 2022; Europol 2022). Jürgen Stock, Generalsekretär von Interpol, äußerte im Juni 2022 die Befürchtung, dass es nach dem Ende der Kampfhandlungen in der Ukraine zu einer Flut illegaler Waffen kommen werde (Willsher 2022). Ebenso geht von Russland eine strukturelle Gefahr im Zusammenhang mit der sogenannten „strategischen Korruption" aus. Diese Form der Korruption wird von Transparency International als wesentlicher Bestandteil hybrider Kriegsführung angesehen. Sie beinhaltet vielfältige Maßnahmen von Staaten, Entscheidungsträger*innen für ihre geopolitischen Ziele zu vereinnahmen, Gesellschaften zu destabilisieren und deren nationale Sicherheit zu untergraben. Im Kontext des Russland-Ukraine-Krieges beobachtete Transparency International russische Einflussnahme auf europäische Demokratien. So hat Russland in der Bundesrepublik Deutschland über Jahre hinweg mit massiven finanziellen Mitteln ein Einflussnetzwerk auf Landes- und Bundesebene aufgebaut. Hierzu zählen die Unterstützung von AfD-Politiker*innen, lukrative Posten für den ehemaligen Bundeskanzler Gerhard Schröder, die Finanzierung der landeseigenen „Stiftung Klima- und Umweltschutz MV" sowie Desinformationskampagnen. Im Zusammenhang mit der systematischen Unterstützung rechtskonservativer Bewegungen und Politiker*innen in westlichen Ländern kann dieser Konflikttreiber als Teil einer sogenannten „geokulturellen Weltkonfliktformation" verstanden werden (Galtung 1998). Hierauf wird in einem späteren Abschnitt noch näher einzugehen sein (Abschn. 3.4.5).

Ein weiterer und in der aktuellen Diskussion am häufigsten genannter struktureller Konflikttreiber betrifft den geostrategischen Wettlauf, den viele Beobachter*innen, insbesondere aus der Tradition der (neo-)realistischen Denkschule, auf dem eurasischen Kontinent konstatieren. Im Sinne einer multiparadigmatischen Friedensforschung kann es sich als zielführend erweisen, auch solche Denkschulen einzubeziehen und zu integrieren, die von pazifistischen Strömungen und den jüngeren Generationen der Friedensforschung eher kritisch gesehen werden – dazu gehören z. B. der (Neo-)Realismus oder Imperialismustheorien. Der Nutzen der Beiträge dieser Denkschulen besteht darin, die Brisanz und Eskalationslogik des geostrategischen Wettlaufs verständlich zu machen.

So wird u. a. konstatiert, dass sich die gegenwärtige Weltordnung in einem konfliktträchtigen Übergang von einer unipolaren, von der letzten Supermacht USA geprägten Weltordnung zu einer multipolaren Weltordnung befindet. Als konfliktverschärfend erweist sich dabei, dass die Supermacht Schritte unternimmt, um die eigene Macht zu erhalten und andere Staaten zu destabilisieren. Bereits im Jahr 2000 und in gewisser Weise die Terroranschläge vom 11. September 2001 vorwegnehmend, beschrieb der Politikwissenschaftler Chalmers Johnson in seinem Buch *„Blowback"* (2000) die USA als ein solches Imperium, dessen Machtpolitik bei den betroffenen staatlichen und nichtstaatlichen Akteuren zu Widerstand und damit zu unvorhersehbaren Rückschlägen, sogenannten „Blowbacks", führe. Analog dazu und mit Blick auf die eurasische Region beschrieb der Geostrategieexperte und Gründer des Beratungsinstituts Stratfor, George Friedman, in einem Vortrag vor dem Chicago Council 2015 die USA als einzige Macht, die alle sieben Ozeane kontrolliere. Er wies darauf hin, dass die USA zwar über die mit Abstand größte Armee der Welt verfügten, aber nicht in der Lage seien, überall gleichzeitig militärisch zu intervenieren. Daher liege der strategische Ansatz zum eigenen Machterhalt weniger in der Besetzung von Territorien, sondern in der Intervention durch Präventivschläge (z. B. der übrigens völkerrechtswidrige Angriff auf den Irak im Dritten Golfkrieg 2003), in der Unterstützung sich bekämpfender Mächte (z. B. Iran und Irak im Ersten Golfkrieg 1980–1988) und in der politischen, militärischen und finanziellen Unterstützung befreundeter Staaten, wie eben der Nachbarstaaten Russlands. Er berichtete von eigenmächtigen Lieferungen schwerer Waffen und anderer Ausrüstung an die Ukraine noch vor der Annexion der Krim und bestätigte russische Befürchtungen, einen „Sicherheitsgürtel" (cordon sanitaire) entlang der Westgrenze Russlands zu realisieren (Friedman 2015). Als „Zwischenmeerland" zwischen dem Schwarzen Meer und der Ostsee käme der Ukraine und der Frage, ob das Land prowestlich oder pro-russisch ausgerichtet sei, eine besondere strategische Bedeutung zu (Friedman 2015). Diese Einschätzung wird durch das berühmte Buch „*The Great Chess Board*" von Zbigniew Brzezinski, dem ehemaligen Sicherheitsberater von US-Präsident Jimmy Carter, bestätigt. Er beschrieb damit ein „geopolitisches Schachspiel" zwischen der globalen Supermacht USA und Russland um die Vorherrschaft in Eurasien (Brzezinski 2001).

Mit Blick auf den aktuellen Russland-Ukraine-Krieg hat dieser geostrategische Wettlauf um Eurasien, der als das „Große Spiel" (The Great Game) bezeichnet wird, auch eine russlandkritische Wahrnehmung. So wird spätestens seit der Annexion der Krim im Jahr 2014 darüber spekuliert, dass Putin, weit über die oben beschriebene Politik des „Sammelns sowjetischer Erde" hinaus, ein eurasisches Imperium errichten wolle. Spekuliert wird über den Einfluss des ultranationalistischen politischen Philosophen Alexander Dugin, der mit seiner sogenannten „Vierten Politischen Theorie" das geopolitische Konzept eines „Neoeurasismus" auf der Basis eines „Großrussischen Reiches von Dublin bis Wladiwostok" vertritt (Schwieger 2022; Wiederkehr 2004). Inwieweit Putin die sehr weitreichenden geostrategischen Pläne Dugins in dieser Form umzusetzen gedenkt, ist derzeit (noch) offen.

Aus friedenswissenschaftlicher Perspektive ist die von vielen Beobachter*innen und Konfliktparteien wahrgenommene Dynamik eines Great Game auf dem eurasischen Kontinent in Form geostrategischer Expansionsbestrebungen nach Osten seitens der USA oder nach Westen seitens Russlands als konfliktverschärfend zu bewerten. Aus friedenslogischer Sicht stellen sie eine tiefere, beide Staaten übergreifende Triebkraft des Russland-Ukraine-Konflikts dar und können die weitere Eskalation fördern.

3.3.3 Tiefenkulturelle Konfliktpotenziale: Syndrome, kollektiv-unbewusste Narrative und anti-westlicher Diskurs

Im Rahmen der kulturellen Untersuchungsdimension lassen sich mehrere Konfliktpotenziale identifizieren. Dazu gehören kollektiv-unbewusste, in Galtungs Worten „tiefenkulturelle" Narrative, die das kollektive Selbstverständnis und die tiefer liegenden Konfliktmotive Russlands und der Ukraine bestimmen. Sie legitimieren strukturelle und direkte Gewalt und unterfüttern über die nationalen Grenzen der beiden Konfliktparteien hinweg das oben skizzierte Great Game. Ein weiteres tiefenkulturelles Konfliktthema, das der Russland-NATO-Ukraine-Konfrontation zugrunde liegt, ist die derzeit von immer mehr Schwellenländern geäußerte Kritik an der „Hegemonie" und „Doppelmoral" des Westens.

Als Tiefenkultur bezeichnet Galtung das „*MMT*-Syndrom", das die Komponenten *M*ission (Sendungsbewusstsein), *M*ythos (Auserwähltsein) und *T*rauma (Verletzungen durch Feinde) beinhaltet, und das „*DMA*-Syndrom", das durch *D*ualismus (wir vs. sie), *M*anichäismus (gut vs. böse) und *A*rmageddon (ein alles entscheidendes letztes Ereignis) gekennzeichnet ist (Galtung 1998). Beide Syndrome finden sich in den kollektiven Narrativen Russlands und der Ukraine. Generell fällt auf, dass das DMA-Syndrom gleichermaßen in den Wahrnehmungen Russlands und der Ukraine angelegt ist: Die jeweilige Konfliktpartei sieht sich als Vertreter*in des „Guten" in einem alles entscheidenden Kampf gegen den oder die „bösen" Anderen. Demgegenüber ist das MMT-Syndrom in den Tiefenkulturen der Ukraine und Russlands unterschiedlich ausgeprägt. Der Grund dafür liegt in den grundlegend verschiedenen Vorstellungen über das eigene Territorium und die nationale Gemeinschaft, und die Ursache in der unterschiedlichen Einordnung und Bewertung der eigenen Erfahrungen im Zweiten Weltkrieg. Eine Analyse russischer und ukrainischer Schulbücher, die von der Bundeszentrale für politische Bildung und der Plattform „Länderanalysen" veröffentlicht wurde, hat signifikante Unterschiede aufgezeigt. Die russische Perspektive bedient sich eher eines zivilisatorischen Missions- und Auserwähltheitsnarrativs, die ukrainische Perspektive fokussiert eher auf ein Leidens- bzw. Traumanarrativ. So wird der Zweite Weltkrieg aus russischer Sicht als heroisches Ereignis gesehen, das die Sowjetunion bzw. Russland zur Großmacht erhob. Ukrainische Schulbücher stellen den Krieg eher als tragisches Ereignis dar und betonen die dramatische Situation des ukrainischen Volkes zwischen zwei totalitären Regimen. Dabei wird das Recht des ukrainischen Volkes auf einen eigenen Nationalstaat betont (Klymenko 2016).

Wesentliche Komponenten der russischen Tiefenkultur im aktuellen Krieg sind das Widerstandsnarrativ und das Zivilisationsnarrativ. In der Logik des ersten Narrativs beschreiben russische Schulbücher den deutschen Angriff auf die Sowjetunion als Beginn einer zweiten Epoche und des Großen Vaterländischen Krieges. Die Sowjetunion wird als russisches Staatsgebiet und der Kampf gegen Nazi-Deutschland und seine Kollaborateure wie die OUN-B um Stepan Bandera als gemeinsamer Kampf der sowjetischen Völker dargestellt. Repressionen durch die Rote Armee und Deportationen ethnischer Gruppen werden kurz erwähnt, das Leiden der sowjetischen Bevölkerung wird jedoch häufig als notwendiges und heldenhaftes Opfer für den Sieg über Nazi-Deutschland dargestellt (ebd.). Dieses Widerstandsnarrativ, so der Bestsellerautor Dmitry Glukhovsky, macht verständlich, warum auf russischer Seite relativ hohe Verluste hingenommen werden und der Krieg fortgesetzt wird. Der Krieg wird als

Fortsetzung des Zweiten Weltkriegs dargestellt – des für Russland „größten existenziellen Kampfes gegen das Böse in der Welt (Glukhovsky zitiert in: Heuser 2023)."

Das Zivilisationsnarrativ ist die zweite wesentliche Komponente der russischen Tiefenkultur in diesem Krieg. Hierbei werden in russischen Schulbüchern die militärischen Aktionen der Roten Armee in Europa als zivilisatorische Mission dargestellt, die u. a. die Befreiung Rumäniens, Bulgariens, Polens, Ungarns, Österreichs und Jugoslawiens und insbesondere die Kapitulation Nazi-Deutschlands beinhaltete. Symbolisch ist der 9. Mai 1945 als „Tag des Sieges" über Nazi-Deutschland von Bedeutung. In der Folge dient dieses Narrativ als moralischer Appell, die Leistungen der russischen Nation bei der Rettung Europas anzuerkennen und das heutige Russland als Nachfolger der Weltmacht Sowjetunion zu sehen. Daraus leitet sich direkt die Idee einer „großen slawischen Nation" ab, die auch Belarus und die Ukraine einschließt (Klymenko 2016). Dementsprechend dient das Zivilisationsnarrativ als Anknüpfungspunkt für die Wiederherstellung, Durchsetzung und Festigung des russischen Führungsanspruchs im gesamten postsowjetischen Raum (Weiss 2015). Analog dazu wird das Ringen mit dem Westen um Einfluss in der Ukraine als Versuch interpretiert, Russland zu „spalten" (Fearon 2023). Ein besonders prominentes Thema ist dabei die Verwicklung der USA und der EU in die Geschehnisse in der Ukraine. Dabei werden die USA als eigentliche Quelle der „faschistischen" existenziellen Bedrohung und die EU als „Viertes Reich" dargestellt. Als die Ukraine 2014 das Assoziierungsabkommen mit der EU unterzeichnete, sprach die russische Propaganda von einer „erzwungenen europäischen Integration" und illustrierte dies mit einem Foto aus dem Jahr 1944, das deutsche Kriegsgefangene im befreiten Kiew zeigt (Gaufman 2022).

Ein anderes Bild ergibt sich bei der Analyse des ukrainischen Geschichtsbildes. Ähnlich wie in der russischen Geschichtsdarstellung wird auch in ukrainischen Schulbüchern der Überfall Nazi-Deutschlands auf die Sowjetunion als Beginn des Großen Vaterländischen Krieges hervorgehoben. Der Fokus der Bücher liegt jedoch auf dem heutigen ukrainischen Staatsgebiet, indem die Befreiung aller ukrainischen Siedlungen beschrieben wird. Dabei identifizieren die Schulbücher das ukrainische Volk als Hauptakteur. Das ukrainische Volk wird dabei als nationale Einheit dargestellt, deren Angehörige geschlossen gegen den Feind gekämpft haben. Als Feind definieren die ukrainischen Schulbücher nicht nur das nationalsozialistische Deutschland, sondern auch das sowjetische Regime. Dementsprechend stellen alle ukrainischen Schulbücher die OUN-B um Stepan Bandera und die Ukrainische Aufstandsarmee (UPA) als Kämpfer für die ukrainische Unabhängigkeit dar. Zudem wird betont, dass die OUN-B am 30.06.1941 in Lemberg einen unabhängigen ukrainischen Staat proklamierte (Klymenko 2016).

Eine wesentliche Komponente des ukrainischen MMT-Syndroms ist die Fokussierung auf den Aspekt des „Traumas", der im Leidensnarrativ angelegt ist, das ein wichtiges Merkmal der Darstellung des Zweiten Weltkriegs in ukrainischen Schulbüchern darstellt. Im Mittelpunkt steht das Leiden unter dem Nationalsozialismus und dem Stalinismus. Das Leidensnarrativ wirkt dabei als moralischer Appell an die europäische Gemeinschaft, die ukrainische Bevölkerung als nationale Gemeinschaft und ihr Leiden unter den beiden Regimen anzuerkennen. Durch die explizite Verurteilung des sowjetischen Regimes distanziert sich das ukrainische Narrativ von der mit Russland geteilten sowjetischen Geschichte. Gleichzeitig wird in den ukrainischen Geschichtsbüchern, identisch mit dem russischen Zivilisationsnarrativ, die Kapitulation

3 Die Ebenen des Russland-Ukraine-Kriegs ...

Nazi-Deutschlands und der Tag des Sieges hervorgehoben. Dabei wird der materielle und technische Beitrag des ukrainischen Volkes zum Sieg betont. Das Narrativ dient hier also vor allem als Appell, den Beitrag des ukrainischen Volkes zur Rettung der europäischen Gemeinschaft anzuerkennen (Klymenko 2016).

Zusammenfassend lässt sich sagen, dass der Russland-Ukraine-Krieg zutiefst von einem Widerstreit unterschiedlicher historischer Narrative getragen wird. Diese und ihre tieferen Anliegen zu berücksichtigen, dürfte sich für Friedensverhandlungen und nachhaltige Lösungen als unerlässlich erweisen.

Darüber hinaus ist der Russland-NATO-Ukraine-Konflikt von einem Propagandakrieg um die blockfreien Schwellenländer und den globalen Süden sowie einer Krise der westlich-liberalen Hegemonie geprägt. Der Politikwissenschaftler Ivan Krastev sieht die wachsende Kritik an der westlichen Doppelmoral im Wesentlichen als Ausdruck dieser Krise (Krastev 2019). Die Kritik ist nicht völlig aus der Luft gegriffen.[9] Die Krise der liberalen Hegemonie

---

[9] So wird vielfach kritisiert, dass der Völkerrechtsbruch Russlands schärfer verurteilt wird als andere illegale Kriege westlicher Staaten in jüngerer Zeit, etwa im Irak (2003) oder in Libyen (2014) (Fischer, L. 2022). Auch in nicht-westlichen Medien wird anlässlich der Eskalation des israelisch-palästinensischen Konflikts hervorgehoben, so etwa von der türkischen Nachrichtenagentur Anadolu Ajansı (AA) am 07.11.2023, dass seit der Anschlagsserie der Hamas am 07. Oktober 2023 bei israelischen Vergeltungsschlägen auf den Gazastreifen 10.022 Palästinenser*innen getötet wurden, darunter 4104 Kinder und 2641 Frauen, und mindestens 24.000 verletzt wurden. Im Vergleich dazu forderte der russische Angriffskrieg in der Ukraine seit dem 24. Februar 2022 9806 zivile Opfer (Tarhan 2023). Die Zahlen decken sich weitgehend mit denen, die von UN-Organisationen, wie OCHA oder OHCHR aufgeführt werden (OCHA 2023; OHCHR 2023). Kritisiert wird, dass Russlands systematische und großflächige Angriffe auf zivile Infrastruktur von westlicher Seite als völkerrechtswidrig kritisiert werden, während Israels identisches Vorgehen als legitime „Selbstverteidigung" angesehen wird. In den Worten des türkischen Präsidenten Recep Tayyip Erdogan auf einer pro-palästinensischen Kundgebung am

und die wachsende antiwestliche Kritik spiegelten sich im Russland-Ukraine-Krieg auch darin wider, dass sich ein Großteil der Regierungen der Schwellenländer und des globalen Südens nicht unbedingt der westlichen Haltung gegenüber Russland anschloss. Einige Beobachter*innen machen dafür die Propagandakampagnen Russlands und Chinas verantwortlich. Andere argumentierten, dass in Europa und den USA unterschätzt werde, wie enttäuscht und desillusioniert viele Menschen vor allem im globalen Süden vom Westen seien (Repnikova 2022). Aus friedenslogischer Sicht erzeugt die

> *„Hybris desjenigen Akteurs, der sich als Sieger des Kalten Kriegs begreift, ebenso wie die normative und praktische Selbstbevorzugung, gemäß derer sich der Westen dazu berechtigt sieht, sich selbst mehr zu erlauben, als er anderen zuzugestehen bereit ist" (PZKB 2022b: 12)*

neue Konfliktpotenziale und trägt nicht zu einer nachhaltigen Friedensordnung bei. Vor dem Hintergrund der Kritik an der westlich dominierten liberalen Hegemonie versteht sich der Russland-Ukraine-Krieg auch als ein von den Schwellenländern und dem globalen Süden vielfach begrüßter Versuch, die gegenwärtige Herrschafts- und

---

28. Oktober 2023 in Istanbul: „Ihr vergießt Tränen für diejenigen, die in der Ukraine gestorben sind. Aber was ist mit den Kindern, die in Gaza gestorben sind? Warum sprecht ihr nicht über sie?" (Tarhan 2023). Eine weitere häufig kritisierte Form westlicher Doppelmoral betrifft die ungleiche Behandlung von Regimen, die regelmäßig Menschenrechtsverletzungen begehen. Staaten wie Saudi-Arabien, von denen der Westen energiewirtschaftlich abhängig ist, würden nicht moralisch verurteilt, wie dies etwa aktuell bei Russland oder regelmäßig bei China der Fall ist. Zuletzt machte Saudi-Arabien mit 81 Hinrichtungen an einem Tag von sich reden (Martin 2022). Diese Diskrepanz in der Bewertung des Westens von zivilen Opfern, wie sie in der nicht-westlichen Welt wahrgenommen wird, kann Konfliktpotenzial fördern.

Sicherheitsordnung infrage zu stellen und neu zu gestalten. Dieser „globale Konflikt" verweist auf die tieferen Dimensionen des Russland-Ukraine-Krieges.

3.3.4 Tiefenpsychische Konfliktpotenziale: Projektion und Schatten

Die tiefenpsychologische Dimension deckt unbewusste Aspekte der Wahrnehmung und des Handelns der Konfliktparteien auf. Da nach verbreiteter Einsicht unter Psycholog*innen etwa neun Zehntel des eigenen Konflikthandelns unbewusst sind (Moeller 2010; Kubie 1966), kann davon ausgegangen werden, dass die tiefenpsychologische Dimension ein allgegenwärtiges, nahezu allen sozialen Konflikten immanentes Phänomen anspricht. Unter Vorbehalt könnte das Konzept des „Schattens" aus dieser Untersuchungsdimension dazu beitragen, eine weitere Facette des Russland-Ukraine-Konflikts aufzudecken und für die Friedensarbeit nutzbar zu machen.

Der Begriff „Schatten" wurde vom Begründer der analytischen Psychologie, Carl Gustav Jung, geprägt. Als Schatten bezeichnete er unbewusste oder teilbewusste Persönlichkeitsanteile, die verdrängt oder verleugnet werden (Jung 2021). In zwischenmenschlichen Konflikten äußern sich Schatten dadurch, dass sie nach außen projiziert und im Gegenüber erkannt werden. Handelt es sich um verdrängte Persönlichkeitsanteile, die unerwünscht sind, weil sie nicht zum eigenen Selbstbild passen, werden sie umso heftiger bekämpft (Schulz von Thun 2009a, b). Gerade in gewaltsam ausgetragenen Konflikten, so der Konfliktforscher Friedrich Glasl, neigen die Konfliktparteien dazu, die schlimmsten Aspekte des eigenen Verhaltens auf den oder die Gegner zu übertragen – das Ergebnis ist eine stark polarisierte Wahrnehmung, in der sich die Akteure selbst als „gut" definieren und dem oder den anderen all das zuschreiben, was sie unbewusst an sich selbst verachten. Die eingeschränkten Wahrnehmungen der Konfliktparteien stellen somit im Grunde Projektionen dar, in denen eigene verdrängte Persönlichkeitsanteile (in der Jung'schen Terminologie: „negative Archetypen") verleugnet und übertragen werden (Glasl 2004). Jedem zwischenmenschlichen Konflikt liegt so eine Art „Schattenboxen" zugrunde (Schulz von Thun 2009a: 176).

Unbewusste Schattenprojektionen auf andere Menschen sind nach Jung (2021) und Glasl (2004) nicht nur typische Elemente persönlicher, sondern auch kollektiver, sogar nationaler Konflikte. Daraus ergibt sich eine Erweiterung des oben skizzierten Modells kollektiv-unbewusster Konfliktpotenziale (Abschn. 3.2.3) um den Aspekt des „kollektiven Schattens". Übertragen auf den Russland-Ukraine-Konflikt fällt auf, dass sich beide Seiten in einem existenziellen Kampf wähnen und sich gegenseitig ähnliche Vorwürfe wie „Aggression", „Faschismus" und „genozidales" Verhalten machen. Die ukrainische Bevölkerung sieht sich als Opfer einer russischen Aggression und seit Jahrzehnten im Widerstand gegen die Unterdrückung durch autoritäre Regime, darunter die Sowjetunion. Der Ukraine wiederum wird von Russ*innen vorgeworfen – und das könnte sich als ein Schatten in der Selbstwahrnehmung der Ukraine erweisen – repressiv und diskriminierend gegenüber den selbsternannten Volksrepubliken vorzugehen. Darüber hinaus konnten Kriegsverbrechen nicht nur von russischen, sondern auch von ukrainischen Soldaten nachgewiesen werden (wenn auch nach derzeitigem Zahlenstand in vergleichsweise geringerem Umfang) (LpB BW 2023c). Analog zum ukrainischen Widerstandskampf wähnt sich Russland in einem existenziellen Kampf um seine territoriale Integrität, früher gegen Nazi-Deutschland, heute gegen die NATO-Osterweiterung. Als kollektiver Schatten erweist sich hier, dass Russland in der Umsetzung des Zivilisationsnarrativs, bereits unter Stalin, selbst repressiv auf viele nichtrussische Völker gewirkt hat – wie die Faschisten, die es bekämpft. Das Bewusstmachen der eigenen Schatten ist für die Konfliktbearbeitung insofern wichtig, als es hilft, ein komplexeres und differenziertes Selbstbild zu entwerfen und den eigenen Anteil am Konflikt zu verstehen. C. G. Jung hat dies als „Ganzwerdung" des Selbst bezeichnet (Jung 2021). Auch in einem asymmetrischen Krieg, wie dem Russland-Ukraine-Krieg, gibt es nicht nur Opfer und Täter auf einer Seite. Indem sich die Konfliktparteien ausschließlich als Opfer und „gut" sehen und dies der anderen Seite absprechen, schüren sie nicht nur den Konflikt im Sinne eines „notwendigen Kampfes gegen das Böse".

Der Schatten als Teil sozialer Konflikte ist insbesondere im Zusammenhang mit Beziehungskonflikten gut untersucht, oft auch in Kombination mit dem Begriff „Kollusion". Dieser von Henry Dicks geprägte Begriff bezeichnet ein unbewusstes Zusammenwirken verschiedener Interessen bei der Beziehungsgestaltung (Dicks 1967). Ein wesentlicher Aspekt ist dabei, dass die Konfliktparteien sich ohne den anderen nicht wirklich verstehen können. Ihre aktuelle Identität kann nur aus der Beziehung heraus verstanden werden. Sie sind – in den Worten des Beziehungstherapeuten und Psychologen Michael Lukas Moeller – „zwei Gesichter einer Beziehung und sehen es nicht (Moeller 2010: 165)." Sie nehmen ihr „Ich" als unabhängige Größen wahr und übersehen und verleugnen, dass sie in wechselseitiger Abhängigkeit zum anderen stehen. Übertragen auf den Russland-Ukraine-Konflikt fällt auf, dass der jeweilige Gegner eine wesentliche identitätsstiftende Funktion für die andere Seite einnimmt. Wie oben dargestellt, speisen sich wesentliche Aspekte der ukrainischen Nationalidentität aus dem Widerstands- und Leidensnarrativ sowie aus der Abgrenzung von der eigenen postsowjetischen Geschichte und der in vielerlei Hinsicht engen historischen Verbindung zu Russland. Unabhängigkeit ist das bestimmende Bedürfnis der Ukraine. Analog dazu sind auf russischer Seite das Widerstandsnarrativ im Kampf gegen den deutschen Nationalsozialismus und die Idee einer panslawischen Einheit wesentliche Bestandteile der russischen Nationalidentität unter weitgehender Negierung der national-territorialen Integrität der Ukraine. Ohne die Erfahrungen des Zweiten Weltkriegs, der sowjetischen Geschichte und der Abgrenzung vom Westen sähe das nationale Selbstverständnis Russlands und sein Verhältnis zur Ukraine anders aus. Aus der Schattenperspektive wirken beide kollektiven Selbstbilder unvollständig und konfliktverschärfend im Sinne einer polarisierenden „Wir gegen sie"-Abgrenzung. Schattenarbeit – individuell und kollektiv – kann die „Ganzwerdung" der Selbstidentität unterstützen und zu einer entschärfenden „Ich sehe mich in dir"-Wahrnehmung beitragen.

Zusammenfassend können aus der Psychologie stammende Konzepte wie Schatten und Kollusion verdeutlichen, dass polarisierende Narrative und Feindbilder immer auch verdrängte eigene Anteile am Konflikt beinhalten, Uneinsichtigkeit fördern und Gewalt legitimieren. Diese Anteile bewusst zu machen, kann in einer späteren Phase des Friedensprozesses zur Heilung psychischer Traumata und zur Versöhnung beitragen.

Die bisher diskutierten Inhalte lassen sich tabellarisch in einer Vier-Felder-Matrix wie folgt zusammenfassen:

3.4 Ebene 3: Der Russland-Ukraine-Krieg als Teil unterschiedlicher Weltkonfliktformationen im Rahmen des Neuen Kalten Krieges

Zahlreiche Verhandlungen und Abkommen zur Befriedung von Konflikten haben in jüngster Zeit zu keinen dauerhaften Ergebnissen geführt. Die Verabschiedung neuer Verfassungen in Afghanistan und im Irak sowie der Abzug westlicher Truppen aus diesen beiden Ländern haben keinen Frieden gebracht, das Osloer Friedensabkommen von 1993 und diverse Folgegespräche konnten den Teufelskreis der Vergeltung im Israel-Palästina-Konflikt bis heute nicht durchbrechen. Ähnliches gilt für die Minsker Abkommen I und II zur Befriedung des Russland-Ukraine-Konflikts, die 2014 und 2015 von den Konfliktparteien unterzeichnet und nur wenige Tage später wieder gebrochen wurden. Aus Sicht der Konflikttransformation liegt ein wesentlicher Grund für das Scheitern dieser Verhandlungen und Abkommen im Fehlen einer komplexeren Konfliktanalyse. Das Wiederaufflammen direkter Gewalt erscheint dabei nur als die Spitze des Eisbergs in einem Feld globaler struktureller und kultureller Konfliktformationen. Galtung (1998) unterscheidet in diesem Zusammenhang vier komplexe sogenannte „Weltkonfliktformationen", die sich überlagern und mit sozialen Konflikten und Widersprüchen auf lokaler und regionaler Ebene verknüpft sind:

- Die geoökonomische Konfliktformation.
- Die geomilitärische Konfliktformation.
- Die geopolitische Konfliktformation.
- Der geokulturelle Konfliktformation.

Eine Besonderheit der Gegenwart ist die Wahrnehmung eines „Neuen Kalten Krieges" (Kühl 2023), in dem auch die aufstrebende Weltmacht China, ihr Bündnis mit Russland und ihre gemeinsame Kritik an den USA und dem Westen eine wichtige Rolle spielen. Als Teil dieses Neuen Kalten Krieges ist der Russland-NATO-Ukraine-Konflikt teils direkt, teils indirekt mit anderen Konflikten, insbesondere zwischen China und den USA, verwoben. Eine komplexe Konfliktanalyse und eine entsprechende Friedensarbeit kommen nicht umhin, diese Konfliktformationen mitzudenken. Im Folgenden wird ein Überblick über die Konfliktformationen gegeben, die direkt oder indirekt Einfluss auf den Russland-Ukraine-Konflikt haben.

3.4.1 Vorüberlegungen: Chinas wachsende Bedeutung als aufstrebende Weltmacht und seine Allianz mit Russland

Im russisch-ukrainischen Krieg verhält sich China ambivalent. China überschreitet bisher keine der beiden vom Westen gezogenen roten Linien: Es verstößt nicht gegen Sanktionen und liefert keine Waffen und Munition an Russland (Eyssel und Dornblüth 2022). Es versucht, seine weitreichenden Handelsbeziehungen mit der EU aufrechtzuerhalten und setzt sich für eine diplomatische Lösung des Krieges ein (LpB BW 2023d). Im Februar 2023 schlug China einen Zwölf-Punkte-Plan für einen Waffenstillstand und Friedensverhandlungen vor und betonte seine neutrale Position (Al Jazeera 2023). Im April sagte der chinesische Staatschef Xi Jinping dem ukrainischen Präsidenten Wolodimyr Selenskyj zu, humanitäre Hilfe nach Kiew zu schicken und einen Sondergesandten für eurasische Angelegenheiten in die Ukraine zu entsenden, um Gespräche über eine politische Lösung des Krieges zu führen

(Kretschmer 2023). China gilt als einer der wichtigsten Handelspartner der Ukraine, vor allem im Agrarbereich (Korsunskyj 2019). Denkbar ist auch, dass sich China nach dem Krieg am Wiederaufbau der Ukraine beteiligt (Junhua 2022).

Auf der anderen Seite gehen Beobachter*innen davon aus, dass China insgeheim eine tendenziell pro-russische Position vertritt. Chinesische Politiker*innen haben keine offene Kritik am russischen Angriffskrieg geübt und Russland als einen der wichtigsten verbliebenen Verbündeten bezeichnet (LpB BW 2023d). Die Handelsbeziehungen mit Russland haben sich seit Kriegsbeginn sogar intensiviert und wurden im Rahmen einer bilateralen „Kooperation ohne Grenzen" mit neuen Abkommen für die Zukunft bekräftigt. Die chinesischen Staatsmedien bedienen sich zweier Sprachregelungen: Auf der UN-Bühne spricht China eine Sprache, die weitgehend internationalen Standards entspricht und seine Neutralität betont. Gegenüber der eigenen Bevölkerung spricht China jedoch pro-russisch (Junhua 2022). Beide Länder ergänzen sich in einer pragmatischen „Zweckehe". Russland hat riesige Rohstoffvorkommen und ist Chinas drittgrößter Öl- und Gaslieferant (Junhua 2022), während China über Technologie, Kapital und Infrastruktur verfügt (Eyssel und Dornblüth 2022).[10]

Innerhalb des russisch-chinesischen Bündnisses ist seit dem Zerfall der Sowjetunion eine Machtverschiebung zugunsten Chinas zu beobachten (LpB 2023d). Russland gilt

---

[10] Zwischen 2017 und 2021 soll das Volumen des chinesischen Warenhandels mit Russland um 75 % gestiegen sein. Neben Rohstoffen liefert Russland vor allem Rüstungsgüter nach China. China wiederum exportiert insbesondere Textilien, Elektrogeräte und Maschinen und investiert vor allem in Sibirien (Eyssel und Dornblüth 2022).

Beobachter*innen zufolge inzwischen als der „kleine Bruder" Chinas (Eyssel und Dornblüth 2022).[11]

Ideologisch wird die russisch-chinesische Allianz durch das gemeinsame Feindbild USA zusammengehalten (LpB 2023d). Analog zu Chinas zunehmender Bedeutung als Weltmacht befürchten Beobachter*innen die Gefahr einer steigenden Eskalation.[12] Dies bestätigend geht der Soziologe Wolfgang Streeck davon aus, dass Chinas geostrategisches Projekt auf eine, wie auch von chinesischen Politiker*innen immer wieder betont wird, multipolare Welt ausgerichtet ist. Anders als die USA sei China eine Landmacht, die an eine Vielzahl potenziell feindlicher Staaten grenze und daher einen Sicherheitsgürtel (cordon sanitaire) benötige, in dem die Nachbarstaaten durch eine gemeinsame physische Infrastruktur, frei vergebene Kredite und die Verpflichtung, sich aus Bündnissen mit potenziell feindlichen externen Mächten herauszuhalten, mit China verbunden seien (Streeck 2023). Eine der

---

[11] Die Machtverschiebung zeigt sich deutlich in den Einflussverschiebungen in den zentralasiatischen Staaten, die geographisch zwischen Russland und China liegen: Tadschikistan, Turkmenistan, Kasachstan, Kirgisistan und Usbekistan. Russland tritt in der Region als Ordnungsmacht auf. Mit diesen Staaten verbindet Russland traditionell das postsowjetische Erbe. China hat in den letzten Jahren seinen wirtschaftlichen Einfluss in der Region deutlich ausgebaut, um seinen Hunger nach Rohstoffen zu stillen, die in einigen Ländern der Region reichlich vorhanden sind (Eyssel und Dornblüth 2022).

[12] Man spricht in diesem Zusammenhang von der sogenannten „Thukydides-Falle". Diese von Graham Allison populär gemachte Theorie basiert auf der Beobachtung des griechischen Historikers Thukydides, dass Kriege (wie der Peloponnesische Krieg) fast immer dann ausbrechen, wenn eine aufstrebende Großmacht (wie Athen) eine bereits etablierte Macht (wie Sparta) zu verdrängen sucht. Allisons Forschungsteam am Harvard Belfer Center for Science and International Affairs kam zu dem Ergebnis, dass in den letzten 500 Jahren in 12 von 16 Fällen, in denen diese Konstellation auftrat, tatsächlich Kriege ausbrachen. Das statistische Risiko eines eskalierenden Konflikts zwischen China und den USA könnte daher laut Allison relativ hoch sein (Allison 2018), zumal der chinesische Präsident Xi Jinping von einem „Traum" spricht, eine „neue Form der internationalen Beziehungen" zu verwirklichen (Carlson 2015).

wichtigsten außenpolitischen Strategien ist die sogenannte „Neue Seidenstraße" oder „Belt and Road Initiative" (BRI) bzw. „One Belt, One Road"-Initiative (OBOR) Chinas, die Infrastrukturentwicklung und Investitionen in über 150 Ländern vorsieht (Godehardt und Kohlenberg 2017).

Die mögliche Konsequenz für den Krieg in der Ukraine und andere Konfliktherde wäre, dass China aktiv die Bildung einer Art Liga blockfreier Regionalmächte unter Einschluss der BRICS-Staaten vorantreiben könnte, die sich aus einer chinesisch-US-amerikanischen Konfrontation heraushalten und sich den US-amerikanischen Wirtschaftssanktionen gegen China und Russland verweigern würde. Darüber hinaus stellt Streeck fest, dass aufgrund der hohen geostrategischen Priorität Chinas das Interesse der USA, sich im Russland-Ukraine-Krieg zu engagieren, mittelfristig abnehmen könnte, um sich auf einen viel größeren Krieg gegen China im Pazifik vorzubereiten.[13] Die Ukraine könnte damit ihren wichtigsten Unterstützer verlieren (Streeck 2023).

---

[13] Geostrategisch wichtige Konfliktherde, in denen sich die chinesisch-US-amerikanische Konfrontation gefährlich zuspitzt, liegen im Süd- und Ostchinesischen Meer. Besonders umkämpft ist die Straße von Malakka. Diese Region gilt als kritische Seepassage oder „Choke Point", durch die ein Großteil der Ölexporte und -importe fließt und die weitgehend von US-Verbündeten wie Indonesien, den Philippinen und Japan kontrolliert wird. Im Jahr 2016 wurden rund 80 % der chinesischen Ölimporte durch diese Meerenge transportiert (The Maritime Executive 2018). Im Falle einer Eskalation des Konflikts mit den USA könnten diese tatsächlich ein Seeembargo gegen China verhängen (Baron und Yin-Baron 2018). Vor diesem Hintergrund wird die Neuausrichtung der US-Außenpolitik unter Barack Obama, die sogenannte „Pivot to Asia Strategy" (Benedikter 2012; Bush 2012), von China als „Eindämmungspolitik" wahrgenommen. Diese Politik zielt darauf ab, im Sinne einer Einkreisungsstrategie militärische, wirtschaftliche und diplomatische Beziehungen zu den an China angrenzenden Staaten aufzubauen und den wirtschaftlichen und politischen Einfluss Chinas zurückzudrängen (Daozu 2010). Um dieser Bedrohung zu begegnen, schließt China Wirtschafts- und Infrastrukturabkommen mit Ländern wie Pakistan und Myanmar, die Häfen als strategische Alternativen außerhalb der Straße von Malakka anbieten können. Diese bieten nicht nur direkte Wege für wichtige Öl- und Gasimporte, sondern dienen auch als alter-

3.4.2 Geomilitärische Weltkonfliktformationen: Wettlauf zwischen Russland, China und den USA um Einfluss in Afrika und Nahost

Geomilitärische Konfliktformationen zeichnen sich durch Expansionsbewegungen von Streitkräften in geostrategisch relevante Regionen aus. Die Konfliktformation mit den offensichtlichsten und unmittelbarsten Auswirkungen auf den Russland-Ukraine-Konflikt ist das oben beschriebene Great Game, das durch eine Expansion der NATO in Richtung Osteuropa und entsprechende Gegenreaktionen Russlands gekennzeichnet ist. Daneben finden sich zahlreiche weitere geostrategisch motivierte Konfliktherde, in denen der Westen, insbesondere die USA, mit Russland und seinem Allianzpartner China in geomilitärische Expansionskonkurrenz treten.

Neben dem Great Game in Eurasien gibt es weitere Konfliktherde im Nahen Osten und in Afrika, in denen der Westen mit Russland und China konkurriert und die indirekt auch den Krieg in der Ukraine beeinflussen. In

---

native Ausgangspunkte für Chinas exportabhängige Wirtschaft (Arafeh 2018). Diese Initiativen ergänzen die geopolitischen und militärischen Anreize Chinas, seine Seewege militärisch zu kontrollieren und zu schützen. Chinas strategischer Gesamtansatz in der südasiatischen Region wird durch eine geopolitische Theorie beschrieben, die als „String of Pearls" bekannt ist und erstmals 2005 in einem internen Bericht des US-Verteidigungsministeriums verwendet wurde. Demnach beabsichtigt China, die Gewässer des Indischen Ozeans und des Südchinesischen Meeres durch ein Netzwerk strategischer Marinestützpunkte und Handelshäfen zu dominieren und zu kontrollieren (Marantidou 2014). In dieser Strategie sollen die Marinestützpunkte eine permanente militärische Präsenz gewährleisten, während die Handelshäfen die Länder durch eine „Schuldenfalle"-Diplomatie (dept trap diplomacy) an sich binden sollen. Zu den betroffenen „Perlen" gehören Länder wie Myanmar, Thailand, Bangladesch, Sri Lanka, die Malediven, Pakistan, Kenia und der Sudan (Arafeh 2018).

beiden geostrategisch bedeutsamen Regionen fällt auf, dass die Aktivitäten Chinas und Russlands in den letzten Jahren zugenommen haben und ihr Einfluss gegenüber westlichen Staaten, insbesondere den USA, gewachsen ist.

Für Afrika fällt auf, dass China vor allem an Absatzmärkten für seine Produkte und an Rohstoffen interessiert ist, während Russland den afrikanischen Kontinent vor allem als Absatzmarkt für Waffen nutzt (Eyssel und Dornblüth 2022). Im Jahr 2020 war Russland mit einem Anteil von 49 % der wichtigste Waffenlieferant des Kontinents (Kondratenko 2020). Darüber hinaus waren bzw. sind Söldner der russischen paramilitärischen Organisation Gruppe Wagner in Mosambik, Mali, Tschad, Sudan, Südsudan und Libyen aktiv. Im Gegenzug für Aufträge zur Ausbeutung von Rohstoffen unterstützt die Gruppe Wagner den Kampf gegen Extremisten (Passenheim 2023). Dabei zeichnet sich Beobachter*innen zufolge eine verheerende Krise in der Region ab. Die Sahelzone zählt zu den ärmsten und zugleich demografisch am schnellsten wachsenden Regionen der Welt. Extremismus, bewaffnete Konflikte, Terrorismus, Korruption, Ernährungsunsicherheit und die Erosion demokratischer Normen nehmen tendenziell zu (Carter III und Williams 2022). Der UN-Beobachter Richard Gowan vom Think Tank „Crisis Group" sagt sogar voraus:

„Die Krise, die sich in der Sahelzone entwickelt, ist für die Vereinten Nationen unter Umständen eine größere Herausforderung als Russlands Krieg in der Ukraine" (Gowan zitiert in Passenheim 2023).

Während sich die bewaffneten Konflikte in der Sahelzone zuspitzen, ist gleichzeitig zu beobachten, dass der Einfluss der Vereinten Nationen in Westafrika zugunsten Russlands schwindet. Nach der Machtübernahme des Militärs in

Mali und Burkina Faso sind UN-Blauhelme und Soldaten der ehemaligen Kolonialmacht Frankreich nicht mehr erwünscht. Gowan geht sogar davon aus, dass Mali mit dem Rauswurf ein Signal für andere Staaten gesetzt und möglicherweise auch den Anlass für den Putsch in Niger Anfang August 2023 geliefert hat. Den militärischen Führern in der Region würde gezeigt, dass sie die UN und den Westen herausfordern können. Der Einfluss der UN in der Region bleibt äußerst begrenzt, da der UN-Sicherheitsrat mit den beiden Vetomächten Russland und Frankreich tief gespalten ist und sich daher nicht auf harte Sanktionen einigen kann (Passenheim 2023).

Der wachsende Einfluss Russlands auf dem Kontinent hat dazu geführt, dass die Hälfte der afrikanischen Staaten die Invasion der Ukraine in der UN-Generalversammlung nicht verurteilt hat (Diekhans und Grieß 2022). Einen direkten, wenn auch derzeit noch schwachen Einfluss auf den Krieg in der Ukraine hat die Rekrutierung afrikanischer Soldaten durch Russland. Von Libyen aus sollen bereits Soldaten der Wagner-Gruppe für den Krieg in der Ukraine rekrutiert worden sein (Herbert 2022; Vallortigara 2022). Insgesamt ist die Rolle afrikanischer Soldaten im Krieg in der Ukraine derzeit noch relativ gering. Mit zunehmender Kriegsdauer und steigenden Verlusten auf russischer Seite könnte sich dies aber möglicherweise ändern. Die Bereitschaft dazu ist aufgrund der sozioökonomischen Situation in einigen Ländern vorhanden. So wurde von langen Schlangen von Freiwilligen vor der russischen Botschaft in Äthiopien (Herbert 2022) oder von Rekrutierungen von Gefängnisinsassen in der Zentralafrikanischen Republik (Obaji 2022) berichtet. Auf der anderen Seite kritisierten Staaten wie Algerien, Senegal und Nigeria bereits im März 2022 die Bemühungen der Ukraine, ihrerseits internationale Kämpfer für den Widerstand gegen die russische Invasion zu rekrutieren (Mwakideu 2022).

„Es ist eine der vielen grausamen Absurditäten dieses Krieges, dass dessen Konsequenzen wie beispielsweise rasant steigende Lebensmittelpreise mehr und mehr Menschen in die Armut stürzen – und dass das Anheuern aufseiten einer der Konfliktparteien einen der wenigen Auswege aus dieser Misere zu bieten scheint (Herbert 2022)."

Im Vergleich zu Russland erstreckt sich der Einfluss Chinas in Afrika vor allem auf den wirtschaftlichen Kontext, der oft auch eng mit geostrategischem Kalkül verbunden ist. Besonders deutlich wird dies im Rahmen der „Belt and Road Initiative" (BRI). Afrika ist die größte regionale Komponente dieser Initiative, die Europa, Asien und Afrika enger zusammenführen soll. 46 afrikanische Staaten haben sich dem Plan angeschlossen. Ein geostrategisch zentraler Punkt sind die Häfen: Inzwischen ist China an Finanzierung, Bau und Betrieb von 61 Häfen in 30 afrikanischen Ländern beteiligt, die auch militärisch genutzt werden könnten (Hahn 2022). In den letzten 15 Jahren hat sich China zum wichtigsten Handelspartner und Direktinvestor Afrikas entwickelt. Das Handelsvolumen wird mittlerweile auf 250 Mrd. US$ geschätzt (Hahn 2022). Als Investor ist China führend bei der Realisierung großer Bauprojekte. Laut einer Studie des Interregionalen Wirtschaftsnetzwerks (IREN) und der Friedrich-Naumann-Stiftung mit dem Titel „*The Clash of Systems – African Perception of the European Union and China Engagement*" ist China auf dem besten Weg, die traditionelle Vormachtstellung der europäischen Staaten auf dem Kontinent abzulösen (Shiwati et al. 2022; vgl. auch van Staden 2020).

Mit wachsendem Einfluss als Entwicklungspartner dürfte China auch auf der internationalen Bühne zunehmend Unterstützung finden. Dies zeigt sich auch im Nahen Osten. Dort hat China einen bemerkenswerten Erfolg erzielt. Im April 2023 war Peking Gastgeber eines

Treffens, das eine Annäherung und ein erstes Abkommen zwischen den einst tief verfeindeten Staaten Saudi-Arabien und Iran einleitete (Gerlach 2023; Osius 2023). Die ölreiche Region ist seit jeher von zahlreichen Konflikten zerrissen, die sich häufig als Stellvertreterkonflikte entlang der konfessionellen Blockbildung zwischen den schiitischen Staaten, die in der Region einen sogenannten „schiitischen Halbmond" bilden, und den sunnitisch geprägten arabischen Nachbarstaaten darstellen[14,15] (Asseburg und Steinberg 2007).

Sogar ein militärisches Bündnis zwischen Israel und Saudi-Arabien gegen den verfeindeten Iran wurde angestrebt.

---

[14] Bereits 2004, also kurz nach dem völkerrechtswidrigen Angriff der USA auf den Irak und dem Sturz des damaligen Präsidenten Saddam Hussein, der zu einer bis heute andauernden Destabilisierung des Landes führte, warnte der jordanische König Abdullah vor dem Entstehen eines „schiitischen Halbmondes", der sich vom Iran über den Irak und Syrien bis in den von der Hisbollah regierten Süden des Libanon erstrecken würde (Asseburg und Steinberg 2007). Hintergrund ist, dass der Irak-Krieg zur politischen Emanzipation der unter der Diktatur Saddam Husseins unterdrückten schiitischen Bevölkerungsmehrheit führte und in den mehrheitlich sunnitisch geprägten arabischen Nachbarstaaten die Befürchtung aufkommen ließ, die Schiiten am Golf könnten ebenfalls ermutigt werden, politische Mitsprache einzufordern (ebd.).

[15] Mit dem Jemen, Syrien und dem Irak gibt es drei sehr instabile Staaten (failing states), die nicht eindeutig zuzuordnen sind. Der Jemen wird teilweise dem schiitischen Halbmond zugerechnet, obwohl der schiitische Bevölkerungsanteil auf ca. 35 % und der sunnitische auf 65 % der Gesamtbevölkerung geschätzt wird (The World Factbook 2023). Seit 2004 wird das Land von einem Konflikt erschüttert, der sich seit 2014 mit der Besetzung der Hauptstadt Sanaa und dem Sturz des sunnitischen Präsidenten durch die radikal-schiitische Huthi-Bewegung zu einem Stellvertreterkrieg zwischen sunnitischen und schiitischen Staaten entwickelt hat. Die zweite Ausnahme bildet Syrien. Der Vielvölkerstaat wird mit eiserner Hand von Baschar al-Assad regiert, dessen Familie der religiösen Minderheit der Alawiten angehört, die dem schiitischen Spektrum des Islam zuzurechnen sind. Seit den arabischen Protesten 2011 wird das Land von einem Bürgerkrieg zerrissen. Es gehört zum schiitischen Halbmond, obwohl die Bevölkerung mehrheitlich sunnitisch ist. Auch der Irak ist ein Vielvölkerstaat mit einer schiitischen Bevölkerungsmehrheit, der bis heute von Sunniten regiert wird. Seit dem Angriffskrieg der USA 2003 ist das Land in vielen Teilen instabil.

3 Die Ebenen des Russland-Ukraine-Kriegs ...

Dieses Vorhaben wurde mit der neuen Annäherung (vgl. Osius 2023) und auch mit der Anschlagsserie der Hamas auf Israel am 07. Oktober 2023 unterbrochen (Steinberg 2023; Heumann 2023).[16] Auch zwischen einigen ehemals rivalisierenden sunnitischen Staaten wie Ägypten und der Türkei ist eine Annäherung zu beobachten (Gerlach 2023). Inzwischen zieht der israelisch-palästinensische Konflikt weitere Kreise, mit Auswirkungen auf die chinesisch-US-amerikanischen Beziehungen. Seit Mitte November 2023 haben die vom Iran unterstützten Huthi-Miliz im Jemen Schiffe im Roten Meer und im Golf von Aden attackiert, denen sie Verbindungen zu Israel vorwerfen. Die Miliz sieht sich als Teil der gegen Israel gerichteten selbsternannten „Achse des Widerstands", der auch die Hamas angehört. Das Rote Meer und der Suez-Kanal sind zentrale Handelsstraßen für den Welthandel, rund 20.000 Schiffe passieren normalerweise den Suez-Kanal pro Jahr. Als Reaktion auf die Angriffe greifen die USA und Großbritannien seit Januar 2024 Stellungen der Huthi im Jemen an (Pehlivan 2024). Laut einem hochrangigen Vertreter der Huthi, Mohammed al-Bukhaiti, wird chinesischen und russischen Schiffen eine sichere Durchfahrt zugesichert. Dennoch hat sich China mittlerweile in den Konflikt eingeschaltet und setzt sich für ein Ende der Angriffe der Huthi ein (tagesschau 2024b).

---

[16] Beobachter*innen vermuten als wesentliches Motiv der Hamas, eine Annäherung Saudi-Arabiens an Israel zu verhindern und ihre Zukunft zu sichern (Steinberg 2023; Heumann 2023). Die sunnitische Hamas wird finanziell und logistisch vom schiitischen Halbmond, insbesondere von der im Südlibanon ansässigen Hisbollah und vom Iran unterstützt (ebd.). Die Annäherung Israels an Saudi-Arabien und andere sunnitische und arabische Staaten wurde durch die von den USA im September 2021 initiierten Abraham-Abkommen zwischen Israel, den Vereinigten Arabischen Emiraten (VAE) und Bahrain sowie Folgeabkommen mit Marokko und dem Sudan gefördert (Müller 2022).

Insgesamt ist nicht nur ein verstärktes Engagement Chinas, sondern auch Russlands in der Region zu beobachten. Mit der Eskalation des israelisch-palästinensischen Konflikts seit Oktober 2023 wird sogar von einer Wiederbelebung des Nahost-Quartetts[17] gesprochen, für das sich insbesondere Russland einsetzt (Heumann 2023). Analog zu den konfessionellen Blöcken steht Russland eher auf der Seite der schiitischen Fraktion, die in der aktuellen Situation ein angespanntes Verhältnis zum Westen, insbesondere zu den USA und Israel, hat. Russland unterstützt seit Jahren militärisch das syrische Assad-Regime. Russland unterhält in dem ölreichen Land seinen einzigen Marinestützpunkt außerhalb des postsowjetischen Raums. Beobachter*innen vermuten, dass Russland seine Aktivitäten in Syrien nutzen will, um seiner internationalen Isolation seit der Krim-Annexion entgegenzuwirken und die eigene Bedeutung gegenüber den USA zu stärken (Meister 2015). Auch für den Krieg in der Ukraine sollen syrische Soldaten rekrutiert (Karam 2022) und eingesetzt worden sein (SOHR 2023). Einen aktuell stärkeren Einfluss auf den Krieg in der Ukraine hat jedoch die Kooperation Russlands mit dem Iran. Bei seinen Angriffen auf die ukrainische Infrastruktur setzt Russland zunehmend Drohnen iranischer Bauart ein, vor allem sogenannte „Shahed"-Kamikazedrohnen. Diese sind relativ einfach und kostengünstig konstruiert und können durch den Transport großer Mengen Sprengstoff erheblichen Schaden anrichten (Tagesschau 2022a). Zwischen dem Iran und Russland,

---

[17] Das Nahost-Quartett wurde im April 2002 vor dem Hintergrund zunehmender Eskalation in der Region und wachsender Meinungsverschiedenheiten zwischen einflussreichen internationalen Akteuren ins Leben gerufen. Es besteht aus den USA, Russland, der EU und den Vereinten Nationen.

aber auch China, besteht eine zunehmend enge wirtschaftliche Zusammenarbeit. Russland und China profitieren von günstigen Konditionen beim Zugang zu iranischen Öl- und Gasfeldern, wie dem kürzlich erschlossenen Chalous-Gasfeld im Kaspischen Meer. Im Gegenzug erhält der Iran hochentwickeltes Militärgerät (z. B. das Raketenabwehrsystem S-400 oder Sukhoi Su-35-Kampfflugzeuge) und hofft, mithilfe der beiden Vetomächte im UN-Sicherheitsrat (Fathollah-Nejad 2022) die eigene Macht zu festigen.

Insgesamt ist in Afrika und im Nahen Osten ein Einflussgewinn Russlands und Chinas und in einigen Staaten eine Abgrenzung vom Westen zu beobachten. Diese wird durch die unterschiedlichen Reaktionen auf die Eskalation im Israel-Palästina-Konflikt verstärkt. Die westlichen Staaten reagierten mit einer einseitigen Parteinahme für Israel, die weder von der arabischen Welt noch von anderen Staaten des globalen Südens geteilt wurde. Im Kontext des russisch-ukrainischen Krieges reagierten die Staaten Afrikas und des Nahen Ostens insgesamt weitgehend unbeeindruckt von der Ächtung Wladimir Putins durch den Westen.

3.4.3 Geopolitische Weltkonfliktformationen: Internationale Brisanz von Sezessionskonflikten

Geopolitische Formationen manifestieren sich nach Galtung (1998) in der Kontroverse zwischen Staat/Nation und neuen separatistischen Bewegungen und Nationalismen. Diese Kontroversen haben seit dem Ende des Kalten Krieges weltweit erheblich zugenommen. Allein im postsowjetischen Raum finden sich mehr als ein Dutzend solcher Territorial- bzw. Sezessionskonflikte, in die Russland als regionale Führungsmacht direkt oder indirekt involviert ist. Dazu zählen (im Folgenden Heller 2020; Wittkowsky 2021):

- Der Südossetien-Krieg (1990–1992);
- der Krieg um Berg-Karabach (1990–1994);
- der Transnistrien-Krieg (1992);
- Tadschikischer Bürgerkrieg (1992–1997);
- der Sezessionskrieg in Abchasien (1992–1994);
- Erster Tschetschenienkrieg (1994–1996);
- Zweiter Tschetschenienkrieg (1999–2009);
- Unruhen in Usbekistan (2005);
- der russisch-georgische Krieg (2008);
- der Konflikt im Nordkaukasus (seit 2009);
- Unruhen in Südkirgistan (2010);
- die Annexion der Krim durch Russland (2014);
- Eskalation des bewaffneten Konflikts in der Ostukraine (seit 2014).

Aus historischer Perspektive liegt eine wesentliche Ursache dieser Konflikte in Widersprüchen bei der Umsetzung eines Ethnoföderalismus, der einerseits die Sowjetunion als Vielvölkerstaat zusammenhalten und andererseits das Recht auf nationale Selbstbestimmung lenken sollte. Dabei vernachlässigte die sowjetische Verwaltung die tatsächliche ethnische Vielfalt. Von etwa 800 identifizierbaren ethnischen Gruppen galten 125 als „offiziell gezählte Völker", von denen nur 53 den Status einer Titularnation erhielten. Nur diese hatten (wenn auch nur deklaratorisch) das Recht auf Sezession, während den Autonomen Republiken und Autonomen Gebieten lediglich Selbstbestimmung im kulturellen Bereich zugestanden wurde (Heller 2020). Das Machtvakuum, das die Auflösung der Sowjetunion hinterließ, öffnete Räume für das Entstehen radikaler Unabhängigkeitsbewegungen, die sich auf ihr verfassungsmäßig verbrieftes Recht auf Sezession und Autonomie beriefen. Dies führte zu zahlreichen Territorialkonflikten zwischen den Titularnationen der Sowjetrepubliken und den dort lebenden nationalen Minderheiten. Zudem fanden sich nach 1991 viele Russ*innen als nationale Minderheiten in den neuen unabhängigen Staaten wieder (ebd.).

Fast all diese Konflikte gelten als „eingefroren". Zwar wurden unter russischer Vermittlung Waffenstillstände vereinbart, doch wurden die Konflikte nie in einen Friedensvertrag überführt, der ihren Status einvernehmlich klärt (Wittkowsky 2021). Erschwerend kommt hinzu, dass parallel zu den Versuchen in den 2000er-Jahren, wie in Moldawien oder Georgien, Entwicklungsblockaden durch innere Reformen und eine stärkere Westorientierung zu überwinden, Russland unter Präsident Putin zu einer Politik der aktiven Einflusssicherung im „nahen Ausland" übergegangen ist. Der Beobachter Wittkowsky geht davon aus, dass Russland die ethno-nationalen Spannungen in den ungelösten Konflikten zur Destabilisierung seiner Nachbarn nutzt. Als Beispiele nennt er die Unterstützung pro-russischer Akteure und die gezielte russische Einbürgerungspolitik („Passportisierung") in den Separatistengebieten. Der Fünftagekrieg mit Georgien 2008, in dessen Verlauf Russland die Sezession Südossetiens und Abchasiens einseitig anerkannte, ist hierfür bezeichnend (Wittkowsky 2021).

Über den postsowjetischen Raum hinaus finden sich weitere Sezessionskonflikte. Zu den weltweit brisantesten Territorialkonflikten zählen Kaschmir, Korea, die Konflikte um einige Inseln im Ost- und Südchinesischen Meer sowie die Taiwan-Frage. Alle diese Konfliktherde haben mit der direkten oder indirekten Beteiligung Chinas und der USA einen Bezug zum Neuen Kalten Krieg. Insbesondere im Zusammenhang mit dem Russland-Ukraine-Krieg wird über einen Einfluss dieses Konflikts auf die Taiwan-Frage und umgekehrt spekuliert. Ähnlich wie Russland betrachtet auch Peking Taiwan als chinesisches Territorium und erkennt Taiwan nicht als eigenständigen Staat an. Der Taiwan-Besuch der US-Demokratin Nancy Pelosi 2022 und der USA-Besuch der taiwanesischen Präsidentin Tsai Ing-Wen 2023 führten zu einer drastischen Verschlechterung der US-amerikanisch-chinesischen Beziehungen (NZZ 2023). Der Einfluss des Russland-Ukraine-Krieges auf die Taiwan-Frage wird von Beobachter*innen unterschiedlich eingeschätzt. Zwar ging die Eskalation des Russland-Ukraine-Krieges, wie oben dargestellt, auch mit einer Verschärfung des China-Taiwan-Konflikts und einer deutlichen Verschlechterung der US-amerikanisch-chinesischen Beziehungen einher. Vor diesem Hintergrund könnte argumentiert werden, dass ein militärischer Rückzugsversuch Chinas aus Taiwan und die Gefahr einer Einmischung der USA im Bereich des Möglichen liegen. Der Politologe Zhang Junhua hält es sogar für möglich, dass Russland mit seiner vor Wladiwostok liegenden Flotte China bei Angriffen auf Taiwan unterstützen könnte (Junhua 2022). Andere Beobachter*innen wie Bernhard Weber, stellvertretender Vorsitzender des China-Netzwerks Baden-Württemberg (CNBW), argumentieren, dass die relativ hohen Verluste Russlands im Krieg China, sofern es sich nicht mit dem Rücken zur Wand wähne, von einer militärischen Invasion Taiwans abhalten würden (LpB 2023d). Eine andere Einschätzung vertritt CIA-Chef William Burns. Auf der Sicherheitskonferenz Aspen Security Forum 2022 sagte er, die Frage sei nicht „ob", sondern „wie und wann" China Gewalt anwenden werde, um Taiwan zu kontrollieren. Er argumentierte, dass China durch die Invasion in der Ukraine nicht entmutigt worden sei, sondern vielmehr gelernt habe, dass „schnelle, entscheidende Siege" nur durch den Einsatz „überwältigender

Kräfte" errungen werden könnten. Zudem habe China wohl gelernt, dass es seine Wirtschaft gegen Sanktionen des Westens schützen müsse (WELT 2022). Wie sich die Taiwan-Frage und der Russland-Ukraine-Krieg in Zukunft noch gegenseitig beeinflussen werden, bleibt offen. Sicher ist, dass es einen Einfluss gibt.

Für alle oben dargestellten Sezessionskonflikte gilt, dass sie trotz ihrer regionalen Begrenzung von hoher globaler Brisanz sind, da sie völkerrechtliche Präzedenzfälle schaffen können, die weitere international nicht anerkannte Republiken zur Ausrufung ihrer Unabhängigkeit inspirieren könnten. Russland ist angesichts zahlreicher eingefrorener Konflikte im postsowjetischen Raum und seiner hohen ethnischen Pluralität von Fragen des künftigen Umgangs mit Sezessionskonflikten besonders betroffen. So bezeichnete Putin die völkerrechtliche Anerkennung der Unabhängigkeit des Kosovo als „schrecklichen Präzedenzfall", der „de facto das ganze System der internationalen Beziehungen zerstören" würde (Der Standard 2008).[18] Putins Befürchtung ist insofern verständlich, als er davon ausgehen müsste, dass eine Unabhängigkeitserklärung der zahlreichen autonomen und halbautonomen Republiken

---

[18] Der Kosovo-Konflikt erreichte im Mai 2023 eine neue Eskalationsstufe zwischen militanten Serben und Angehörigen der UN-mandatierten NATO-Schutztruppe KFOR. Hintergrund des Konflikts ist, dass Serbien die Unabhängigkeit des Kosovo bis heute nicht anerkennt. Das heute fast ausschließlich von Albanern bewohnte Kosovo gehörte früher zu Serbien. Nach einem bewaffneten Aufstand der Kosovo-Albaner und massiven Menschenrechtsverletzungen durch serbische Sicherheitskräfte intervenierte die NATO 1999 mit Bombardements. Von 1999 bis 2008 verwaltete die UN-Administration Unmik das Gebiet, bis es für unabhängig erklärt wurde. Serbien erkennt diesen Status bis heute nicht an und beansprucht das Gebiet für sich. Ein Streitpunkt ist heute der Status der mehrheitlich von Serben bewohnten Gemeinden im Kosovo. Die Serben dort lehnen die kosovarischen Behörden weitgehend ab. Seit Jahren sollen die Gemeinden einen autonomen Status erhalten, der jedoch nicht vollständig umgesetzt ist (Ulrich 2023).

innerhalb Russlands gravierende Folgen für die territoriale Integrität des russischen Vielvölkerstaates hätte. Entsprechend vehement wurden z. B. die Unabhängigkeitsbestrebungen der tschetschenischen Republik von der russischen Regierung bekämpft und die Unabhängigkeit des Kosovo von tschetschenischen Rebellen begrüßt (Reuters 2008). Umgekehrt unterstützt Russland die Unabhängigkeitsbestrebungen russischsprachiger Gebiete wie Südossetien und Abchasien in Georgien (Reiter 2009) oder im Donbas in der Ukraine.

Kurzum: Die geopolitischen Weltkonfliktformationen bergen eine besondere Sprengkraft. Eine internationale Regelung des Umgangs mit Sezessions- und im weiteren Sinne Territorialkonflikten, zu denen auch der Russland-Ukraine-Krieg gehört, würde den internationalen Frieden erheblich befördern. In Friedensverhandlungen könnte die systematische Berücksichtigung von Best Practices, die über Nullsummenlösungen hinausgehen, einen Beitrag leisten. Die Überwachung und Durchsetzung solcher Lösungen würde ein globales Regierungssystem voraussetzen, das in der Lage ist, internationales Recht nicht nur zu formulieren, sondern auch durchzusetzen. Auf diese Überlegungen wird in Kap. 4 näher eingegangen.

3.4.4 Geoökonomische Weltkonfliktformationen: Globalökonomische Dominanz des Westens vs. Easternization

Die *geoökonomische Weltkonfliktformation* manifestiert sich in verschiedenen Formen ökonomischer Machtausübung und im weitesten Sinne struktureller Gewalt. Eine von Johan Galtung vielfach analysierte Ausprägung dieser Konfliktformation ist die Dominanz des Westens in der

3 Die Ebenen des Russland-Ukraine-Kriegs ...

Weltwirtschaft, die die vorherrschende liberale Hegemonie untermauert (Galtung 1998).

Daneben zeigt sich der Gegentrend eines zunehmenden globalen Einflusses nichtwestlicher Staaten und Initiativen zur Bildung eines Gegengewichts, der teilweise durch den Neuen Kalten Krieg gestützt wird. Die weltwirtschaftliche Dominanz des Westens zeigt sich u. a. in vier Bereichen, die im Folgenden näher skizziert werden:

1. Handelsbeziehungen und Abhängigkeiten;
2. Einfluss in internationalen Organisationen;
3. Hegemonie des US-Dollars;
4. Sanktionen und Finanzkriege.

Westliche Länder haben großen Einfluss auf die Gestaltung internationaler Handelsabkommen und -regeln und nutzen ihre wirtschaftliche Macht, um ihre eigenen Interessen und die ihrer Unternehmen durchzusetzen. Je nach situativer Interessenlage beeinflussen sie Handelsbedingungen, öffnen oder schützen Märkte oder sichern sich den Zugang zu wichtigen Rohstoffen. Diese Aspekte werden im Diskurs um faire Handelsbeziehungen und den Abbau von Agrarsubventionen vor allem in den USA und Europa häufig thematisiert. Sie gelten als wesentliches strukturelles Entwicklungshemmnis in den betroffenen Regionen.[19]

---

[19] Agrarsubventionen westlicher Länder führen dazu, dass Kleinbauern in ärmeren Regionen der Dritten Welt, z. B. in Indien, Lateinamerika oder Afrika, ohne entsprechende Schutzzölle nicht mit diesen subventionierten Billigprodukten konkurrieren können. Die Folge ist, dass diese Kleinbauern vom heimischen Markt verdrängt werden und die Landwirtschaft als wichtiger Entwicklungsmotor allmählich zum Erliegen kommt. Eine große Studie, die im September 2021 von der FAO (Ernährungs- und Landwirtschaftsorganisation der Vereinten Nationen), UNEP (Umweltprogramm der Vereinten Nationen)

Strukturell wird dies durch die Dominanz westlicher Staaten in wichtigen internationalen Organisationen wie den Vereinten Nationen (UN), der Weltbankgruppe[20], dem Internationalen Währungsfonds (IMF)[21] und der Welthandelsorganisation (WTO)[22] untermauert. Diese Organisationen spielen eine zentrale Rolle bei der Gestaltung der globalen Wirtschafts- und Entwicklungspolitik. WTO, IMF und Weltbankgruppe stehen bis heute in der Kritik, vor allem von NGOs wie Attac, kirchlich orientierten Gruppen wie Brot für die Welt, Gewerkschaften und einigen Wirtschaftswissenschaftler*innen wie dem Nobelpreisträger Joseph Stieglitz (2002) oder Michel Chossudovsky (2002). Kritisiert wird u. a., dass alle drei Organisationen ein neoliberales System aufrechterhalten, das bestehende Machtverhältnisse und daraus resultierende strukturelle Gewalt zementiert. So habe der von der WTO vorangetriebene Freihandel ungleiche Wettbewerbsbedin-

---

und UNDP (Entwicklungsprogramm der Vereinten Nationen) veröffentlicht wurde, kommt u. a. zum Schluss, dass 87 % der Agrarsubventionen den Wettbewerb verzerren und der Umwelt oder kleinen Unternehmen schaden. 470 Mrd. US-Dollar der jährlich fließenden 540 Mrd. US-Dollar müssten anders eingesetzt werden, um nachhaltig und gerecht zu sein (FAO 2021).

[20] Die Weltbank ist eine multinationale Entwicklungsbank mit Sitz in Washington DC. Als „Weltbankgruppe" besteht sie aus fünf Banken. Ihre Hauptaufgabe ist die Förderung der wirtschaftlichen Entwicklung der weniger entwickelten Mitgliedsländer durch langfristige Darlehen zu marktnahen Konditionen (IBRD), langfristige zinslose Kredite (IDA) für Investitionsprojekte, Beratung bei Reformprogrammen und technische Hilfe.

[21] Der IMF ist eine Sonderorganisation der Vereinten Nationen mit Sitz in Washington DC. Seine Hauptaufgabe ist die Vergabe von Krediten an Länder ohne ausreichende Devisenreserven, die in Zahlungsbilanzschwierigkeiten geraten sind. Die Kreditvergabe ist an wirtschaftspolitische Auflagen geknüpft, die die Rückzahlung der Kredite sicherstellen sollen.

[22] Die WTO ist eine internationale Organisation mit Sitz in Genf, die sich mit der Regelung von Handels- und Wirtschaftsbeziehungen befasst. Sie ging 1994 aus dem Allgemeinen Zoll- und Handelsabkommen (GATT) hervor.

gungen für Marktakteure geschaffen (Feyder 2010).[23] An der bisherigen Politik der Weltbank wird kritisiert, dass sie zusammen mit dem Währungssystem, dessen Teil sie ist, die weltweite Inflation fördert (Hazlitt 1984). Auch die Art und Weise, wie IMF und Weltbank geführt werden, wird häufig kritisiert. Obwohl beide Institutionen mehr als 189 Länder vertreten, werden sie nur von einer kleinen Anzahl von Ländern geleitet. Die ungleiche Verteilung der Stimmrechte zugunsten der westlichen Länder führe zu einer Säule der „globalen Apartheid" (Titus 1996: 133–141). Bis 2007 war es gängige Praxis, dass die USA den Präsidenten der Weltbank stellten und Europa den Präsidenten des IMF (IMF, o. J.). Die Hauptkritik an Weltbank und IMF bezieht sich auf die Auswirkungen der Strukturanpassungsprogramme, die den armen Ländern aufgezwungen werden (Graeber 2009).[24] Das Netzwerk OWINFS „Our World Is Not For Sale", ein weltweiter Zusammenschluss von Organisationen und Verbänden sozialer Bewegungen, stellt den wirtschaftsliberalen

---

[23] So konkurrieren im Agrarsektor ungelernte Kleinbauern mit relativ kleinen Parzellen und ohne Zugang zu modernen Mitteln mit agroindustriell produzierenden Großbetrieben. Der mit dem Abbau von Schutzzöllen einhergehende Rückzug des Staates aus Düngeberatung, Saatgutvergabe und Ernteaufkauf wird nicht schnell genug „vom Markt" ersetzt, was die Kleinbauern benachteiligt (Feyder 2010).

[24] In einigen Ländern, vor allem in Afrika südlich der Sahara, führten diese Maßnahmen zu einem Rückgang des Wirtschaftswachstums und zu einem Anstieg der Inflation. In vielen Fällen verschlechterten sich die Lebensbedingungen der Armen durch die Kürzung von Sozialausgaben und den Anstieg der Lebensmittelpreise (deVries 1996). Dem IMF wird vorgeworfen, durch die an die Kreditvergabe geknüpften Bedingungen in vielen Ländern bestehende Sozialsysteme zu zerstören (Stiglitz 2002; Easterly 2007). Die Vergabebedingungen seien immer an die gleichen Reformen geknüpft: Fiskaldisziplin, „Haushaltstransparenz", Abwicklung öffentlicher Dienstleistungen (z. B. Krankenhäuser und Schulen) sowie Privatisierung nationaler Ressourcen und Industrien. Dabei wird vor allem darauf geachtet, dass kein internationaler Spekulant seine ursprüngliche Einlage verliert. Die Folge sei regelmäßig die Verarmung der Bevölkerung (Ziegler 2005; Stiglitz 2002).

Vorstellungen der drei westlich dominierten Organisationen ein nachhaltiges, sozial gerechtes, demokratisches und rechenschaftspflichtiges multilaterales Handelssystem als Leitbild entgegen (OWINFS, o. J.).

Ein weiterer Machtfaktor, hier vor allem der USA, ist die Rolle des US-Dollars als meistgehandelte Währung der Welt. Der US-Dollar hat einen Anteil von über 50 % an den internationalen Finanztransaktionen und ist damit die meistgehandelte Währung der Welt (IMF 2022). Einige Rohstoffe, darunter Erdöl, werden in dieser Währung gehandelt (Wolff 2017). Durch Gesetze wie den International Emergency Economic Powers Act, den Trading With the Enemy Act und den USA PATRIOT Act nutzen die USA die Dominanz des US-Dollars zunehmend als Handelswaffe (Satyajit 2018; Maharrey 2018). Der Status als Leitwährung ermöglicht den USA eine weltweite, extraterritoriale Kontrolle über Unternehmen und Regierungen. Die bloße Androhung von Sanktionen durch die USA kann dabei sowohl die Handelsaktivitäten globaler Akteure als auch die Finanzmärkte destabilisieren und damit auch den Handel behindern, an dem die USA selbst nicht beteiligt sind. So können die USA den US-Dollar nutzen, um ihre geopolitischen Interessen weitgehend außerhalb des internationalen Rechts durchzusetzen (Maharrey 2018). Viele Länder wie China, Russland, der Iran und auch die EU suchen zunehmend nach einem alternativen Währungssystem, das den USA weniger Macht über ihre Handelsaktivitäten einräumt (Satyajit 2018).

Durch ihre wirtschaftliche Macht können die EU und vor allem die USA Druck auf andere Staaten ausüben, z. B. durch Sanktionen und den Ausschluss von Ländern aus dem globalen Finanzsystem. Die direkt und indirekt betroffenen Länder verlieren dadurch an Souveränität und wirtschaftlicher Stabilität. Im Russland-Ukraine-Krieg wurde dies durch die umfangreichen Sanktionspakete gegen Russland deutlich. Bis zum Beginn des russischen Angriffskrieges am 24.02.2022 waren bereits rund 2500 Sanktionen in Kraft. Seitdem sind bis Ende Februar 2023 weitere 11.000 Sanktionen hinzugekommen (Aischmann 2023; Europäischer Rat 2023). Um die wirtschaftlichen Kosten des Krieges für Russland zu erhöhen, wurde das Land weitgehend vom internationalen Finanzsystem abgeschnitten, sodass es seine großen Devisenreserven nicht nutzen konnte. Eine Folge dieser Maßnahmen war ein entsprechender temporärer Verfall des russischen Rubels (Göpfert 2022). Im April 2023 fiel der Kurs auf 90 Rubel pro Euro (ZEIT 2023b) und der russische Absatz von Pipelinegas in Europa brach um 85 % ein. Das Verbot, Waffen und Hochtechnologie nach Russland zu liefern, hat nach Einschätzung einer internationalen Expertengruppe das russische Aggressionspotenzial durchaus reduziert (Sauga 2023). Obwohl die Sanktionen durchaus zu Einbußen in der Wirtschaftskraft geführt haben (Gershkovic und Kantchev 2023; Kluge 2023), konnten sie insgesamt nicht ihre volle Wirkung entfalten. Denn trotz geringerer Exporte konnte Russland die Einbußen durch den gestiegenen Ölpreis mehr oder weniger ausgleichen. Im Jahr 2022 nahm der russische Staatshaushalt sogar mehr Geld ein als im Vorjahr (Yakovlev 2023). Auch die Warenströme nach Russland wurden nicht gestoppt, sondern über Staaten umgeleitet, die sich den Sanktionen nicht angeschlossen hatten. Mit diesen Staaten, darunter China, hat der Handel infolge der Sanktionen deutlich zugenommen. Auch wurde die russische Wirtschaft nicht vollständig vom Interbankensystem SWIFT abgekoppelt, da die EU weiterhin Gas aus Russland bezieht (Felbermayr 2023).

Schwerwiegender sind die indirekten wirtschaftlichen Auswirkungen der Sanktionen und im weiteren Sinne des Krieges auf andere Staaten. Dies birgt die Gefahr, dass sich der Russland-Ukraine-Konflikt zu einer globalen Polykrise ausweitet – was teilweise schon jetzt der Fall ist. Besonders betroffen sind die Sektoren Energie und Nahrungsmittel. Etwa ein Drittel des weltweit gehandelten Weizens wird in der Ukraine und Russland angebaut (Raab 2022). Die Ukraine, auch „Brotkorb Europas" genannt, hat viele Abnehmerländer in Asien und Afrika. Dazu gehören u. a. Marokko, Tunesien, Ägypten, die Türkei, der Jemen, der Libanon, Indonesien, Pakistan und Bangladesch (Beckmann 2022). Auch das Welternährungsprogramm der Vereinten Nationen bezieht 50 % seines Weizenbedarfs aus Russland und der Ukraine (Lulay 2022). Viele landwirtschaftliche Flächen der Ukraine sind vom Krieg betroffen – nicht nur durch Artilleriebeschuss, sondern auch durch Minen. Eine Fläche von der doppelten Größe Österreichs soll für Jahrzehnte mit Landminen verseucht sein (Dammers 2023). Im März 2022 verzeichnete der Food Price Index der Vereinten Nationen ein Rekordniveau der Lebensmittelpreise. Dies birgt u. a. die Gefahr von „Brotunruhen" im Nahen Osten, die 2011 Auslöser der arabischen Proteste waren, und von Hungerkatastrophen u. a. auf dem afrikanischen Kontinent (Tagesschau 2022b). Russland blockierte nach dem Einmarsch monatelang die Getreideexporte des Nachbarlandes. Seit Sommer 2022 hat sich die internationale Lage etwas beruhigt. Unter Vermittlung der UN und der Türkei konnte eine Einigung zwischen den beiden Kriegsparteien erzielt werden, woraufhin wieder ukrainisches Getreide verschifft wurde. Zuletzt wurde das Getreideabkommen Mitte Mai 2023 um weitere zwei Monate verlängert. Dies war jedoch mit der Forderung Russlands verbunden, nun auch die eigenen Exporte zu erleichtern und die Sanktionen gegen die Landwirtschaftsbank aufzuheben (ZGO 2023). Am 17.07.2023 ließ Russland das Abkommen schließlich auslaufen. Dieser Schritt wurde international heftig kritisiert, da eine weltweite Nahrungsmittelkrise befürchtet wurde (Adler 2023). Eine Blockade der Getreideexporte über das Schwarze Meer und eine daraus resultierende Verschlechterung der weltweiten Getreideversorgung dürfte auch die Beziehungen Russlands zu anderen Ländern, wie z. B. den Staaten der Sahelzone, erheblich belasten (ZGO 2023a). Die Ukraine sucht derweil nach alternativen Routen, u. a. mit der EU (Adler 2023). Der Wirtschaftskrieg zwischen der EU und Russland wird vorerst weitergehen – mit ungewissen wirtschaftlichen, sozialen und politischen Folgen für den Rest der Welt.

Mit Blick auf den Energiesektor beschreibt der Ökonom Maurice Höfgen in seinem neuen Buch *„Der neue Wirtschaftskrieg"* (2022) unerwünschte Nebenwirkungen und ungewollte Absurditäten der gegen Russland gerichteten Sanktionspolitik. Eine Folge ist, dass ärmere Länder im Zuge steigender Energiepreise in die Schuldenfalle geraten und sich an internationale Kreditgeber wie den IMF wenden müssen. Höfgen kritisiert, dass EU-Botschafter*innen in den betroffenen Ländern teilweise dafür plädierten, sich an den Sanktionen gegen Russland zu beteiligen, obwohl sie ihnen gleichzeitig durch eigene Boykotte die Importe auf dem Weltmarkt wegnähmen. Gleichzeitig würden Ölförderländer wie Ägypten oder Saudi-Arabien russisches Öl mit Preisnachlässen einkaufen und das selbst geförderte Öl zu höheren Preisen auf dem Weltmarkt verkaufen (Höfgen 2022). Für diese Länder ist der gestiegene Ölpreis eine durchaus willkommene Folge des Krieges – es könnte in ihrem Interesse liegen, den Ölpreis hoch zu halten (Gerlach 2023). Insgesamt hätten, so Herbert Wulf, ehemaliger Leiter des Bonner Think Tanks BICC, die Sanktionen gegen Russland zu vielfältigen unbeabsichtigten Störungen des internationalen Handels geführt, die durch enge Handelsverflechtungen und Abhängigkeiten entstanden waren. Da für die meisten

Regierungen des globalen Südens ihre eigenen wirtschaftlichen Interessen wichtiger sind als die Unterstützung eines Boykotts Russlands, hat der aktuelle Krieg die Spannungen zwischen dem globalen Süden und dem Westen – vor allem mit den USA als selbsternanntem Führer der freien Welt – weiter verschärft (Wulf 2023).

Was im Wirtschaftskrieg mit Russland schief ging, könnte sich im Kontext des Neuen Kalten Krieges bei einer Eskalation der Taiwan-Frage wiederholen – mit mindestens ebenso gravierenden globalen Folgen. Etwa 2/3 aller Mikrochips kommen aus Taiwan – bei der neuesten Chipgeneration sind es sogar 90 %. Chips sind, wie Chris Miller in seinem Buch *„Chip War"* betont, „das neue Öl". Sie bestimmen die nächste Phase der Menschheitsgeschichte (Miller 2022) und sind vor allem für die modernen Informationsgesellschaften des Westens und Asiens ein unverzichtbares Schmiermittel. Eine Eskalation des Territorialkonflikts um Taiwan könnte zu einer entsprechenden Verknappung führen, mit fatalen Folgen für die Weltwirtschaft (Höfgen 2022) und für die Beziehungen zum globalen Süden.

Ähnlich wie Putin wirft auch der chinesische Staatschef Xi Jinping den USA vor, „eine umfassende Eindämmung, Einkreisung und Unterdrückung Chinas, was nie da gewesene schwere Herausforderungen für die Entwicklung Chinas mit sich bringt", zu verfolgen (Hauberg 2023). Konkret wirft er den USA vor, mit Exportverboten für hochentwickelte Mikrochips die chinesische Hightech-Industrie ausbremsen zu wollen. Tatsächlich ist dieser Vorwurf nicht aus der Luft gegriffen. So haben die USA auf die niederländische Regierung eingewirkt, den Export von Halbleitertechnologie, die für die Chipproduktion benötigt wird, künftig „aus Gründen der nationalen Sicherheit" einzuschränken.[25] Erklärtes Ziel der US-Regierung ist es, Verbündete für ähnliche Restriktionen im Handel mit China zu finden, wie sie bereits im Oktober 2022 in den USA eingeführt wurden (Amon 2023). Die Ansicht, dass der Westen den Aufstieg der Anderen „niemals akzeptieren" werde und sie wirtschaftlich „klein halten" wolle, ist mittlerweile keine Minderheitenmeinung mehr (Hauberg 2023) und könnte die Blockbildung im Kontext des sich abzeichnenden Neuen Kalten Krieges weiter verschärfen.

Vielfach sind Initiativen nicht-westlicher Staaten zu beobachten, sich von der wirtschaftlichen Dominanz des Westens zu emanzipieren. So sind Algerien und Saudi-Arabien sehr daran interessiert, neben Russland und China in die Gemeinschaft der BRICS-Staaten als Gegenentwurf zu den G7-Staaten einzutreten (Gerlach 2023; Handelsblatt 2023). Dies wurde und wird intern durchaus kritisch diskutiert. So befürchten vor allem die Staaten Brasilien und Indien durch eine Erweiterung der Gemeinschaft einen Statusverlust. Russland und China haben sich stets klar für eine Erweiterung ausgesprochen, um dem Block mehr globales Gewicht zu verleihen (Handelsblatt 2023). Mit der BRICS-Konferenz in Südafrika im August 2023 wurde schließlich eine Erweiterung der Gemeinschaft um sechs weitere Staaten beschlossen: Am 01.01.2024 wurden Saudi-Arabien, Iran, die Vereinigten Arabischen Emirate, Argentinien, Ägypten und Äthiopien aufgenommen (CGTN 2024). Schätzungen zufolge wird das Bündnis künftig 37 % der Weltwirtschaftsleistung und 46 % der Weltbevölkerung repräsentieren. Weitere

---

[25] Konkret ging es um das niederländische Unternehmen Advanced Semiconductor Materials Lithography (ASML), das weltweit führend ist in einem innovativen Verfahren – der „extremen ultravioletten Strahlung" (EUV) – zur Belichtung von Siliziumwafern, um die Oberflächen herzustellen, auf denen Milliarden von Transistoren platziert werden (Amon 2023).

Erweiterungsrunden sind vorgesehen (Herwartz 2023). Auch wenn der brasilianische Präsident Lula da Silva im Nachhinein betonte, dass sich die Gruppe nicht gegen den Westen richte und Ziel vielmehr eine bessere Organisation des globalen Südens sei, gehen Beobachter*innen – trotz durchaus bestehender BRICS-interner Meinungsverschiedenheiten – von einer Blockbildung aus (SPIEGEL 2023b). Analog zu einem Zusammenschluss der aufstrebenden Volkswirtschaften werden seit Jahren Projekte vorbereitet, die die Dominanz des Dollars ausgleichen sollen. So zielt der sogenannte De-Dollarisierungsprozess darauf ab, den US-Dollar langfristig als Leitwährung abzulösen. Dieses Thema ist auch für den Russland-Ukraine-Krieg relevant, da Putin die Folgen der Sanktionen im finanziellen Bereich antizipiert und mit seinem chinesischen Amtskollegen Xi Jinping vereinbart hat, den Ressourcenhandel künftig in Rubel oder Renminbi abzuwickeln. Zu diesem Zweck und als Alternative zu Weltbank und dem IMF wurde bereits im Juli 2014 aus der BRICS-Bank die New Development Bank (NDB) gegründet (Handelsblatt 2023). Tendenziell ist zu beobachten, dass der Renminbi als eine der kleineren Weltwährungen an Einfluss gewinnt. Derzeit hat der Renminbi einen Anteil von zwei Prozent am gesamten Weltwährungsvolumen, der in den nächsten Jahren auf sieben Prozent steigen soll (Junhua 2022).

Neben China gewinnen auch alle anderen asiatischen Staaten wirtschaftlich und politisch an Bedeutung und treten damit in Konkurrenz zu den mächtigen westlichen Staaten. Der Chefauslandskommentator der Financial Times, Gideon Rachman, nennt dieses Phänomen *„Easternization"* und analysiert in seinem gleichnamigen Buch diese Machtverschiebung (Rachman 2018). Wie die Blockbildung in zukünftigen geoökonomischen Konfliktformationen aussehen wird, ist offen. So ist zu beobachten, dass Lieferketten in Zukunft zunehmend diversifiziert und weniger von China abhängig sein werden. Hatte China in der Vergangenheit vor allem auf die USA und die EU als wichtigste Absatzmärkte gesetzt, hat das Land inzwischen umgesteuert. Im Jahr 2020 wird der Verband Südostasiatischer Nationen (ASEAN) erstmals die EU als wichtigsten Handelspartner Chinas ablösen (Asienpolitik 2020). Bei aller Konkurrenz sind China und die USA jedoch aufeinander angewiesen. Im Juni 2023 verfügte China mit 3,2 Billionen US-Dollar über die mit Abstand größten Devisenreserven der Welt (Trading Economics 2023). Umgekehrt ist das exportabhängige China auf die USA und vor allem die EU als Handelspartner angewiesen.

Vor dem Hintergrund des sich abzeichnenden Neuen Kalten Krieges lässt sich die geoökonomische Weltkonfliktformation als eine hochdynamische und ambivalente Gemengelage mit vielfältigen Machtverschiebungen und starken globalen Interdependenzen begreifen. Als Teil dieser Weltkonfliktformation geht der Russland-Ukraine-Krieg mit vielfältigen ökonomischen Nebenfolgen und einer sich von der liberalen Hegemonie abgrenzenden Blockbildung einher. Ideologisch gespeist wird diese Blockbildung durch die geokulturelle Weltkonfliktformation.

3.4.5 Geokulturelle Weltkonfliktformationen: Liberalismus vs. Autokratie

Während sich die geokulturelle Weltkonfliktformation vor dem Hintergrund des „War on Terror" Anfang der 2000er-Jahre vor allem auf die Konstellation „Islam vs. Westen" bezog, hat sich der Fokus seit den 2010er-Jahren verschoben. Im Kontext des Neuen Kalten Krieges rückt zunehmend der auf den ersten Blick nicht grundsätzlich neue ideologische Gegensatz „Liberalismus vs. Autokratie" in den Blick. Diverse Beobachter*innen konstatieren seit einigen Jahren einen „Autokratie-Trend" und einen Aufschwung des Rechtspopulismus, der Anfang der 2000er-Jahre begann und sich im Zuge diverser Krisen, wie der Finanzkrise 2007/2008, den Fluchtbewegungen 2015 und zuletzt der Coronakrise 2022, verstärkte. Diese Krisen legten diverse sicherheitspolitische, wirtschaftliche und soziale Schwachstellen der liberalen Demokratien offen, was Rechtspopulist*innen und Autokraten weltweit ermutigte. Der britische Journalist und Historiker Gideon Rachman sieht den Erfolg der Autokraten als „Symptom der Krise des Liberalismus" (Rachman 2022).

Der russische Präsident Wladimir Putin nimmt in der entsprechenden Debatte eine Sonderstellung ein. Einerseits wird er in verschiedenen Beiträgen, wie etwa in dem von Alexander Krischner und Barbara Stollberg-Rilinger herausgegebenen Sammelband „*Tyrannen*", als jemand beschrieben, der Anfang der 2000er-Jahre das „Zeitalter der neuen Autokraten" (Schlögel 2023: 310–327) eingeläutet habe. Andererseits könnte er, wie Rachman in seinem Buch „*Welt der Autokraten*" behauptet, mit seinem Scheitern in der Ukraine „den Anfang vom Ende des Zeitalters der Autokraten" einläuten (Rachman 2022).

Charakteristisch für den neuen Autokraten (engl. „Strongman") ist, dass er sowohl in offenen als auch in geschlossenen Gesellschaften auftreten kann. Insofern lassen sich nach Ansicht der Autor*innen in offenen Gesellschaften auch Rechtspopulist*innen wie der ehemalige US-Präsident Donald Trump, der ehemalige britische Premierminister Boris Johnson oder der amtierende indische Premierminister Narendra Modi dieser Kategorie zuordnen (Rachman 2022; Krischner/Stollberg-Rilinger 2023). Wesentliche Gemeinsamkeiten aller Autokrat*innen sind u. a. ein Herrschaftsstil, der eher der Willkür als dem Gesetz folgt, der Aufbau eines Personenkults, der Scheitern nicht zulässt und daher jegliche kritische Berichterstattung unterbindet, sowie ein „nostalgischer Nationalismus", der eine Rückkehr zu alter nationaler Größe verspricht (Rachman 2022; Krischner/Stollberg-Rilinger 2023).

Der Trend zum Autokraten geht eng einher mit dem Aufstieg des Rechtspopulismus, der seit den Anschlägen vom 11. September 2001 in allen offenen Gesellschaften Europas zu beobachten ist. Diese sogenannte „dritte Welle"[26] zeigt sich in Westeuropa u. a. in den Wahlerfolgen der Partij voor de Vrijheid (PVV) unter Geert Wilders, des Front National (FN) unter Marine Le Pen, der Alternative für Deutschland (AfD) oder der Schweizerischen Volkspartei (SVP), die in der Schweiz seit 1999 sogar stärkste politische Kraft ist (Bieling 2017). In Skandinavien stützen rechtspopulistische Parteien entweder Minderheitsregierungen (z. B. in Dänemark) oder sind an Regierungen beteiligt (z. B. in Norwegen und Finnland) (Kolar 2023). In Ost- und Südeuropa sind und waren rechtspopulistische Parteien an der Regierung. Die 2001 gegründete Partei für Recht und Gerechtigkeit (PIS) regiert Polen von 2015 bis 2019 mit absoluter Mehrheit, Ungarn wird seit 2010 von der nationalkonservativen Partei Fidesz unter Victor Orbán und Italien wurde seit 2001 u. a. viermal von Silvio Berlusconi, dem „Urvater des Populismus", regiert (Vahland 2023).

Seit Anfang der 2020er Jahre zeigt sich ein Bild der Ambivalenz und Zuspitzung. Das Jahr 2024 ist global

---

[26] Nach Bieling ging dieser Welle ein Aufschwung in den 1970er-Jahren (erste Welle) und in den 1990er-Jahren (zweite Welle) voraus. Die dritte Welle zeichnet sich dadurch aus, dass unter dem Eindruck der Anschläge vom 11. September 2001, der Finanzkrise 2007/2008 oder der Flüchtlingskrise 2015 verstärkt soziale Probleme und Unsicherheiten thematisiert werden (Bieling 2017).

betrachtet das größte Wahljahr der Geschichte. In über 50 Ländern, in denen die Hälfte der Weltbevölkerung lebt, wird über neue Regierungen entschieden. Dies zeigt einerseits den Siegeszug der Demokratie, andererseits steht diese an vielen Orten auf dem Spiel, da autoritäre, rechtspopulistische Kräfte weltweit an Einfluss gewinnen (Stich 2024).

Spätestens seit dem Russland-Ukraine-Krieg lässt sich eine Frontbildung beobachten. Auf der einen Seite scheint die EU relativ geeinter denn je, auch der von Donald Trump eingeleitete Tiefpunkt in den EU-US-Beziehungen ist überwunden. Darüber hinaus haben sich weitere Staaten wie Japan, Südkorea, Großbritannien oder die Schweiz der Front der offenen Gesellschaften angeschlossen. Das Bild von Putin, aber auch von Autokraten, wandelt sich weltweit. So weist Rachman darauf hin, dass „die Fehler, die Putin bei der Vorbereitung der Invasion gemacht hat", direkt auf die „inhärenten Schwächen autokratischer Herrschaft" zurückgeführt werden können (Rachman 2022).

Auch auf der anderen Seite lassen sich auch aufseiten geschlossener Gesellschaften Blockbildungsinitiativen beobachten. So forciert China die Kooperation mit autokratischen Staaten und blockfreien Regionalmächten, die sich den Wirtschaftssanktionen des Westens entziehen oder sich der antiwestlichen Kritik anschließen (Streeck 2023). Bezeichnenderweise betonten Xi Jinping und Wladimir Putin auf dem BRICS-Gipfel 2022, dass

> *„die Organisation [...] bei der Schaffung einer ‚multipolaren Welt', in der die Beziehungen der Staaten untereinander auf dem Völkerrecht beruhten, [vorangehen müsse]* (DW 2022d)."

In der antiliberalen Kritik nimmt Putin eine zentrale Stellung ein. Er wird von rechtspopulistischen und autokratischen Strömungen innerhalb und außerhalb Europas häufig als Vorkämpfer gegen den westlichen Liberalismus (Merkur 2022b) und für eine von der globalen Rechten geteilte Werteordnung (Stöcker 2022) gesehen. Die nationalistisch-konservative Partei Einiges Russland[27] pflegte über Jahre hinweg gute Beziehungen zu etablierten konservativen Parteien in der EU, z. B. zur CDU (Bidder und Schepp 2010). Bereits 2013 hat die Partei vielfältige Kontakte zu nationalkonservativen und rechtspopulistischen Parteien aufgebaut, die sich als Alternative zu den etablierten politischen Kräften positionieren (Mühling 2013). Dazu zählen u. a. der französische Front National (FN) bzw. Rassemblement National, die deutsche AfD, die österreichische FPÖ, die italienische Lega Nord, in Griechenland die offen faschistische „Goldene Morgenröte" oder in Ungarn die nationalkonservative Fidesz oder die rechtsextreme Partei Jobbik (Bidder 2017; Hartleb 2016).

Präsident Putin gilt vielen Rechtspopulisten und Rechtsextremen als Gegenentwurf zu den meist liberalen und transatlantisch geprägten politischen Hauptströmungen in Europa. Sie schätzen sein oft martialisches Auftreten und seinen autoritären Führungsstil. Visionen von einem „Eurasien" und einem „Europa der Nationen" werden geteilt und ideologisch ist man sich in der Ablehnung von Homosexualität, der Pflege nationalistischer Identitätspolitik und einem gesellschaftlichen Konservatismus einig (Hartleb 2016). Im Jahr 2013 verabschiedete Russland das umstrittene Gesetz gegen „homosexuelle

---

[27] Die nationalistisch-konservative Sammlungspartei Einiges Russland verfügt über die verfassungsmäßige Zweidrittelmehrheit im russischen Parlament. Die Partei unterstützt die Politik des russischen Präsidenten Wladimir Putin. Dieser ist zwar formal kein Mitglied der Partei, gilt aber als ihr eigentlicher Führer (Barth 2016).

Propaganda gegenüber Minderjährigen" (Hans 2017). Seitdem werden in Russland ähnlich antiliberale Positionen verbreitet, wie sie für die politische Rechte in Europa typisch sind. So warf er in einer Grundsatzrede 2013 dem Westen vor, die eigenen „Wurzeln abzulehnen, einschließlich der christlichen Werte, die die Grundlage der westlichen Zivilisation bilden". Die westlichen „Eliten" würden moralische Prinzipien und alle traditionellen Identitäten verleugnen – nationale, kulturelle, religiöse und selbst sexuelle. Sie würden eine Politik durchsetzen, die die Familie mit gleichgeschlechtlichen Partnerschaften gleichsetze und „den Glauben an Gott mit dem Glauben an Satan." Putin kritisierte auch den „so genannten Multikulturalismus", den er als ein „in vielerlei Hinsicht künstlich eingepflanztes Modell" bezeichnete (Putin 2013). Anlässlich des Euromaidan zeichneten die russischen Medien das Bedrohungsnarrativ eines „Gayropa". Ein Hauptargument gegen die europäische Integration der Ukraine war die Verbreitung der Erzählung, dass die EU schwule Männer in Kindergärten einsetzen und den Ukrainer*innen die gleichgeschlechtliche Ehe aufzwingen würde. Diesem Narrativ setzten sie ein russisches Wertesystem mit christlich-geprägten Kernfamilienideal entgegen (Gaufmann 2022).

Aktuell macht die Anastasia-Bewegung von sich reden, die sich im Baltikum und in der DACH-Region ausbreitet. Sie gilt als neue religiöse Bewegung im rechtsesoterischen Spektrum und basiert auf der Anastasia-Buchreihe des russischen Autors Vladimir Megre. Die Bücher und die Bewegung haben esoterisch-spirituelle, verschwörungsideologische, rassistische und antisemitische Inhalte. Ihre Anhänger*innen leben ohne technische Geräte auf sogenannten Familienlandsitzen, wo sie sich autark versorgen. Sie sind tendenziell antiliberal eingestellt und bekennen sich positiv zu Wladimir Putin (Pöhlmann 2018; Eßer 2023).

Auch wenn Putin vielfach als „Führer eines neuen globalen Konservatismus" gesehen wird, gehen einige Beobachter*innen davon aus, dass Putins Positionierung weniger einer strikten ideologischen Überzeugung als vielmehr einem pragmatisch-strategischen Kalkül folgt. Dies geht aus einem russischen Strategiepapier des Moskauer „Zentrums für politische Konjunktur" aus dem Jahr 2013 hervor (RBK 2013). Der eng mit dem Kreml vernetzte Think Tank, der bereits Wahlkampagnen für die Putin-Partei begleitet hat, identifizierte „Massenmigration und Konflikte zwischen den Volksgruppen" als „die Basis der Ängste des EU-Bürgers" und damit als Schwachpunkte der EU. Entsprechend gebe es „Nachfrage nach einem starken rechten Politiker" (RBK 2013; Bidder 2017). Daher ist die Unterstützung rechtsextremer, EU-feindlicher Kräfte für den Kreml „reine Machttechnik" (Himmelreich 2014), um die EU von innen zu schwächen und die Westbindung an die USA zu unterminieren (Hartleb 2016).

Die ideologische Flexibilität der russischen Führung bei der Wahl ihrer Partner zeigt sich darin, dass Russland nicht nur rechte Bewegungen unterstützt, sondern auch enge Verbindungen zu zahlreichen populistischen Bewegungen im Westen unterhält. Dazu gehören auch linke Parteien wie in Griechenland unter Alexis Tsipras (Christides 2016) oder die Linke in Deutschland (Meisner und von Salzen 2015) oder Beppe Grillos Anti-Establishment-Bewegung „5 Sterne" in Italien (Nardelli und Silverman 2016).

Neben der ideologischen Flexibilität Russlands finden sich weitere Ambivalenzen, die die Annahme klarer und homogener Block- oder gar Frontbildungen relativieren.

Am deutlichsten zeigt sich dies in der Fragmentierung des rechten Lagers in Russland[28] und auch in der Ukraine gibt es rechtsextreme, ultranationalistische Kräfte, die im Zuge des Krieges zwar an Akzeptanz gewinnen, insgesamt aber politisch marginal bleiben.[29]

Zusammenfassend lässt sich festhalten, dass der Russland-Ukraine-Krieg direkt und indirekt mit zahlreichen anderen Konfliktherden in der Welt verbunden ist und in seiner Tiefe Teil mehrerer Weltkonfliktformationen ist. Entsprechend vielfältig dürfte der Ausgang dieses Krieges sein. Er könnte z. B. Putins Rolle als „Anführer eines globalen Rechtskonservatismus" schwächen oder stärken, zu

---

[28] Zwar tendieren die meisten Rechtsextremist*innen dazu, Putin zu unterstützen. Seit Beginn der Kämpfe in der Ostukraine im Jahr 2014 wird jedoch von mehreren hundert rechtsextremen Russen berichtet, die sich auf die Seite der Ukraine geschlagen haben. Vor allem Angehörige der russischen Neonazi-Subkultur bezeichnen das heutige Russland als korrupten, multinationalen Staat und werfen Putin vor, die Interessen der ethnischen Russ*innen zu missachten (Naumann und Serif 2023). Anfang März 2023 berichteten die Medien von mehreren schwer bewaffneten Männern, die die russische Grenze überschritten hätten und in Brjansk in Kämpfe verwickelt gewesen seien. Die Männer posteten kremlkritische Videos auf Telegram und gaben sich als Mitglieder des sogenannten „Russischen Freiwilligenkorps" zu erkennen (Reuter 2023). Auch im Ausland gilt die Ukraine als Sehnsuchtsort einiger rechtsextremer Gruppierungen. So fühlt sich beispielsweise die rechtsextreme deutsche Kleinstpartei „III. Weg" dem Asow-Regiment verbunden, während die rechtspopulistische AfD zu Russland steht (Deutschlandfunk 2022).

[29] Das 2014 gegründete Regiment Asow ist die wichtigste paramilitärische rechtsextreme Organisation in der Ukraine. Es untersteht dem Innenministerium und hat seine Präsenz so weit gefestigt, dass es kaum noch andere Gruppen gibt. Ihr Emblem ist die sogenannte Wolfsangel, die auch von den nationalsozialistischen SS-Divisionen verwendet wurde. Das Verhältnis zur Regierung in Kiew ist zerrüttet. Die Regierung sei „absolut nutzlos", deshalb habe man die Aufgabe der Verteidigung der Bevölkerung „selbst übernommen", hieß es. Tatsächlich spielte das Asow-Regiment eine zentrale Rolle bei der Verteidigung der östlichen und vor allem südlichen Gebiete der Ukraine (Sulzbacher 2022). Auf der politischen Ebene blieben die drei wichtigsten rechtsextremen Parteien „Freiheit" (Swoboda), „Rechter Sektor" (Prawyj Sektor) und „Nationales Korps" auch nach dem Euromaidan politisch marginal. Vor dem Hintergrund des anhaltenden Krieges mit Russland haben diese Parteien jedoch an öffentlicher Akzeptanz gewonnen (Umland 2020).

einer (De-)Eskalation der Taiwan-Frage beitragen oder das zukünftige Engagement der USA im Russland-Ukraine-Krieg beeinflussen etc. Für den Friedensprozess im Russland-Ukraine-Krieg ist die Berücksichtigung dieser Weltkonfliktformationen insofern relevant, als sie das durchaus vorhandene Potenzial von Kaskadeneffekten bewusst macht. Darüber hinaus lassen sich auf dieser Analyseebene tiefer liegende Motivationen und Konfliktfelder identifizieren – wie etwa die Krise des Liberalismus und die Forderung nach einer multilateralen Weltordnung. Welche legitimen Aspekte finden sich in der Kritik Russlands und Chinas an der westlich-liberalen Hegemonie und der Forderung nach mehr Multilateralismus? Wie ist das diplomatische Engagement Chinas für eine Friedenslösung zu bewerten und was lässt sich daraus tatsächlich lernen? Gibt es Best Practices für eine nachhaltige Lösung der Territorialkonflikte, von denen Russland und die Ukraine zentral betroffen sind und die zugleich einen Großteil der weltweit brisantesten Konflikte ausmachen? Diesen und weiteren Fragen wird in Kap. 4 nachgegangen. Die bisher skizzierten Überlegungen zu Weltkonfliktformationen lassen sich wie folgt zusammenfassen (Abb. 3.2):

3.5 Ebene 4: Das globale Gefangenendilemma

Der russisch-ukrainische Krieg hat die sich seit Beginn des 21. Jahrhunderts abzeichnende Blockbildung verschärft. Ost und West stehen sich unversöhnlicher denn je gegenüber, ein Großteil der Staaten des globalen Südens, der etwa zwei Drittel der Weltbevölkerung ausmacht, hat die russische Invasion in der Ukraine nicht verurteilt (Leistner

Abb. 3.2 Der Russland-Ukraine-Krieg als Teil mehrerer Weltkonfliktformationen. (Eigene Darstellung)

2023). Zugleich hat international die Kritik an der US-dominierten Hegemonie zugenommen und nicht wenige Beobachter*innen sehen den Übergang hin zu einer multipolaren Weltordnung mit offenem Ende (Gareis 2023).

Mit Blick auf die Weltkonfliktformationen wird auch deutlich, dass der Russland-Ukraine-Krieg aufgrund seiner vielfältigen Verflechtungen mit anderen Entwicklungen und Konfliktherden in der Welt Teil einer globalen Polykrise ist. Nahezu alle globalen Herausforderungen, so auch der Russland-Ukraine-Krieg, verdeutlichen einmal mehr die Notwendigkeit eines multilateralen, d. h. von allen Staaten der Welt getragenen und repräsentierten Steuerungssystems zur Lösung gemeinsamer Probleme und zur Durchsetzung entsprechender Entscheidungen. In diesem Zusammenhang wird in Wissenschaft und Politik häufig von „Global Governance" gesprochen. Dieser Begriff meint nicht „Weltregierung" sondern bezeichnet einen internationalen Rahmen von Prinzipien, Regeln, Gesetzen und Prozessen der Entscheidungsfindung sowie entsprechender Institutionen, um die heutigen globalen Probleme erfolgreich zu bewältigen. Der Ansatz sieht eine kooperative und multilaterale Gestaltung der Globalisierung vor, an der im Idealfall nicht nur alle Staaten der Welt partizipativ beteiligt sind, sondern in der idealerweise auch NGOs, Bürgerbewegungen und multinationale Wirtschaftsorganisationen mit einbezogen werden (CGC 1995).

Eine nachhaltige globale Friedensordnung dürfte letztlich nicht um die Etablierung eines multilateralen Governance-Mechanismus herumkommen. Im russisch-ukrainischen Krieg zeigt sich das Fehlen eines solchen Systems exemplarisch an der mangelnden Umsetzung der Resolution A/RES/ES-11/1, die am 02.03.2023 in der 11. Dringlichkeitssitzung der Generalversammlung der Vereinten Nationen formuliert wurde. Sie enthält u. a. die Forderung nach Frieden und dem Rückzug Russlands aus der Ukraine. Gleichzeitig wurden die Mitgliedsstaaten aufgefordert, gemeinsam die globalen Auswirkungen des Krieges auf Ernährungssicherheit, Sicherheit, Umwelt, Finanzen und Energie anzugehen (UN 2022). Insgesamt stimmten 141 der 193 Mitgliedstaaten[30] der UN-Generalversammlung für eine entsprechende Resolution. Mit Belarus, Syrien,

---

[30] Die Mitgliedschaft bei den Vereinten Nationen und damit an der jährlich stattfindenden Generalversammlung gilt als Anerkennung als souveräner Staat. In der Generalversammlung sind alle 193 völkerrechtlich anerkannten Staaten vertreten. Darüber hinaus haben derzeit der Vatikan und Palästina einen sogenannten Beobachterstatus inne.

Nordkorea, Mali, Eritrea und Nicaragua stimmten nur sechs Staaten gemeinsam mit Russland gegen den Entwurf (Schmid 2023). China und Indien enthielten sich, wie schon bei früheren Abstimmungen über den Krieg, der Stimme. Die Resolution ist völkerrechtlich nicht bindend und damit nicht durchsetzbar, obwohl sie ein relativ klares internationales Meinungsbild widerspiegelt (Tagesspiegel 2023).

Rechtlich bindend sind nur Beschlüsse des UN-Sicherheitsrates. Diese können aber nur erlassen werden, wenn keine der fünf im Sicherheitsrat vertretenen Vetomächte – die Siegermächte des Zweiten Weltkriegs: USA, England, Frankreich, Russland und China – ihr Veto einlegt. Als problematisch erweist sich zum einen, dass der Sicherheitsrat nicht repräsentativ für alle Staaten der Welt ist und selbst mehrheitlich getragene Entscheidungen durch einzelne Veto-Staaten blockiert werden können. Ideen für eine entsprechende Reform der UN, wie z. B. eine Erweiterung des Sicherheitsrates, eine Abschaffung des Vetorechts oder/und eine Ermächtigung der Generalversammlung, werden seit Jahrzehnten diskutiert (Gareis 2011), sind aber bislang gescheitert. Dabei könnte eine Reform der UN hin zu einer Global Governance helfen, Kriege, aber auch andere globale, potenziell kriegsverschärfende Herausforderungen wie Klimawandel oder Energie- und Ressourcenknappheit, die keine Nation alleine bewältigen kann, gemeinsam zu bewältigen (Messner 2000).

Dass die Reform der UN kaum vorankommt und es an globalen Problemlösungskapazitäten und Durchsetzungsmechanismen mangelt, hat bestimmte Gründe, die sich auf einer tieferen Analyseebene und unter Rückgriff auf das Modell des sogenannten „Gefangenendilemmas" erklären lassen. Daraus lassen sich – wie in einem späteren Kapitel näher ausgeführt wird – weitere Implikationen für einen nachhaltigen Friedensprozess und eine komplexe Außen- und Friedenspolitik ableiten.

> **Das Gefangenendilemma**
>
> Das Gefangenendilemma stammt aus der Spieltheorie und modelliert die Situation zweier Gefangener, die eines gemeinsamen Verbrechens beschuldigt und verhört werden. Jeder Gefangene hat unabhängig vom anderen die Möglichkeit zu gestehen oder zu schweigen. Das individuelle Strafmaß hängt nicht nur davon ab, wie sich der einzelne Gefangene entscheidet, sondern auch davon, wie sich seine Entscheidung zu der des anderen verhält: Gesteht nur einer der Gefangenen, geht er als Kronzeuge straffrei aus, während der andere die Höchststrafe erhält. Gestehen beide, erhalten beide hohe Strafen, schweigen beide, erhalten sie niedrige Strafen. Das Dilemma besteht nun darin, dass sich jeder Gefangene entscheiden muss, entweder zu gestehen (den anderen Gefangenen zu verraten) oder zu leugnen (mit dem anderen Gefangenen zu kooperieren), ohne die Entscheidung des anderen Gefangenen zu kennen. Das Strafmaß hängt also nicht nur von der eigenen Entscheidung ab, sondern auch von der Entscheidung des anderen Gefangenen. Die dominante Strategie beider Gefangenen wäre, nur dem Eigeninteresse zu folgen und zu gestehen. Im Gegensatz dazu würde eine Kooperation der Gefangenen (d. h. den anderen nicht zu verraten) zu einer geringeren Strafe für beide und damit zu einer geringeren Gesamtstrafe führen (Axelrod 1984).

Das Gefangenendilemma lässt sich auch auf die internationalen Beziehungen übertragen, wobei hier davon auszugehen ist, dass sich die Staaten in einem „iterierten Gefangenendilemma" befinden. Das heißt, Staaten können sich wiederholt gegenseitig verraten oder miteinander kooperieren. Kooperation fällt hierbei umso schwerer, je öfter man die Erfahrung gemacht hat, dass man dem anderen

Staat nicht trauen kann. Erschwerend kommt hinzu, dass in der Situation des Gefangenendilemmas über die Entscheidung der Gegenseite nur spekuliert werden kann. Bezeichnend ist aber auch, dass Staaten angesichts globaler Herausforderungen nur dann an einem Strang ziehen und langfristig erfolgreich sein können, wenn es ihnen gelingt, einen Modus der Kooperation zu finden. Die Entscheidung, wiederholt nicht zu kooperieren („den Kollegen zu verraten"), führt zu einer Eskalationsspirale und langfristig zu abnehmendem Gesamtnutzen.

Dies entspricht beispielsweise der Entscheidung des damaligen US-Präsidenten Donald Trump im Jahr 2018, einseitig Importzölle auf bestimmte Produkte aus der EU und China zu erheben. Diese Option diente dem kurzfristigen Eigeninteresse, wirkte sich aber negativ auf alle aus. In der Folge reagierten nämlich die EU und China mit Gegenzöllen auf US-Produkte und setzten damit eine Eskalationsspirale in Gang, die zu einem regelrechten Handelskrieg mit Verlierern auf allen Seiten führte.

Bezogen auf den Russland-Ukraine-Konflikt könnte das Gefangenendilemma so aussehen, dass sich die Kriegsparteien – sollte es in einem späteren Friedensprozess zu einer Einigung über Rüstungskontrolle kommen – immer noch individuell besser stellen, wenn sie heimlich aufrüsten. Keines der Länder würde sein Versprechen einhalten, und beide stünden wegen des Gefahrenpotenzials der Aufrüstung auf beiden Seiten schlechter da. Aber sie stünden immer noch besser da, als wenn nur der Gegner aufrüstete und man der Gefahr einer Aggression durch den anderen schutzlos ausgeliefert wäre. Langfristig können beide nur gewinnen, wenn sie transparent miteinander kommunizieren und die Interessen der anderen Gruppe berücksichtigen.

Wie gehen die Konfliktparteien mit diesem Gefangenendilemma um – auch in Ermangelung eines Global Governance-Systems? Welche weiteren Impulse und

3 Die Ebenen des Russland-Ukraine-Kriegs ...

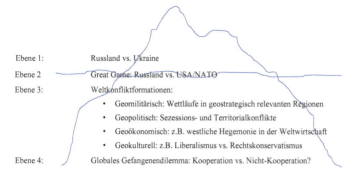

Abb. 3.3 Die Ebenen des Russland-Ukraine-Konflikts im Eisbergmodell. (Eigene Darstellung)

Handlungsfelder ergeben sich für einen nachhaltigen Frieden? Diese Überlegungen werden im folgenden Kapitel vertieft.

Zusammenfassend ergibt sich aus der bisherigen Mehrebenenanalyse ein vielschichtiges Bild des Russland-Ukraine-Konflikts, das an das Eisbergmodell aus der Psychologie erinnert (Abb. 3.3).

3.6 Ausblick: Vier mögliche Entwicklungen

Als Teil eines sich abzeichnenden Neuen Kalten Krieges und mehrerer mehr oder weniger miteinander verbundener Konfliktherde hat der russisch-ukrainische Krieg eine hohe globale Brisanz. Welche zukünftigen Entwicklungen sind denkbar? Wo liegen wesentliche Risikopotenziale, möglicherweise auch Chancen für den Friedensprozess? Die folgenden Überlegungen befassen sich mit vier möglichen, sich durchaus ergänzenden Zukunftsverläufen. Sie haben keinen prognostischen Charakter im Sinne der

Frage „Was wird passieren?", sondern sollen im Sinne der Frage „Was könnte passieren?" helfen, mögliche Entwicklungen einzuschätzen, Risikopotenziale zu antizipieren und Chancen für vorausschauendes Handeln zu identifizieren.

3.6.1 Entwicklung 1: Ausweitung des Konflikts zum NATO-Bündnisfall

Eine Eskalation zwischen der NATO und der Nuklearmacht Russland mit der Möglichkeit eines Dritten Weltkrieges steht im Raum und ist unbestreitbar ein denkbar kritisches Szenario (Charap und Priebe 2023). Eine direkte Konfrontation wird bisher vermieden. Vielfach wird befürchtet, dass ein NATO-Beitritt der Ukraine zur Folge hätte, dass ein bewaffneter Konflikt in das Bündnis hineingetragen würde und die NATO durch die Beistandsverpflichtung zur Konfliktpartei würde (Schulz 2023). Dies wird durchaus kontrovers diskutiert. Zwar ist es nach Artikel 6 der NATO-Studie zur Osterweiterung ohnehin nicht erlaubt, einen Staat, der sich in einem bewaffneten Konflikt befindet, ins Bündnis zu holen (NATO 2008). Demgegenüber forderten über 70 ukrainische und internationale Menschenrechtsorganisationen, Think Tanks und andere NGOs in einem gemeinsamen Appell an die Staats- und Regierungschefs der NATO, die Ukraine auf dem Gipfel in Vilnius im Juli 2023 zügig zum Beitritt einzuladen. Sie argumentierten, dass es keine Beschränkungen für die Aufnahme neuer Länder in die NATO gebe, selbst wenn sie sich im Krieg befänden (European Pravda 2023). Das Ergebnis des Gipfels war wenig überraschend: Der Ukraine wurde weiterhin umfassende militärische Unterstützung zugesichert und eine grundsätzliche Beitrittsperspektive in Aussicht gestellt, allerdings ohne einen konkreten Zeitplan (Schulz 2023). Trotz der grundsätzlichen

Einigkeit, eine direkte Konfrontation zu vermeiden, besteht die Gefahr einer unbeabsichtigten Ausweitung des Russland-Ukraine-Krieges zu einem NATO-Bündnisfall.

Als im November 2022 ein Raketeneinschlag im Dorf Przewodow nahe der ukrainischen Grenze zwei Todesopfer forderte, wurde ein mögliches Szenario eines unbeabsichtigten Angriffs auf einen NATO-Partner diskutiert. Fest steht, dass kein einzelnes Mitgliedsland über den Bündnisfall entscheiden kann und dass es einer koordinierten militärischen Aktion bedarf, um von einem bewaffneten Angriff auf ein NATO-Mitglied sprechen zu können. Im Falle Polens kann dies bezweifelt werden, selbst wenn es sich nachweislich um russische Raketen gehandelt hätte (was hier nicht der Fall war) (Görs 2022). Auch wenn die NATO eher vorsichtig agiert, bleibt das Risikoszenario einer Ausweitung des Krieges durchaus bestehen.

Beobachter*innen verorten die geografische Schwachstelle der NATO derzeit vor allem in der Suwałki-Lücke. Das nach der polnischen Stadt Suwałki benannte Gebiet bezeichnet einen Korridor im Dreiländereck Polen-Litauen-Belarus. Er stellt die einzige Landverbindung der baltischen Staaten mit den übrigen NATO-Partnern dar und trennt das Territorium der russischen Exklave Kaliningrad von Belarus. Militärexpert*innen befürchten, dass Russland innerhalb von nur zwei bis drei Tagen mit Truppen im Bereich zwischen Litauen und Belarus eindringen und die Landverbindung abriegeln könnte. Die baltischen Staaten wären dann vom Rest Europas abgeschnitten (Schulte 2022). Wie brisant diese Situation vor allem für das NATO-Mitglied Litauen ist, zeigten Äußerungen des Abgeordneten der Partei Einiges Russland, Jewgeni Fjodorow. Er hatte im russischen Parlament die Aberkennung der Souveränität Litauens gefordert (Schmidt und Veser 2022). Auch wenn Russland Schätzungen zufolge keine Kapazitäten für eine Invasion im Baltikum haben dürfte, da die Streitkräfte in der Ukraine gebunden sind, bleibt die Suwałki-Lücke ein willkommenes Einfallstor für russische Truppen. In einem aktuellen Bericht des US-Magazins Politico wird das Gebiet als „verlassener Grenzposten" und „gefährlichster Ort der Welt" bezeichnet (Karnitschnig 2022). Expert*innen wie u. a. der neue Befehlshaber des Einsatzführungskommandos der Bundeswehr, Bernd Schütt, plädieren daher für mehr Soldaten an der NATO-Nordostflanke. Es brauche eine „glaubwürdige Abschreckung" durch eine hohe Truppenstärke und regelmäßige Übungen an der Suwałki-Lücke. Deshalb wurde auf dem NATO-Gipfel 2022 in Madrid beschlossen, künftig mehr als 300.000 Soldaten in hoher Einsatzbereitschaft zu halten. Um die Suwałki-Lücke zu schließen, sollen an der Ostflanke die derzeit bestehenden NATO-Gefechtsverbände von 1600 Soldaten auf Brigadestärke, also etwa 3000 bis 5000 Soldaten, aufgestockt werden (NTV 2022b).

Ob eine verstärkte NATO-Präsenz an der Ostflanke, auch mit den Beitritten Schwedens und Finnlands, abschreckend und konfliktmindernd wirkt, bleibt offen. Aus sicherheitslogischer Sicht erscheint es plausibel, dass Russland auf diese Weise von möglichen Expansionsbestrebungen abgehalten werden könnte. Aus friedenslogischer Sicht ist hingegen zu befürchten, dass die Entwicklung eher zu einer weiteren Eskalation, zumindest in Form weiterer Aufrüstung auch auf russischer Seite, führen könnte. Angesichts der haushohen militärischen Überlegenheit der NATO gegenüber Russland ist ggf. auch die Drohung Russlands mit dem Einsatz seiner Nuklearwaffen nicht abwegig. Dies hat Atommächte wie Russland bisher unangreifbar gemacht.

Ein nachhaltiger Friedensprozess wird multidimensional und multioptional angelegt sein müssen – Sicherheitsgarantien auf beiden Seiten entlang der NATO-Russland-Grenze sowie verschiedene Optionen, einschließlich der Frage eines neutralen ukrainischen Territoriums, werden zu diskutieren sein.

3.6.2 Entwicklung 2: Eskalation eines anderen Konfliktherdes

Ein weiteres denkbares kritisches Szenario wäre die Eskalation eines anderen Konfliktherdes, der im Kontext des Neuen Kalten Krieges direkt oder indirekt mit dem Russland-Ukraine-NATO-Konflikt verbunden ist und diesen negativ beeinflussen könnte. Einige dieser Konfliktherde bergen, so Beobachter*innen, die Gefahr in sich, sich zu einem Dritten Weltkrieg zuzuspitzen. Derzeit stehen vor allem vier hochbrisante Territorialkonflikte im Mittelpunkt der Diskussion. Dazu zählen der Kaschmirkonflikt, der Koreakonflikt, die Taiwan-Frage und die damit eng verbundenen Konflikte um einige Inseln im Ostchinesischen und Südchinesischen Meer (Jahn 2019). Als hochbrisant, wenn auch derzeit noch nicht hocheskaliert, erweist sich der sich tendenziell verschärfende Ressourcenwettlauf in der Arktis (Rachold 2023). Alle im Folgenden kurz skizzierten Konfliktherde weisen eine Blockkonstellation im Kontext des sich abzeichnenden Neuen Kalten Krieges auf und bergen das Risikopotenzial, zu eskalieren und auch den Krieg in der Ukraine direkt oder indirekt zu beeinflussen.

Beim *Kaschmirkonflikt* geht es um das Gebiet des bis 1947 bestehenden indischen Fürstenstaates Jammu und Kaschmir. Konfliktparteien sind Indien, Pakistan und China. Alle drei Konfliktparteien erheben Anspruch auf Teile des umstrittenen Gebietes, wobei es nicht nur um politische Vorherrschaft, sondern auch um Rohstoffe geht. Bisher kam es zu vier indisch-pakistanischen Kriegen und einem indisch-chinesischen Grenzkrieg. Als brisant erweist sich, dass alle drei Konfliktparteien inzwischen über Nuklearwaffen verfügen (Bose 2021). Es zeichnen sich Allianzen ab, die vom Kontext des Neuen Kalten Krieges beeinflusst sind. Die USA unterhalten enge strategische Partnerschaften mit Pakistan und Indien (ebd.). Die Zusammenarbeit mit Indien richtet sich vor allem gegen den wachsenden Einfluss Chinas in Asien (Dhume 2021). Pakistan und China hingegen arbeiten wirtschaftlich und militärisch eng zusammen (Hegewisch und Kahn 2022). Auch mit Russland unterhalten Pakistan und Indien enge Beziehungen, die vor allem auf militärische Kooperation ausgerichtet sind. So enthielten sich beide Staaten bei der Verurteilung der russischen Invasion in der Ukraine der Stimme (Wulf 2022). Ähnlich wie in Afrika und im Nahen Osten entsteht auch in Südasien der Eindruck, dass Russland und China den Einfluss der USA zurückdrängen wollen. Einige Beobachter*innen gehen sogar von einer durch den Krieg in der Ukraine beschleunigten Abkehr Pakistans vom Westen und einer sich verfestigenden chinesisch-russisch-pakistanischen Dreieckspartnerschaft aus (Hegewisch und Kahn 2022). Auf die Mahnung der EU, eine kritischere Haltung einzunehmen, antwortete der pakistanische Premierminister Imran Khan im März 2022, man sei „kein Sklave des Westens" (Shah 2022). Unter den pakistanischen Eliten herrscht eine gewisse Genugtuung darüber, dass der Westen, der aus pakistanischer Sicht mit seiner Doppelmoral für Leid, Zerstörung und Instabilität in Afghanistan verantwortlich ist, mit der Ukraine nun „sein eigenes Afghanistan" erlebt (Hegewisch und Kahn 2022). Auch wenn unter dem neuen Premierminister Shehbaz Sharif eine Wiederannäherung an die USA zu beobachten ist, gehen Beobachter*innen auch für die Zukunft von einem tendenziell wachsenden Einfluss Chinas aus (Wolf 2022), was die Frontenbildung USA-Indien vs. Pakistan-China verschärfen dürfte. Neben diesem Risikopotenzial könnten und sollten die guten diplomatischen Beziehungen Russlands und (noch) der USA zu Pakistan und Indien für den Friedensprozess genutzt werden.

Der *Koreakonflikt* geht auf den sogenannten Koreakrieg auf der koreanischen Halbinsel von 1950 bis 1953 zurück, der auch als Stellvertreterkrieg in Zeiten des Kalten Krieges bezeichnet werden kann. Korea war von 1910 bis 1945 eine Kolonie Japans und wurde nach der Niederlage Japans im Zweiten Weltkrieg in Absprache zwischen den Siegermächten USA und UdSSR in zwei Besatzungszonen nördlich und südlich des 38. Breitengrades geteilt. Die Teilung entlang dieser Demarkationslinie führte 1948 zur Gründung der beiden koreanischen Staaten (Norbu 2020). Die wirtschaftlich prosperierende Demokratie Südkorea ist einer der wichtigsten militärischen und diplomatischen Partner der USA außerhalb der NATO. Die USA haben große Truppenkontingente in Südkorea stationiert. Die Zustimmung Südkoreas zur Stationierung des US-Raketenabwehrsystems THAAD (Terminal High Altitude Area Defense) im Jahr 2017 führte zu angespannten Beziehungen mit China, dem größten Handelspartner und wichtigsten Absatzmarkt Südkoreas (Bin 2017). China ist der wichtigste Verbündete der wirtschaftlich abgeschotteten sozialistischen Diktatur Nordkorea. Die Beziehungen zwischen Nordkorea und Südkorea sowie zu den USA sind sehr angespannt. Im Jahr 2013 kündigte Nordkorea den Waffenstillstandsvertrag auf und Machthaber Kim Jong Un drohte mit einem Atomkrieg, was international scharf verurteilt wurde. Im Juni 2020 verschlechterten sich die Beziehungen zwischen Nord- und Südkorea erneut, als Nordkorea als Reaktion auf die Sanktionen der USA sein

Verbindungsbüro im Süden sprengen ließ und Soldaten an die Grenze verlegte (BpB 2020). Als Reaktion auf gemeinsame Militärübungen der USA mit Südkorea testet die Atommacht Nordkorea seit einiger Zeit erfolgreich Hyperschallraketen, die nach eigenen Angaben „jedes Ziel in den USA" erreichen könnten. Beobachter*innen diskutieren das Szenario eines konventionellen oder nuklearen Angriffs Nordkoreas auf sein Nachbarland, was zu einer militärischen Einmischung der USA und möglicherweise weiterer Alliierter, z. B. Taiwan und Japan auf südkoreanischer und China auf nordkoreanischer Seite, mit unabsehbaren Folgen führen könnte (Görlach 2022). Im Zusammenhang mit dem Russland-Ukraine-Krieg häufen sich Gerüchte, dass Nordkorea Waffen an Russland liefern könnte (Spohr und Krahe 2023).

Eng mit dem Koreakonflikt verbunden sind die *Konfliktherde im Süd- und Ostchinesischen Meer*. Hier beanspruchen die Staaten China, Taiwan, Indonesien, Japan, die Philippinen, Südkorea, Malaysia, Brunei und Vietnam zum Teil dieselben Seegebiete und Inseln. Streitpunkte sind die Rohstoffvorkommen und reichen Fischgründe in den Seegebieten des Südchinesischen Meeres und des Gelben Meeres. China erhebt historische Ansprüche auf 80 % des Südchinesischen Meeres und steht mit den meisten Anrainerstaaten im Konflikt. Dies liegt vor allem daran, dass die territorialen Grenzen zwischen den Anrainerstaaten in vielen Fällen nicht geklärt sind (BBC 2016). Zwei weitere Konfliktparteien sind Indien und vor allem die USA. Indien tastet sich über den Kauf von Ölfeldern in das Südchinesische Meer vor und unterstützt kleinere südostasiatische Anrainer bei der Ausbeutung von Rohstoffen im Chinesischen Meer. Dabei unterhält Indien besonders gute Beziehungen zu Vietnam. Für seine Flotten will Indien die Werften in Vietnam nutzen (Friedrichs und Richter 2011). Die Präsenz der USA ist relativ stark und geht auf den Zweiten Weltkrieg zurück. Eng verbündet sind die USA vor allem mit Japan und Südkorea, die wiederum aus historischen Gründen ein angespanntes Verhältnis zueinander haben. Mit den Philippinen, Indonesien und Taiwan unterhalten die USA enge sicherheitspolitische Beziehungen, mit Vietnam wird die Zusammenarbeit ausgebaut. Die USA betrachten die Region des Gelben Meeres „als erstes Bollwerk gegenüber Pekings Machtstreben (Hein 2012)." Im Jahr 2012 erklärte US-Außenministerin Hillary Clinton die Seerechtsfragen in der Region zum „nationalen Interesse der USA". Gleichzeitig kündigte sie an, 60 % der Marine in den Pazifik zu verlegen. Mit der Verlegung von Kriegsschiffen der US Navy zu sogenannten „Freedom of Navigation"-Fahrten im Juli 2020 in die von China beanspruchten Gewässer demonstrierten die USA, dass sie die sogenannte Nine-Dash-Linie im Südchinesischen Meer, die China offiziell als Staatsgrenze beansprucht, nicht akzeptieren (Yuan 2020). Während des Russland-Ukraine-Krieges spitzte sich die US-amerikanisch-chinesische Konfrontation weiter zu. Mitte März 2023 kündigte US-Präsident Biden die Lieferung von atomgetriebenen U-Booten an Australien im Rahmen des AUKUS-Sicherheitspakts an (Kühl 2023). Obwohl weder Russland noch die Ukraine in diesen Konflikt involviert sind, dürfte eine Eskalation Auswirkungen haben. So könnten die USA gezwungen sein, Kapazitäten abzuziehen und sich stärker auf den Pazifik zu konzentrieren, oder Russland könnte von seinem Allianzpartner China gezwungen werden, ihm mit seiner Flotte militärisch beizustehen.

Im vierten Territorialkonflikt, dem *Ressourcenwettlauf in der Arktis,* sind der Neue Kalte Krieg und der Zusammenhang mit dem Russland-Ukraine-Krieg besonders deutlich zu erkennen (vgl. Köhne 2020). Die Region ist reich an Ölvorkommen, Seltenen Erden und Fischgründen. Die Rohstoffe befinden sich im Besitz der acht arktischen Anrainerstaaten Dänemark (über Grönland), Kanada, Norwegen, Russland, USA, Island, Schweden und Finnland (Racold 2023). Die bedeutendste Macht in der Region ist Russland (Gsteiger 2020). Das Land hat die mit Abstand längste Arktisgrenze der Anrainerstaaten und leitet daraus auch Besitzansprüche auf einen Großteil des Festlandsockels in der Barentssee ab. Russland plant fest mit der Arktis als zukünftigem Rohstofflieferanten (Köhne 2020). Das schmelzende Eis eröffnet neue, eisfreie Schifffahrtsrouten und erleichtert die Suche nach den vermuteten riesigen Rohstoffvorkommen (Humrich 2011; Köhne 2020). Im Jahr 2018 führte Russland in der Arktis eine groß angelegte Militärübung mit dem Namen „Sapad" (dt. „Westen") durch. Als Reaktion darauf fand ein Jahr später entlang der russischen Grenze in Nordnorwegen die größte NATO-Übung seit dem Ende des Kalten Krieges statt. Gleichzeitig beschlossen die skandinavischen Länder, ihre Militärausgaben zu erhöhen (Köhne 2020). Seit der Veröffentlichung des offiziellen *„Weißbuchs zur Außenpolitik"* der chinesischen Regierung im Jahr 2018 bezeichnet sich die Volksrepublik als „Nah-Anrainer" der Arktis, was die USA stark irritiert (ebd.). Da Russland aufgrund der Sanktionen als Reaktion auf die Annexion der Krim auf Kapital angewiesen ist, ist auch in der Arktisregion eine zunehmende Kooperation mit China zu beobachten (Gsteiger 2020). Trotz gegensätzlicher Interessen ist der Eskalationsgrad zwischen den Anrainerstaaten der Arktis relativ gering, u. a. weil viele Anspruchsfragen über das UN-Seerechtsübereinkommen geregelt sind (Rachold 2023) und Differenzen auch über den Arktischen Rat, in dem alle Arktisanrainer und China vertreten sind, beigelegt werden können (Humrich 2011; Gsteiger 2020). Mit dem Klimawandel und einer Verschärfung anderer Konfliktherde im Kontext des Neuen Kalten Krieges könnte sich der Eskalationsgrad des Arktis-Konflikts erhöhen. Andererseits könnten gerade die bislang relativ gut funktionierenden Konfliktlösungsmechanismen in diesem Konflikt eine Vorbildfunktion für andere, ähnlich gelagerte Territorialkonflikte, z. B. im Chinesischen Meer, haben.

Die vier genannten Konflikte sind bei weitem nicht die einzigen, die einen Einfluss auf den Russland-Ukraine-Krieg haben könnten. So führt die aktuelle Eskalation im israelisch-palästinensischen Krieg zu einer Verschiebung der internationalen Aufmerksamkeit. Davon dürfte vor allem Putin profitieren. Insgesamt lässt sich festhalten, dass es weltweit mehrere Konfliktherde gibt, die Teil des Neuen Kalten Krieges sind und deren Entwicklung mittelbar – positiv wie negativ – Einfluss auf den Kriegsverlauf in der Ukraine haben könnte.

3.6.3 Entwicklung 3: Regimewechsel mit unabsehbaren Folgen

Eine weitere zukünftige Entwicklung von enormer Tragweite für den Russland-Ukraine-Krieg wäre ein Regimewechsel bei mindestens einer der unmittelbar beteiligten Parteien.

Während der ersten Tage des Angriffskrieges verfolgte die russische Militärführung das Ziel, mit einem konzertierten Angriff auf Kiew den ukrainischen Präsidenten Selenskyj zu stürzen und eine*n russlandtreue*n Politiker*in einzusetzen. Dieser Plan konnte nicht umgesetzt werden und muss heute als relativ unwahrscheinliche zukünftige Entwicklung angesehen werden. Im März 2024 müsste sich der ukrainische Präsident Selenskyj eigentlich zur Wiederwahl stellen. Es ist jedoch davon auszugehen, dass die Wahlen erst nach Aufhebung des Kriegsrechts im Land stattfinden werden (Pohorilov 2023). Nach seinem Amtsantritt 2019 und vor Kriegsbeginn galt Selenskyj in der eigenen Bevölkerung als relativ unbeliebt. Seit Kriegsbeginn genießt er im In- und Ausland hohe Popularitätswerte. Ein Grund dafür mag sein, dass der ehemalige Schauspieler und Leiter einer Produktionsfirma sehr charismatisch auftritt und es versteht, in seinen Ansprachen an die eigene Bevölkerung den richtigen Ton zu treffen. Zu seiner hohen Glaubwürdigkeit mag auch beigetragen haben, dass er in den ersten Kriegsmonaten, als sich die russische Invasion auf Kiew konzentrierte, die Stadt trotz US-amerikanischer Ratschläge nicht verließ. Er soll dies mit den Worten abgelehnt haben: „Ich brauche Munition, keine Mitfahrgelegenheit (Rüesch 2023)." Ein kriegsentscheidender Regimewechsel in der Ukraine ist vorerst nicht zu erwarten.

Eine Wahl Donald Trumps hätte vermutlich gravierende Auswirkungen auf die Partnerschaft mit der EU und das NATO-Bündnis. Sollte der Demokrat Joe Biden nicht wiedergewählt werden und sich stattdessen ein republikanischer Kandidat durchsetzen, von denen derzeit Donald Trump als aussichtsreichster gilt, ist davon auszugehen, dass er außenpolitisch an die Politik der ersten Amtszeit Trumps anknüpfen dürfte. Dieser neue US-Präsident, der ab Ende 2024 im Amt wäre, würde der Ukraine die militärische Unterstützung entziehen oder – bei starkem innenpolitischen Druck – zumindest reduzieren. Gleichzeitig wäre es wahrscheinlich, dass die USA ihre außenpolitischen Prioritäten vom Atlantik auf den Pazifik verlagern. Mit Trumps „America First"-Politik hatte die transatlantische Partnerschaft mit der EU einen historischen Tiefpunkt erreicht und ist in einen Handelskrieg eskaliert. Zudem kritisierte er die Existenzberechtigung supranationaler Institutionen wie der NATO oder der UNO.

Diese Entwicklung könnte sich unter einer Präsidentschaft Trumps oder eines anderen republikanischen Kandidaten wiederholen und sogar verschärfen.

Derzeit wird viel über mögliche Folgen eines Regimewechsels in Moskau diskutiert. Obwohl die Wiederwahl von Putin im Jahr 2024 voraussichtlich gesichert ist, hat der Aufstand der paramilitärischen Gruppe Wagner am 23. und 24.06.2023 nachhaltig für Aufsehen gesorgt. Der inzwischen verstorbene Anführer dieser Organisation, Jewgeni Prigoschin, berichtete, dass die russische Armee angeblich einen Raketenangriff auf einen Stützpunkt der Gruppe Wagner hinter der Front durchgeführt habe. Dabei seien 2000 Kämpfer getötet worden, was er nicht länger hinnehmen werde. Prigoschin kündigte an, Verteidigungsminister Sergej Schoigu und Generalstabschef Walerij Gerassimow ihrer Ämter zu entheben und in einem „Marsch der Gerechtigkeit" auf Moskau vorzurücken, sollten sie nicht freiwillig ihre Machtpositionen räumen. Am 24.06. besetzte die Gruppe Wagner kampflos Militäreinrichtungen in Rostow am Don und rückte über Woronesch auf die russische Hauptstadt vor. Präsident Putin verurteilte die aufständischen Bestrebungen als Verrat an Russland, ohne jedoch Prigoschin oder die Gruppe Wagner explizit zu nennen (Ackeret 2023). Nach Vermittlung durch den belarussischen Präsidenten Lukaschenko brach Prigoschin seinen Marsch auf Moskau am Abend des 24.06.2023 200 km vor der Hauptstadt ab. Den Aufständischen wurde Straffreiheit zugesichert und Prigoschin sollte nach Belarus ins Exil gehen (Bölukbasi 2023c). Einige Beobachter*innen gehen davon aus, dass sich Prigoschin im Juli mit Putin zu Gesprächen getroffen habe und entgegen anderslautenden Meldungen seine lukrativen Geschäfte mit dem russischen Staat beibehalten sollte

(Nagel 2023).[31] Obwohl der Wagner-Aufstand nach nur 24 h beendet war, war der politische Schaden für Putin immens. Am 24.08.2023 starb Prigoschin unter noch ungeklärten Umständen beim Absturz seines Privatflugzeugs auf dem Weg von Moskau nach St. Petersburg. Die meisten Beobachter*innen vermuten eine Vergeltungsmaßnahme Putins (SPIEGEL 2023c; Angerer 2023). Das weitere Schicksal der Gruppe Wagner, die sich bei den Auslandseinsätzen in Syrien und Afrika als unverzichtbar erwiesen hatte, bleibt nach derzeitigem Stand offen. Der Russlandexperte Heinemann-Grüder geht davon aus, dass die seit jeher bestehende Rivalität zwischen den privaten Sicherheitsdiensten und der Armee zugunsten der Armee entschieden wird, sodass Putin künftig stärker auf den Generalstab und das Verteidigungsministerium angewiesen sein wird. Er vermutet aber auch, dass sich die Kriegsziele zugunsten der Forderung Prigoschins nach einer Begrenzung der Kriegsziele verschieben werden. Dies werde dadurch begünstigt, dass sich Russland seit Anfang 2023 in einer Kriegsphase befinde, in der es sich nicht mehr auf die Eroberung weiterer Gebiete, sondern auf die Verteidigung besetzter Gebiete konzentriere (Heinemann-Grüder 2023).

Aus den Ereignissen lassen sich mehrere Lehren ziehen: Der Aufstand hat gezeigt, wie sehr sich Privatarmeen verselbstständigen können und dann das System gefährden, das sie geschaffen hat. Das militärische Gewaltmonopol im System Putin ist brüchig (Arezt 2023; Heinemann-Grüder 2023). Der ausbleibende Widerstand der Bevölke-

---

[31] Der Korrespondent der Nowaja Gaseta, Irek Murtazin, schätzt den Wert der von Russland kontrollierten Edelmetalle und Diamanten in Afrika auf mindestens 100 Mrd. US$ die Prigoschin für einen kleinen einflussreichen Kreis, dem er selbst angehörte, verwaltet haben soll (Nagel 2023).

rung in Rostow und Woronesch deutet zudem darauf hin, dass Prigoschin und die Wagner-Truppe zu einer Alternative für Unzufriedene in Russland geworden sind. Martialische, ultranationalistische Führer scheinen inzwischen viele Menschen in Russland anzusprechen (Arezt 2023). Auffällig sei, so Heinemann-Grüder, dass es in der Armee durchaus Sympathien für Prigoschin gegeben habe und die Nationalgarde seinen Marsch auf Moskau nicht verhindert habe (Heinemann-Grüder 2023). Ähnlich äußerte sich Nico Lange:

[…] wir haben […] niemanden gesehen, der bereit war, sich für Putin leidenschaftlich in die Bresche zu werfen – nicht einmal seine eifrigsten Propagandisten (Lange 2023)."

Der Vorfall machte deutlich, dass Putin nicht mehr „unantastbar" war. Er hatte den zunehmenden verbalen Angriffen Prigoschins auf die Armeeführung monatelang öffentlich kommentarlos zugesehen und auch am Tag der Revolte die Wagner-Gruppe nicht namentlich erwähnt (Aretz 2023). Das System Putin stützte sich vor allem auf die offiziellen und inoffiziellen Sicherheitsdienste, und er allein galt bislang als der ausgleichende Faktor zwischen deren konkurrierenden Interessen (Mommsen und Nußberger 2009). Dass er die Rivalität der Dienste in Grenzen hielt, ist seit dem Aufstand nicht mehr gegeben (Aretz 2023). Der erfolgreiche Anschlag auf Prigoschin zeigt aber auch, dass Putin in der Lage ist, jeden Widersacher, selbst aus dem engsten Machtzirkel, „aus dem Weg zu räumen (Heinemann-Grüder 2023)."

Wie ist die Stabilität des Systems Putin einzuschätzen? Es ist davon auszugehen, dass ein anhaltender interner Machtkampf oder gar ein Zusammenbruch des Regimes, dessen Nachfolge nicht geregelt ist, zu erheblichen außenpolitischen Risiken führen könnte. Russland verfügt mit knapp 6000 Nuklearsprengköpfen über das größte Nukleararsenal der Welt (Reikowski 2023). Zum einen besteht die Gefahr, dass die Nuklearwaffen in die Hände gewaltbereiter Hardliner fallen. Zum anderen könnte auch mit einem durch die politische Krise geschwächten Putin an der Macht die Gefahr eines nuklearen Angriffs steigen.

Der britische Ex-Diplomat Tim Willasey-Wilsey spricht von ersten Anzeichen für Meutereien in der russischen Armee, etwa dem abrupten Rückzug aus Charkiw im September 2022 (Menzel 2022). Er hält ein Szenario bis hin zum Einsatz von Atomwaffen für möglich, sollte die ukrainische Armee auf keinen Widerstand mehr stoßen und sogar das gesamte Territorium zurückerobern. Im nächsten Schritt wäre es denkbar, dass Russland der Ukraine ein Ultimatum stellt, nicht auf das Territorium vorzudringen, das Russland vor dem 24. Februar eingenommen hat – also Teile des Donbas und die Insel Krim. Die Ukraine könnte zehntausende russische Soldaten gefangen nehmen und möglicherweise trotz westlicher Forderungen nach Freilassung festhalten. Spätestens dann würde Putin innenpolitisch unter Druck geraten, zu reagieren. Willasey-Wilsey schreibt, dass einflussreiche Hardliner wie Alexander Bortnikov (Direktor des Inlandsgeheimdienstes FSB) oder Nikolai Patrushev (ehemaliger FSB-Direktor) versuchen könnten, Putin zu beerben. Spätestens zu diesem Zeitpunkt wäre ein Einsatz russischer Nuklearwaffen möglich: entweder zur Abschreckung über der Ukraine oder dem Schwarzen Meer oder auch gegen einen NATO-Staat (Reikowski 2023). Eine andere, aber ähnliche Variante wäre statt eines russischen Atomwaffeneinsatzes die Androhung der Zerstörung des von russischen Truppen besetzten größten Atomkraftwerks Europas im ukrainischen Saporischschja.[32]

Zusammenfassend sind Regimewechsel in den USA und in Russland derzeit denkbar. Sie könnten gravierende Auswirkungen auf den weiteren Kriegsverlauf und den Friedensprozess haben. An der Vorgehensweise im Friedensprozess dürfte sich hingegen wenig ändern. Wie noch zu zeigen sein wird, gilt für konflikttransformative Friedensprozesse das Prinzip der größtmöglichen dialogischen Beteiligung aller direkt und indirekt betroffenen Parteien. Da diese Dialoge auf Freiwilligkeit und Eigenverantwortung beruhen, dürfte die Qualität des Prozesses jedoch von den Kapazitäten und Einstellungen der beteiligten Parteien abhängen.

3.6.4 Entwicklung 4: Anhaltender Abnutzungskrieg

Zu Beginn des Angriffskrieges ging die russische Militärführung von einer schnellen Eroberung der Ukraine aus. Wenige Tage nach der russischen Invasion, die tatsächlich große Geländegewinne im Norden, Süden und Osten verzeichnete, geriet die Offensive ins Stocken. Es kam zu Rückeroberungen der Ukraine und schließlich zu einem langwierigen Abnutzungskrieg mit den höchsten Verlusten auf russischer Seite seit dem Zweiten Weltkrieg (Schultze 2022). Seit der zweiten Jahreshälfte 2022 wird

---

[32] Das Kernkraftwerk wird seit September 2022 regelmäßig von Inspektor*innen der Internationalen Atom- und Energieorganisation (IAEA) besichtigt. Noch im September bezeichnete die IAEA die dortigen Zustände als „unhaltbar" und forderte eine Schutzzone um das Werk und den Abzug der russischen Panzer aus den Turbinenhallen (tageschau 2022). 2023 äußerte sich der Chef der IAEA, Rafael Grossi, wiederholt besorgt darüber, dass das Atomkraftwerk wiederholt beschossen werde (Tagesschau 2023).

in westlichen Medien vermehrt über die Möglichkeit einer militärischen Niederlage Russlands berichtet (z. B. Gahler et al. 2022; BR24 2022; Baumann 2023).

Viele Beobachter*innen rechnen inzwischen mit einer Entwicklung hin zu einem anhaltenden Konflikt – einem sogenannten „Protracted War". Die Folgen dürften vor allem für die ukrainische Bevölkerung und die Wirtschaft beider Länder verheerend sein (Klein et al. 2023). Dem ehemaligen NATO-General Philip Breedlove zufolge wird der Westen, insbesondere die USA, zwischen drei Optionen abwägen und diese wahrscheinlich in folgender Reihenfolge umsetzen: Erstens eine eskalierende Unterstützung der Ukraine mit weiteren Waffen, zweitens eine Beibehaltung des Status quo und drittens eine Abwendung von der Ukraine und eine zunehmende Konzentration der Kräfte auf die Rivalität mit China. Letzteres wurde u. a. vom republikanischen Gouverneur von Florida und Präsidentschaftskandidaten Ron DeSantis vorgeschlagen (Breedlove 2023).

Nach der Logik der oben dargestellten Ripeness-Theorie (Abschn. 2.3.2) sollten die zunehmenden Verluste und die daraus resultierende Erschöpfung auf allen Seiten möglicherweise die Anreize erhöhen, in Verhandlungen einzutreten und zu einer Einigung zu kommen. Erfahrungen aus der Friedensforschung zeigen jedoch, dass dieser Leidensdruck keineswegs eine Garantie für den Verhandlungserfolg oder die Nachhaltigkeit von Verhandlungsergebnissen ist. Vielmehr ist für die Ukraine ein Szenario denkbar, in dem auf Phasen verlustreicher Kämpfe kurze Ruhephasen mit Waffenstillständen und möglicherweise territorialen Kompromisslösungen folgen, die dann wieder gebrochen werden und in neue Kampfphasen münden. Denkbar wäre auch ein Szenario wie im Koreakrieg (dazu z. B. Reisner 2023). Dieser begann als dynamischer Krieg, mündete in eine Pattsituation und nach zweijährigen Verhandlungen schließlich in ein fragiles, aber dauerhaftes Waffenstillstandsabkommen bei gleichzeitigem Wettrüsten. Beide Szenarien kämen einem mehr oder weniger permanenten Krieg gleich.

Um diesen vielschichtigen Dauerkonflikt zu befrieden, bedarf es einer komplexen Intervention.

4

Impulse für den Friedensprozess

Aus den oben skizzierten Überlegungen ergeben sich Ansatzpunkte für ein Maßnahmenbündel, das der Multidimensionalität des Konflikts gerecht wird. Idealerweise berücksichtigen die Interventionen alle Dimensionen der oben dargestellten Vier-Felder-Matrix – Verhalten/Interaktionen, Psyche, Struktur und Kultur. Eng damit verbunden ist die Berücksichtigung der übergeordneten Ebene, auf der z. B. weitreichende politische Vereinbarungen getroffen werden, und der untergeordneten Ebene, die z. B. Maßnahmen für die betroffene Zivilbevölkerung umfasst.

Im Folgenden werden einige sich ergänzende Maßnahmen beschrieben, die zu einem komplexen Friedensprozess beitragen können. Sie sind den Kategorien „staatlich" und „global" zugeordnet, wobei eine trennscharfe Zuordnung aufgrund vielfältiger Überschneidungen nicht immer möglich ist (Abschn. 4.1). Ergänzend werden auf globaler

Ebene weiterführende Überlegungen angestellt, die zu einer konstruktiven Bearbeitung der Weltkonfliktformationen beitragen könnten, in denen sich die Frage nach einer Neuordnung oder Weiterentwicklung der globalen Sicherheits- und Herrschaftsordnung stellt. Hier bieten sich auch Chancen für dringend notwendige Reformen hin zu einer Form globaler Kooperation (Abschn. 4.2).

4.1 Interventionen auf staatlicher Ebene

Friedenspolitik bietet eine Vielzahl von Handlungsfeldern und Maßnahmen, die in internationalen Konflikten bereits umgesetzt werden. Im innerstaatlichen Kontext geht es u. a. um die Linderung des Leids der Zivilbevölkerung in den betroffenen Gebieten und um Maßnahmen zur Aufdeckung und zum Abbau kultureller und struktureller Gewalt bei allen Konfliktakteuren. Im zwischenstaatlichen Kontext stehen Optionen zur Beendigung der direkten Gewalt zwischen den Konfliktparteien im Vordergrund. Als zentral erweist sich dabei die Lösung der Territorialfrage, die auf höchster Ebene verhandelt und entschieden werden muss. Dabei werden nicht nur Russland und die Ukraine in den Blick genommen, sondern auch andere Konfliktakteure wie die NATO und China. Im Folgenden wird ein Überblick über verschiedene Maßnahmen gegeben, die den Kategorien der Vier-Felder-Matrix zugeordnet werden können.

4.1.1 Humanitäre Hilfe und Wiederaufbau

Die ukrainische Zivilbevölkerung ist vom Angriffskrieg besonders betroffen: Millionen Menschen sind auf der

Flucht, Zehntausende starben, in Teilen des Landes ist die Infrastruktur durch massiven Artilleriebeschuss zerstört (Pagung 2022). Humanitäre Hilfe von Staaten oder NGOs wie Ärzte ohne Grenzen oder UN-Hilfsorganisationen leisten Schadensbegrenzung (Europäische Kommission 2022a). Akute Leidminderung und Opferschutz stehen im Vordergrund (AG Friedenslogik 2022b). Seit der Annexion der Krim im Jahr 2014 hat die Europäische Kommission mehr als 284 Mio. EUR für Nothilfe bereitgestellt. Allein im März 2022 waren es über 90 Mio. EUR. Diese neuen Mittel umfassen Nahrungsmittel, Wasser, medizinische Versorgung und Unterkünfte für Ukrainer*innen im Inland und Geflüchtete in den Nachbarländern (Bundesregierung 2022).

Seit der russischen Invasion im Jahr 2022 beläuft sich die Unterstützung der EU für die Ukraine auf insgesamt mehr als 88 Mrd. EUR (Europäische Kommission 2024a). Davon entfallen rund 43 Mrd. EUR auf finanzielle Unterstützung, Budgethilfe und humanitäre Hilfe, wovon 31 Mrd. EUR aus dem EU-Haushalt stammen. Weitere 17 Mrd. EUR fließen in die Unterstützung ukrainischer Flüchtlinge und 28 Mrd. EUR in die militärische Unterstützung der Ukraine (Europäische Kommission 2024b). Darüber hinaus einigten sich die 27 EU-Staaten im Februar 2024 gegen den anfänglichen Widerstand Ungarns auf ein Finanzpaket für die Ukraine. Das Land soll in den kommenden vier Jahren Hilfen in Höhe von 50 Mrd. EUR erhalten (tagesschau 2024a).

Ergänzend zu den humanitären Hilfsmaßnahmen externer Akteure sind auch selbstorganisierte innovative Wiederaufbauinitiativen der ukrainischen Zivilgesellschaft zu beobachten. Im Rahmen sogenannter „Clean up Raves" beseitigen Freiwillige gemeinsam Schäden, die durch russische Bombardements entstanden sind (Awomoyi 2022). Eine große Herausforderung stellt die Verseuchung des ukrainischen Bodens mit Landminen dar. Vielerorts können Instandsetzungsarbeiten gar nicht erst beginnen, weil die Flächen von Minen geräumt werden müssen. Mittlerweile gilt die Ukraine als das am stärksten verminte Land der Welt (Dammers 2023). Rund ein Drittel der ukrainischen Landfläche soll mittlerweile betroffen sein. Das Problem reicht bis in den Zweiten Weltkrieg zurück und hat sich seit der Annexion der Krim 2014 und vor allem durch den aktuellen Angriffskrieg deutlich verschärft. Anfang Februar 2023 stellte die EU der Ukraine 25 Mio. EUR für die Minenräumung zur Verfügung (Thöß et al. 2023). Zudem hilft die ukrainische Zivilgesellschaft mit Traktoren, die zu ferngesteuerten Minenräumgeräten umgebaut werden (Molnàr und Wölk 2023).

Humanitäre Hilfe setzt nicht zwingend eine Einstellung der Kampfhandlungen voraus und wird, wie der Krieg in der Ukraine zeigt, in vielen Fällen umgesetzt.

Ergänzend können aus der Perspektive der Friedensforschung auch Maßnahmen der Schadensbehebung betrachtet werden, die typischerweise nach dem Ende von Gewaltakten erfolgen und zugleich versöhnenden Charakter haben. Dazu gehört der gemeinsame Wiederaufbau. Im Falle des Angriffskrieges gegen die Ukraine wäre vor allem Russland gefordert, sich an der Beseitigung der Schäden in der Ukraine zu beteiligen. Dies hätte auch einen positiven Effekt auf die kollektive Psyche der Ukrainer*innen und könnte einem „Vererben" kollektiver Traumata an die nächsten Generationen entgegenwirken. Aus heutiger Sicht, auf dem Höhepunkt eines eskalierenden Zermürbungskrieges, erscheint die Vorstellung eines gemeinsamen Wiederaufbaus und einer gemeinsamen Trauer der Ukraine und Russlands utopisch. Fragen der Versöhnung stellen sich zu einem späteren Zeitpunkt, wenn es in Zukunft tatsächlich zu politischen Vereinbarungen kommt und die Frage, wie der Frieden dauerhaft erhalten werden kann.

4 Impulse für den Friedensprozess

Neben der eher kurzfristigen humanitären Hilfe wird auch die langfristige Entwicklungszusammenarbeit diskutiert. So haben die G7 der wirtschaftlich starken Demokratien und die EU auf der Wiederaufbaukonferenz im Oktober 2022 gemeinsam einen Marshallplan für den Wiederaufbau der Ukraine auf den Weg gebracht. Ziel ist es, die Ukraine zu modernisieren und eine „Chance für die nächsten Generationen" zu schaffen. Dazu gehört nicht nur eine „Neuausrichtung der Ukraine hin zu einem Exporteur hochwertiger Industrie- und Agrarprodukte sowie erneuerbarer Energien und von grünem Wasserstoff (Brüggmann 2022a)," die voraussichtlich mehr als 750 Mrd. US$ kosten wird, sondern auch Reformen der Bürokratie und des Rechtssystems, um Investoren überhaupt Rechtssicherheit zu geben (Brüggmann 2022b).

Neben westlichen Geldern internationaler Geber wird auch die Nutzung eingefrorener russischer Gelder diskutiert – eine Maßnahme, die in der Vergangenheit auch von der UN nach dem irakischen Überfall auf Kuwait angewandt wurde. Allerdings ist davon auszugehen, dass Russland als Vetomacht im UN-Sicherheitsrat einer entsprechenden Regelung nicht zustimmen wird (Brüggmann 2022a).

Denkbar ist auch, dass China seine Unterstützung anbietet (Junhua 2022), was je nach Kontext den Neuen Kalten Krieg entweder verschärfen oder entschärfen könnte. Eine Verschärfung wäre denkbar, wenn die Initiative Chinas von westlicher Seite als Konkurrenz zu eigenen Maßnahmen und als geostrategische Einflussnahme wahrgenommen würde. Deeskalierend könnte wirken, wenn Chinas Initiative als ehrlicher Friedensbeitrag im Rahmen eines gemeinsamen Projekts kommuniziert und vom Westen berücksichtigt würde.

Höfgen sieht in einer ambitionierten Entwicklungspolitik sogar eine wesentliche Chance, zur Stabilisierung von

Staaten und Regionen beizutragen. Ländern wie der Ukraine eine grüne Entwicklung zu ermöglichen, wäre nicht nur im Sinne der Klimaziele, sondern würde auch deren Abhängigkeit von Energieimporten aus autoritären Regimen wie Saudi-Arabien oder Russland reduzieren (Höfgen 2022).

4.1.2 Traumaarbeit, psychosoziale Arbeit unsogenannted Resilienzförderung

Zu den humanitären Maßnahmen gehört nicht nur die medizinische, sondern auch die psychologische Betreuung traumatisierter Menschen. Der Begriff „Trauma" stammt aus dem Griechischen und bedeutet „Wunde". Analog zum Trauma in der Medizin versteht man unter einem psychischen Trauma eine seelische Verletzung oder Erschütterung, die durch schwerwiegende Erlebnisse hervorgerufen werden kann. Eine traumatische Situation wird von den Betroffenen als Diskrepanz zwischen einem bedrohlich erlebten Ereignis und den eigenen Möglichkeiten, das Erlebte zu verarbeiten, erlebt (Mlodoch 2017). Zivilist*innen und Soldat*innen sind im Zuge des Krieges vielfältigen zutiefst belastenden Erlebnissen ausgesetzt. In der Folge können Betroffene eine so genannte Posttraumatische Belastungsstörung (PTBS) entwickeln. Einem FOCUS-Artikel zufolge wird geschätzt, dass etwa 20 bis 40 % aller ukrainischen Kriegsflüchtlinge eine Form der PTBS entwickelt haben (FOCUS 2022b). Bei einer PTBS können harmlose Anlässe dazu führen, dass die Betroffenen das überwältigende Ereignis in Form von Flashbacks unwillkürlich immer wieder durchleben. Traumafolgen äußern sich häufig in körperlichen und psychischen Veränderungen und Stresssymptomen wie Herzrasen, Schweißausbrüchen, Reizbarkeit, Traurigkeit, Verzweiflung,

Schreckhaftigkeit, Unruhe, Konzentrationsschwierigkeiten und Schlafstörungen. Gleichzeitig distanzieren sie sich innerlich von dem Erlebten – sie fühlen sich wie betäubt und nehmen die Situation als unwirklich wahr. Dabei spalten sie instinktiv einen Teil ihres Bewusstseins ab, um die eigene Psyche zu schützen (Huber 2020).

Für die Behandlung von Schocktraumata gibt es zahlreiche Möglichkeiten. Dazu gehören u. a. die kognitive Verhaltenstherapie, Eye Movement Desensitization Reprocessing (EMDR) nach Francine Shapiro, Somatic Experiencing (SE) nach Peter Levine oder klassische tiefenpsychologische oder verhaltenstherapeutische Ansätze. Häufig werden auch verschiedene Ansätze je nach Bedarf kombiniert (Huber 2020; Sachsse et al. 2004). Bei der Behandlung von Kriegstraumata sind körperorientierte Therapien wie EMDR und SE beliebt. Sie ermöglichen es, direkt und relativ zeiteffizient an der emotionalen Programmierung des Körpers zu arbeiten, ohne viel über die traumatische Erfahrung sprechen zu müssen (vgl. z. B. Levine 2011; Shapiro 2017). Ziel der Traumaarbeit ist es, die Symptome zu reduzieren oder aufzulösen, Selbstwirksamkeit und Kontakt zu den eigenen Ressourcen aufzubauen und die traumatische Erfahrung zu integrieren (Huber 2020; Sachsse et al. 2004).

Tiergestützte Interventionen in Kombination mit Psychotherapie haben sich bei der Behandlung von Kriegstraumata ebenfalls als sehr effektiv erwiesen, sind aber vergleichsweise wenig erforscht. Tiergestützte Interventionen bauen auf der besonderen Beziehung zwischen dem Tier – meist ist es ein entsprechend trainierter Hund oder ein Pferd – und der Patient*in auf. Tiere wirken dabei als soziale Katalysatoren, was sich darin zeigt, dass Menschen in ihrer Gegenwart mehr kommunizieren und sich Therapeut*innen besser öffnen können, da der Kontakt mit einem Tier Entspannung fördert und Angst und

Aggression reduziert. Dies wird u. a. durch die Aktivierung des „Kuschelhormons" Oxytocin im Körper beim Streicheln eines Tieres hervorgerufen. Zudem haben Tiere einen hohen Aufforderungscharakter, was den Vorteil hat, dass selbst therapiemüde Patient*innen wieder zur aktiven Teilnahme an Interventionen motiviert werden können (Wehrmedizin und Wehrpharmazie 2016). In der Ukraine wird dieser Ansatz vereinzelt umgesetzt. So versucht eine Rehabilitationsklinik in Kiew, Soldat*innen mit PTBS innerhalb weniger Wochen wieder fit für die Rückkehr an die Front zu machen (Verschwele und Petrov 2023).

Neben der direkten Traumabehandlung stellt die gezielte Förderung der psychischen Widerstandsfähigkeit (Resilienz) ein weiteres Interventionsfeld dar. Denn ob und wie eine Person eine PTBS oder eine andere Stresserkrankung entwickelt, hängt nicht nur von der Art und Intensität des erlebten Stressereignisses ab, sondern auch von der eigenen Resilienz. Resilienzförderung kann der Entwicklung einer PTBS vorbeugen oder das Ergebnis einer erfolgreichen Bewältigung krisenhafter Lebensereignisse sein. Studien zeigen, dass persönliche Faktoren wie Humor, realistischer Optimismus und die Bereitschaft, Hilfe anzunehmen, wesentlich zur eigenen Widerstandskraft beitragen (Gilan et al. 2022). Auch Spiritualität und Sinnfindung sind nach zahlreichen Studien entscheidende Resilienzfaktoren, die Traumata vorbeugen können.[1] Ent-

---

[1] So kam Viktor Frankl, der Begründer der Logotherapie, der seine Erfahrungen in vier deutschen Konzentrationslagern während des Zweiten Weltkrieges niederschrieb, zu der zentralen Erkenntnis, dass diejenigen Häftlinge bessere Überlebenschancen hatten, die ihre Wahrnehmung in bestimmter Weise ausrichteten. Zentrale Begriffe seiner Forschung waren und sind Selbsttranszendenz und Selbstdistanzierung (Frankl 1946). Zu ähnlichen Ergebnissen kam der Medizinsoziologe Aaron Antonovsky, der in den 1980er-Jahren die Salutogenese begründete und popularisierte. Auch er untersuchte, dass sich ein Teil der Holocaust-Überlebenden besser von den schweren psychischen Belastungen

scheidend für die Krisenintervention ist, dass persönliche Stresskompetenz und im weiteren Sinne Resilienz bis zu einem gewissen Grad erlernbar ist – dazu gehört u. a. das Erlernen von Achtsamkeitsmeditation oder Techniken zum Loslassen von belastenden Gedanken, Überzeugungen und emotionalen Programmierungen (zu konkreten Methoden vgl. Fathi 2019). Eine NGO, die sich auf die Vermittlung von resilienzfördernden Achtsamkeits- und Atemtechniken spezialisiert hat, ist Art of Living. Sie ist auch in der humanitären Unterstützung von ukrainischen Flüchtlingen aktiv (vgl. Art of Living o. J.).

Ein weiteres Interventionsfeld, das weniger in der akuten humanitären Hilfe als vielmehr in der langfristigen Traumabearbeitung, im weitesten Sinne der „inneren Versöhnung" ansetzt, ist die Schattenarbeit. Wie im Mikrokontext von Beziehungskonflikten bereits gut dokumentiert (Dicks 1967; Moeller 2010), kann das Bewusstmachen unbewusster Schattenprojektionen die Möglichkeiten der Konfliktlösung verbessern. Bereits C. G. Jung betonte, dass die Auseinandersetzung mit dem eigenen Schatten und dessen Integration in die Gesamtpersönlichkeit zu den zentralen Aufgaben des menschlichen Reifungsprozesses gehört und einen unverzichtbaren Schritt auf dem Weg zur Ganzwerdung darstellt (Jung 2021). Im Kontext der Konflikt- und Traumaarbeit bedeutet Ganzwerdung, belastende Ereignisse wie erlittene Grausamkeiten als Opfer und selbst zugefügte Grausamkeiten als Täter nicht zu verdrängen, sondern zu akzeptieren und zu integrieren (Ford 2011). Schattenarbeit unterstützt dabei,

---

in den Konzentrationslagern erholte und führte dies auf den sogenannten „Kohärenzsinn" zurück – die Fähigkeit, traumatische Erfahrungen gedanklich einzuordnen und zu verarbeiten (Antonovsky 1997).

eskalationsfördernde, polarisierte Sichtweisen eines „guten Ich/Wir" und eines „bösen Anderen" psychisch zu überwinden und friedenslogisch alle Parteien als Leidtragende einer gemeinsamen Geschichte anzuerkennen. Dies dürfte auch für die Aufarbeitung kollektiver Traumata hilfreich sein und könnte zu einem konstruktiven bzw. „inklusiven" Geschichtsverständnis auf ukrainischer und russischer Seite beitragen. Inklusiv bedeutet in diesem Kontext, die Geschichten aller Konfliktparteien zu berücksichtigen. So vernachlässigt die russische Perspektive derzeit die Eigenständigkeit der ukrainischen Identität und die Tatsache, dass die Bevölkerung nicht nur unter der nationalsozialistischen, sondern auch unter der sowjetischen Unterdrückung gelitten hat. Die ukrainische Perspektive hingegen verwendet viel Energie darauf, ihr weitreichendes gemeinsames historisches Erbe mit Russland aus der eigenen Geschichte zu verleugnen und ihre Identität ausschließlich als westlich-europäisch zu definieren. Schattenarbeit – individual- und kollektivpsychologisch verstanden – würde daran ansetzen, genau diese blinden Flecken bewusst zu machen. Einen wesentlichen Beitrag dazu können sogenannte „Geschichtsbuchprojekte" leisten, wie sie in einem späteren Abschn. (4.1.4) näher vorgestellt werden.

Im weitesten Sinne kann Schattenarbeit sowohl kollektiv- als auch individualpsychologisch die Vorbereitung auf einen Versöhnungsprozess unterstützen. Versöhnungsarbeit wird langfristig zu einem späteren Zeitpunkt des Friedensprozesses notwendig sein, um die Vergangenheit aufzuarbeiten, einer erneuten Eskalation vorzubeugen und konstruktiv in die Zukunft zu blicken. Auf der zwischenmenschlichen Ebene bedeutet Versöhnung das Erkennen und Anerkennen der Beteiligung aller Konfliktparteien am Konfliktsystem, die aufrichtige Entschuldigung des Täters und die entsprechende Vergebung des Opfers. Auf der psychischen Ebene kann Versöhnung für Individuen aus der Zivilbevölkerung, die ausschließlich auf der Opferseite standen, auch bedeuten, sich innerlich mit der eigenen Vergangenheit zu versöhnen. Spirituelle Sinnstiftung kann dabei eine wichtige Hilfe sein, daher ist es nicht verwunderlich, dass Versöhnungsarbeit in vielen religiösen Traditionen einen wichtigen Platz einnimmt. In der Friedensarbeit werden Techniken aus verschiedenen Traditionen, z. B. der christlichen oder buddhistischen, genutzt (Galtung 1998). Die aus hawaiianischen Stammeskulturen stammende Ho'oponopono-Methode hat sich sowohl in der interpersonellen Arbeit mit Tätern und Opfern als auch in der psychologischen Einzelarbeit als relativ vielseitige und wirksame Versöhnungsmethode erwiesen (Galtung 1998; zur Anwendung vgl. Fathi 2019).

Die Bearbeitung von psychischen Konflikten und Traumaarbeit in einem kriegszerstörten Gebiet ist aus prozessualer Sicht eine hochkomplexe Herausforderung. Eine nachhaltige Intervention erfordert die Zusammenarbeit von Organisationen auf verschiedenen Ebenen und Sektoren. In der Ukraine ist seit der Annexion der Krim 2014 vereinzelt zu beobachten, dass sich Hilfsorganisationen vernetzen, um Ressourcen effizienter und effektiver zu bündeln. Dazu einige Beispiele: 2021 wurden mit Unterstützung der WHO sogenannte Community Health Teams (CHT) ins Leben gerufen, um Menschen telefonisch und vor Ort zu beraten (WHO 2022). Die US-amerikanische Organisation „Heal Ukraine Trauma" ist seit 2014 in der Ukraine tätig und agiert nach eigenen Angaben als Katalysator für vernetzte Projekte mit innovativen Methoden, Technologien und diversen Partnerorganisationen und Traumaexpert*innen (Heal Ukraine Trauma). Ähnliches gilt für ein Netzwerk diverser lokaler und internationaler NGOs, zu denen auch Brot für die Welt gehört:

Die Partnerorganisationen Mental Health Service und das Rehabilitationszentrum St. Paul in Odessa sind aktiv in der Behandlung von Patient*innen und der Ausbildung ukrainischer Therapeut*innen, insbesondere in der Vermittlung der relativ zeiteffizient einsetzbaren EMDR-Methode (Erdmann-Kutnevic 2022). Darüber hinaus fördert die Gesellschaft für Internationale Zusammenarbeit (GIZ) den Aufbau psychosozialer Dienste in den Regionen Luhansk und Donezk in Zusammenarbeit mit NGOs, regionalen Verwaltungen und Universitäten, um psychosoziale Angebote in lokale Strukturen zu integrieren (ebd.).

Die Frauenrechtsorganisation medica mondiale ist (noch) nicht in der Ukraine aktiv und eher auf die Arbeit mit traumatisierten Betroffenen sexualisierter und anderer Formen geschlechtsspezifischer Gewalt spezialisiert. Mit ihrer über 25-jährigen Expertise u. a. im Kosovo, in Bosnien und Herzegowina, Afghanistan und Liberia ist sie jedoch ein wichtiger Impulsgeber für die Gestaltung vernetzter Interventionen, die gemeindeorientierte und sektorübergreifende Unterstützungsangebote zusammenführen. Im Kontext ganzheitlicher Traumaarbeit umfassen die Maßnahmen nicht nur psychosoziale und medizinische Beratung, sondern auch den Aufbau von Opferschutznetzwerken in den Gemeinden sowie solidarische Begleitung und Ersthilfe und schaffen einen niedrigschwelligen Zugang zu weiterführenden Hilfsangeboten. Ausgehend von einem ganzheitlichen Gewaltbegriff berücksichtigt der hierfür von medica mondiale entwickelte Ansatz – der sogenannte „Stress- und Traumasensible Ansatz" (STA) – den Abbau von persönlichen („Einstellungen und Verhalten"), kulturellen („Normen und Narrative") und strukturellen („Strukturen und Gesetze") Risikofaktoren sowie alle gesellschaftlichen Sektoren und Ebenen. Die Maßnahmen sind miteinander vernetzt. Sie beinhalten (vgl. im Folgenden Griese 2021):

- Individuelle Ebene: Maßnahmen, die bei den Betroffenen selbst ansetzen, z. B. psychosoziale Beratung und Selbsthilfegruppen, ökonomisches Empowerment, Gesundheitsberatung;
- Gesellschaftliche Ebene: Maßnahmen, die sich an das soziale Umfeld der Gewaltbetroffenen richten, z. B. Aufklärung über Ursachen und Folgen von Gewalt und Frauenrechte durch Radio und Theater, Einbindung lokaler Autoritäten, Mediation, kommunale Dialogforen;
- Institutionelle Ebene: Maßnahmen in Kooperation mit zivilgesellschaftlichen Organisationen und staatlichen Institutionen, z. B. durch Fortbildungsangebote zur Förderung von Selbstfürsorge oder zum stress- und traumasensiblen Umgang mit Gewaltbetroffenen;
- Politische Ebene: Interventionen, die sich an die politisch Verantwortlichen in den Kommunen/Regionen richten und wesentlich zum Abbau struktureller Gewalt beitragen. Dazu gehört u. a. Advocacy-Arbeit, z. B. für Wiedergutmachung und Strafverfolgung sowie für Frauen- und Minderheitenrechte;
- Gesamtgesellschaftliche Ebene: Maßnahmen, die an den Wurzeln kultureller Gewalt ansetzen, z. B. an gesellschaftlichen und soziokulturellen Grundüberzeugungen, Werten und Narrativen. Dazu gehören u. a. Kampagnen und Öffentlichkeitsarbeit zu den (Langzeit-)Folgen traumatischer Erfahrungen, zur Sensibilisierung für (sexualisierte) (Kriegs-)Gewalt und zur Veränderung diskriminierender Stereotype einschließlich Sexismus.

Vernetzte, sektorübergreifende Interventionen sind entsprechend den Erfahrungen aus der zivilen Konfliktbearbeitung (Abschn. 2.2.1) grundlegend für die Gestaltung langfristiger gesellschaftlicher Veränderungsprozesse. Die hier dargestellten gesellschaftlichen Sektoren und Ebenen sind über den Kontext der Traumaarbeit hinaus auch für andere Interventionskontexte relevant, z. B. für die oben erwähnte Multi-Track-Mediation oder die unten noch näher zu erläuternde diversitysensible Friedensarbeit.

4.1.3 Berücksichtigung aller gesellschaftlichen Trennlinien: Reicht feministische Außenpolitik (FAP) aus?

In den letzten Jahren ist vor allem in westlichen Gesellschaften die Sensibilität für gesellschaftliche Konfliktpotenziale, insbesondere im Zusammenhang mit Sexismus und Rassismus, gestiegen. Das damit verbundene Diversity-Konzept lenkt den Blick auf die vielfältigen Bereiche, in denen Diskriminierung und Unterdrückung stattfinden können, wie z. B. Rasse, Geschlecht, sexuelle Orientierung, Alter, Religion, soziale Schicht, Behinderung. Es fällt auf, dass diese Diskriminierungsdimensionen des Diversity-Diskurses weitgehend mit dem Modell der sozialen Trennlinien der vierten Generation der Friedensforschung (Abschn. 3.2.2) übereinstimmen. Beide Modelle beschreiben gesellschaftliche Machtungleichgewichte und damit verbundene Konfliktpotenziale.

Um der Komplexität von Konflikten, die mit Diskriminierung und Unterdrückung gesellschaftlicher Gruppen einhergehen, in der internationalen Politik besser gerecht zu werden, entstand der Ansatz der sogenannten „Feministischen Außenpolitik" (FAP). Populär wurde der Begriff 2014 durch die damalige schwedische Außenministerin Margot Wallström. Dementsprechend verpflichtete sich Schweden als erstes Land zu einer FAP (Lunz 2022a, b). In Deutschland wurde der Ansatz in den Koalitionsvertrag für die 20. Legislaturperiode des Deutschen Bundestages 2021 aufgenommen. Die Ursprünge des Konzepts liegen

4 Impulse für den Friedensprozess

in der internationalen Frauenfriedensbewegung während des Ersten Weltkriegs. Völkerrechtliche Grundlage ist vor allem die UN-Resolution 1325 „Frauen, Frieden und Sicherheit", die den Schutz von Frauen und Mädchen sowie ihre zentrale Rolle als Akteur*innen für Frieden in den Fokus stellt. Ziel von FAP ist die Überwindung von Gewalt und Diskriminierung sowie die Verwirklichung von Geschlechtergerechtigkeit und Menschenrechten (Lunz 2022b).

Eine umfassende Definition stammt von der US-amerikanischen Politikwissenschaftlerin Lyric Thompson, Direktorin des International Center for Research on Women der Rockefeller Foundation. Sie definiert FAP als

> *„… the policy of a state that defines its interactions with other states, as well as movements and other non-state actors, in a manner that prioritizes peace, gender equality and environmental integrity; enshrines, promotes, and protects the human rights of all; seeks to disrupt colonial, racist, patriarchal and male-dominated power structures; and allocates significant resources, including research, to achieve that vision. Feminist foreign policy is coherent in its approach across all of its levers of influence, anchored by the exercise of those values at home and co-created with feminist activists, groups and movements, at home and abroad* (Thompson et al. 2020: 4)."

Ähnlich wie in der Friedensforschung gibt es auch in der FAP keine Einigkeit in der Frage des Einsatzes militärischer Mittel und der Radikalität des Strukturwandels. Dementsprechend finden sich unterschiedliche Positionen und Parallelen zur oben dargestellten Bellizismus-Pazifismus-Debatte (Abschn. 2.3.1). Neben den Meinungsverschiedenheiten und gegenseitigen Ergänzungen besteht ein wesentlicher gemeinsamer Nenner in der FAP-Debatte darin, dass eine Neujustierung ungleicher

Machtverhältnisse generell als wünschenswert angesehen wird. Eine wesentliche Einsicht ist, dass eine solche Neujustierung zur inneren und äußeren Sicherheit beiträgt. Dies wird damit begründet, dass durch die Einbeziehung und Mitbestimmung von diskriminierten Gruppen, wie z. B. Frauen, deren Realitäten und Bedürfnisse besser berücksichtigt werden können. Dadurch entsteht eine Perspektivenvielfalt und damit eine breitere Expertise, die beispielsweise Friedensabkommen erfolgreicher macht. Gerade für vulnerable Menschen, die von Konflikten oft überproportional betroffen sind, könnte die Welt dadurch sicherer werden. Verschiedene Studien zeigen, dass Staaten weniger Krieg führen, wenn sie geschlechtergerecht organisiert sind (Raddatz 2022; Abé 2022) und dass die Beteiligung von Frauen an Friedensverhandlungen Friedensabkommen deutlich stabiler macht (Abé 2022; Müller 2019). Laut einer Studie des US-amerikanischen Think Tanks International Peace Institute ist die Wahrscheinlichkeit, dass Friedensverträge 15 Jahre halten, um 35 % höher, wenn Frauen an den Gesprächen beteiligt waren. Bislang waren Frauen weltweit nur an weniger als 10 % der Friedensverhandlungen beteiligt (Müller 2019).

Im Russland-Ukraine-Krieg wird der Schutz von Minderheiten insbesondere von NGOs in der humanitären Hilfe berücksichtigt. So hat sich beispielsweise die US-amerikanische Organisation „Heal Ukraine Trauma", die seit 2014 in der Ukraine aktiv und auf Traumaarbeit spezialisiert ist, einen diversitätssensiblen Ansatz auf die Fahnen geschrieben (Heal Ukraine Trauma). Aus der ukrainischen Zivilgesellschaft sind der „Ukrainian Women's Fund" und lokale Initiativen wie die „Women's Initiative for Peace in Donbas" hervorzuheben. Sie alle arbeiten für eine starke Beteiligung von Frauen, einen kontinuierlichen Dialog und Geschlechtergerechtigkeit (Wisotzki und Scheyer 2022).

4 Impulse für den Friedensprozess

Angesichts der Komplexität heutiger Konflikte stellt der Ansatz der FAP einen wichtigen Vorstoß in Richtung einer komplexen Außenpolitik dar, die zu friedlicheren internationalen Beziehungen beitragen könnte. Allerdings gibt es auch mindestens zwei Kritikpunkte, die zu einer Optimierung der bisherigen FAP-Ansätze beitragen könnten.

Erstens ist vor dem Hintergrund des Galtung'schen Modells der sozialen Spaltung und des Diversity-Diskurses zu kritisieren, dass FAP meist nur einen relativ kleinen Kreis von Bedürftigen in den Blick nimmt. FAP berücksichtigt explizit die Lebensrealitäten von Frauen und ggf. LGBTQI+−Personen. Allein der Krieg in der Ukraine zeigt, dass es weitaus mehr Gruppen gibt, die benachteiligt, diskriminiert oder gar unterdrückt werden. Dazu gehören z. B. Nationalität, soziale Schicht, Behinderung, Rasse bzw. Hautfarbe, Religionszugehörigkeit. Ergänzend macht der von der US-amerikanischen Juristin Kimberlé Crenshaw populär gemachte Begriff der Intersektionalität darauf aufmerksam, dass Menschen umso negativer betroffen sind, je mehr Diskriminierungsbereichen sie angehören. Der Begriff beschreibt die Überschneidung („intersections") und Gleichzeitigkeit verschiedener Diskriminierungsformen gegenüber einer Person in der sozialen Realität (Crenshaw 1989). In der Ukraine zeigt sich dies z. B. darin, dass hier der größte Anteil staatenloser Menschen in Europa lebt, von denen die meisten Roma sind. Sie leben unter besonders prekären Bedingungen (Wisotzki und Scheyer 2022). Ein*e Roma ist also in der Ukraine oder auf der Flucht durchschnittlich mehr Gefahren und Einschränkungen ausgesetzt als eine weiße Ukrainerin. Zwar wird in vielen Definitionen durchaus betont, dass

„eine feministische Perspektive auf Krieg und Sicherheit […] gleichzeitig inklusiv und divers [ist] und [dass] sie den Blick auf Minderheiten und ihre Menschenrechte [richtet] (Wisotzki / Scheyer 2022)."

Dies sollte jedoch unter Berücksichtigung aller Diversitätskategorien näher erläutert werden. Nur durch die Einbeziehung aller Gruppen in den Wiederaufbau- und Friedensprozess kann zukünftigen Konfliktpotenzialen vorgebeugt werden.

Zweitens muss FAP, um konfliktpräventiv zu wirken und zu nachhaltigen Friedensprozessen beizutragen, nicht nur wirklich inklusiv, sondern auch kontextsensibel angelegt sein. Vor diesem Hintergrund wird am Konzept der FAP, wie es derzeit in westlichen Staaten diskutiert und teilweise umgesetzt wird, kritisiert, dass es den Charakter eines „neuen Normenexports" habe. So wird angemerkt, dass eine Außenpolitik von Staaten des globalen Nordens, die Frauen des globalen Südens zu „retten" versucht, einem „feministischen Imperialismus" gleichkomme. Sie basiere auf einem westlich-liberalen Feminismus und werde der Vielfalt kultureller Kontexte in anderen Ländern mit schutzbedürftigen Minderheiten nicht gerecht (Zilla 2023). Dies zeigt sich u. a. in der Kritik am westlich geprägten „weißen Feminismus", der bereits in der Kolonialzeit von weißen Frauen als Vorbild für die als rückständig und hilfsbedürftig angesehenen Women of Color propagiert wurde (Zakaria 2022). Ein aktuelles Beispiel sind die Reaktionen westlicher Staaten auf die Frauenaufstände im Iran im Jahr 2022, bei denen u. a. iranische Frauen ihre Kopftücher ablegten und teilweise sogar verbrannten.[2]

---

[2] Auslöser der Proteste war der Tod der 22-jährigen Mahsa Amini, die aus dem kurdischen Teil des Iran zu Besuch in Teheran war und am 13.09.2022 von der sogenannten Sittenpolizei festgenommen wurde, weil sie angeblich ihr Kopftuch nicht korrekt trug. Wenig später wurde sie in ein Krankenhaus eingeliefert und starb am 16.09. Offizielle Todesursache ist ein Herzinfarkt, ihre Familie spricht von einem Gewaltverbrechen der Polizisten.

Einige Beobachter*innen sahen im Freiheitskampf der Frauen ihre islamophobe Haltung bestätigt. Die Journalistin Rameza Monir berichtete sogar, dass kopftuchtragende Musliminnen im Westen von weißen Feministinnen gezwungen worden seien, das Kopftuch abzunehmen. Dabei geht es nie um einen Befreiungskampf vom Islam, sondern um den Kampf gegen ein ungerechtes, in vielerlei Hinsicht frauenfeindliches Regime, das Religion instrumentalisiert und religiös bevormundet. Ein emanzipatorischer Kampf sollte, wenn er kultursensibel sein will, davon absehen, eigene Sichtweisen und Vorstellungen auf andere zu projizieren und Frauen „zwangszubefreien". Vielmehr gilt es, die Stimmen vor Ort zu stärken – und nicht zu versuchen, sie mit den eigenen zu übertönen (Monir 2022). Der Gedanke der kontextsensiblen Intervention ist auch in der oben beschriebenen vierten Generation der Friedensforschung angelegt und könnte eine sinnvolle Brücke zu einer erweiterten FAP, einer diversitätssensiblen komplexen Außenpolitik, schlagen.

Zusammenfassend lässt sich festhalten, dass der FAP-Ansatz eine notwendige Weiterentwicklung einer komplexen Außenpolitik zum Schutz besonders kriegsbetroffener Gruppen darstellt. Aus Sicht der Friedensforschung und des Diversity-Diskurses greift der Ansatz jedoch zu kurz, da gesellschaftliche Konfliktpotenziale und Diversität weit mehr Dimensionen umfassen als Geschlecht und sexuelle Orientierung. Dies wird im Ukraine-Krieg allein schon im Hinblick auf die gesellschaftlichen Trennlinien „Rasse" und „Nation" deutlich. Konsequenterweise müssten die Maßnahmen einer inklusiven und kontextsensiblen Interventionspolitik – wie z. B. Verhandlungen, humanitäre Hilfe, Entwicklungshilfe – von einer „feministischen Außenpolitik" zu einer „diversitätssensiblen Außenpolitik" erweitert werden.

4.1.4 Kultur: Eindämmung und Abbau kultureller Gewalt

In einem weiteren Handlungsfeld geht es vor allem darum, den Unterbau kultureller Gewalt aufzulösen, der sich in Form direkter Gewalt wie Hassreden, Verschwörungsmythen, Kriegsrhetorik äußert. Diese ist ein wesentlicher Nährboden für Konflikte (Filippov 2022) und kann sie über Generationen am Leben erhalten. Ohne entsprechende internationale Regelungen ist dieses Handlungsfeld auf allen Seiten nur begrenzt umsetzbar.

Ein wichtiger und derzeit noch unterschätzter Ansatzpunkt wäre die Sensibilisierung für kulturelle Gewalt und die Förderung von *„Friedensjournalismus"*. Letzterer untersucht, wie dem Anheizen von Konflikten durch Medien entgegengewirkt werden kann (Kempf und Shinar 2014). Wie oben dargestellt, wird in diesem Zusammenhang ein weitgehend unkritischer Kriegsjournalismus, der den Charakter einer Sportberichterstattung hat, kritisiert. Kritisiert wird auch, dass Krieg in den Medien deutlich stärker thematisiert wird als Friedensinitiativen (Lynch und Galtung 2010; Kempf 2004). Friedensjournalismus zielt darauf ab, die Hintergründe von Konflikten zu beleuchten, mögliche friedliche Lösungen aufzuzeigen und aktiv darauf hinzuarbeiten. Es werden nicht nur die Kriegsparteien gezeigt, sondern vor allem die Opfer (Kempf 2004). Galtungs Konzept basiert im Wesentlichen auf vier Anforderungen an die Medien:

- Friedensjournalismus untersucht die Entstehung des Konflikts und zeigt Lösungsansätze auf.
- Alle Seiten kommen ausgewogen zu Wort, es gibt keine Einteilung in „gut" und „böse". Fehlinformationen aller Beteiligten werden aufgedeckt.

- Aggressoren/Angreifer werden benannt; über die Opfer aller Seiten wird gleichermaßen berichtet.
- Konfliktberichterstattung muss früh einsetzen und versuchen, zwischen den Parteien zu vermitteln (Lynch und Galtung 2010).

Analog zur Dominanz des Kriegsjournalismus ist eine Polarisierung und emotionale Aufladung der öffentlichen Debatten zu beobachten. Sie erschweren eine *komplexitätsangemessene Auseinandersetzung mit dem Problem*. Dies konnte bereits in den Vorjahren während der Coronakrise beobachtet werden. Wurde die Lösung der Coronakrise in den letzten beiden Jahren auf die binären Streitfragen „Lockdown: ja oder nein?" (2020) und „Impfpflicht: ja oder nein?" (2021) reduziert, scheint es im Russland-Ukraine-Krieg die Polarisierung „Waffenverkäufe: ja oder nein?" zu sein. Diese vereinfachende Zuspitzung auf ein „Entweder-oder" hat zu einer Diffamierung pazifistischer Positionen geführt, da ein Eintreten gegen den Krieg gleichzeitig als Unterstützung der russischen Seite gewertet wurde und wird. Dies verhindert einen interdisziplinären Dialog und die Entwicklung eines komplexitätsadäquaten Ansatzes. Der Beitrag von öffentlich-rechtlichen Medien und zivilgesellschaftlichen Organisationen, die sich auf Friedensjournalismus spezialisiert haben, könnte darin bestehen, differenziert über diesen Krieg zu berichten. Ein komplexitätsangemessener Journalismus könnte darüber hinaus unterschiedliche Positionen auch jenseits der Friedensforschung – z. B. aus Theologie/Spiritualität, Diversitätsforschung, Geostrategie, Militär, Politikwissenschaft, Soziologie, Systemwissenschaft – zu Wort kommen lassen und miteinander ins Gespräch bringen. Dies könnte auch zu einer Erweiterung der Friedensforschung und zu einer multiparadigmatischen Integration der typischen Diskurspositionen „Realismus vs. Idealismus", „Bellizismus vs.

Pazifismus" etc. beitragen. Eine komplexe Diskurskultur wäre eine wesentliche Komponente zur Förderung einer Friedenskultur.

Ein drittes Handlungsfeld zur Eindämmung kultureller Gewalt bei gleichzeitiger Förderung der Verständigung könnte die Einrichtung von *„Plattformen für einen vermittelnden Dialog über umstrittene Narrative"* sein. Eine solche Plattform wurde bereits in der Vergangenheit anlässlich des Krimkrieges vom IMSD-Netzwerk ins Leben gerufen und erfolgreich umgesetzt. Ziel war es, kontroverse Narrative in der öffentlichen Berichterstattung Deutschlands (und im weiteren Sinne des Westens), der Ukraine und Russlands zu untersuchen und einen Raum für Diskussionen zu schaffen, die auf ein vertieftes Verständnis der Standpunkte der Beteiligten abzielen. Im Gegensatz zu Diskussionen, deren Inhalt sich auf den Austausch von Meinungen und sachlichen Informationen bezieht, konzentriert sich der mediative Dialog auf die Idee des Wertes aller Standpunkte und das Recht aller, zu sprechen und gehört zu werden (immedio, o. J.).

Eine vierte Dimension soziokultureller Interventionen, die in einer späteren Phase des Friedensprozesses an Bedeutung gewinnen dürfte, widmet sich der Frage des friedlichen Zusammenlebens russisch- und ukrainischsprachiger Bevölkerungsgruppen, insbesondere im Donbas. Wie bereits erwähnt, sind laut EU-Parlament „schwerwiegende" Fälle von Diskriminierung der russischsprachigen Bevölkerung belegt (Europäisches Parlament 2018). Hier wird es auf transnationaler Ebene (ggf. über die UN) darum gehen, eine Sprach- und Minderheitenpolitik in der Region zu etablieren, die internationalen Mindeststandards entspricht. Auch die Schulbildung als Träger kultureller Gewaltinhalte darf als Konfliktdimension nicht unterschätzt werden. Entsprechende Erfahrungen liegen u. a. aus dem israelisch-palästinensischen Konflikt und dem

Konzept der *parallelen Geschichten* vor. Diese Initiative trägt der Tatsache Rechnung, dass Konfliktgruppen historische Ereignisse sehr unterschiedlich wahrnehmen und erklären. Oft werden Geschichtsbücher in Schulen für diese Auseinandersetzungen instrumentalisiert. Das von Samir Adwan und Dan Bar-On initiierte gemeinsame Schulbuchprojekt berücksichtigt die Perspektiven beider Seiten und ermöglicht den Schüler*innen, beides zu lernen (Adwan / Bar-On 2012; Adwan / Bar-On 2002). Dieser im Israel-Palästina-Konflikt erfolgreich umgesetzte Ansatz könnte auf die Ukraine, insbesondere auf die Donbas-Region, übertragen werden.

Zusammenfassend lassen sich verschiedene Ansätze und Ansatzpunkte zum Abbau kultureller Gewalt finden. Sie reichen von Friedensjournalismus, der Förderung einer komplexen Debattenkultur über Plattformen für einen vermittelnden Dialog über kontroverse Narrative bis hin zur Etablierung einer inklusiven Sprach- und Minderheitenpolitik. Idealerweise können die meisten dieser Ansätze durch entsprechende staatliche Institutionen umgesetzt werden. Auch wenn dies im Russland-Ukraine-Konflikt nicht der Fall ist, können zivilgesellschaftliche Organisationen durch Initiativen „von unten" Impulse setzen.

4.2 Waffenstillstand und Verhandlungen

Eine naheliegende und zentrale Maßnahme der Friedensarbeit ist die sofortige Beendigung der physischen Gewalt zwischen den Konfliktparteien und die Aufnahme von Verhandlungen. Der russisch-ukrainische Krieg ist jedoch in besonderem Maße von dem so genannten Commitment-Problem betroffen, das dazu beiträgt, dass sich der Konflikt zu einem andauernden Krieg, einem „Protracted

War", entwickeln wird (Abschn. 4.2.1). Dennoch scheint es durchaus möglich, durch externen Druck anderer Parteien Verhandlungen zu initiieren (Abschn. 4.2.2). Aus prozessualer Sicht empfiehlt es sich, alle Dialogkanäle offen zu halten und auf bestehenden diplomatischen Initiativen aufzubauen (Abschn. 4.2.3). In inhaltlicher Hinsicht gibt es verschiedene Best Practices aus anderen Territorialkonflikten sowie Prinzipien aus der Mediationsforschung und -praxis, die zur Lösung der strittigen Sachfragen im Ukraine-Krieg genutzt werden könnten (Abschn. 4.2.4). Auf der Ebene globaler Kooperation finden sich noch weitere Überlegungen (Abschn. 4.2.5).

4.2.1 Das Commitment-Problem und die Gefahr eines andauernden Konflikts

Vieles spricht dafür, dass sich der Krieg in der Ukraine zu einem langwierigen Zermürbungskrieg mit weiteren katastrophalen humanitären und ökologischen Folgen entwickeln wird (Krüger 2022). Der Journalist und UN-Experte Andreas Zumach spricht von einer Pattsituation und „Strategielosigkeit auf beiden Seiten" (Zumach 2023). Die Pattsituation ist laut einer Studie der RAND Corporation dadurch gekennzeichnet, dass einerseits Russland sich darauf beschränken werde, die inzwischen besetzten Gebiete zu halten, da ein militärischer Sieg über die Ukraine nicht mehr zu erreichen sei. Zum anderen sei ein militärischer Sieg der Ukraine, der mit der Rückeroberung aller besetzten Gebiete endet, ebenfalls unwahrscheinlich, da Putin mit der Luftwaffe und der Marine, die in diesem Krieg noch kaum Verluste erlitten haben, über eine Eskalationsdominanz verfüge (Charap und Priebe 2023).

Fearon erklärt die anhaltende Konfliktdynamik damit, dass sich der Russland-Ukraine-Krieg von einem

„Fehleinschätzungskrieg" (Eigenbezeichnung) zu einem „Regimewechselkrieg" (Fearons Wortwahl) entwickelt habe (vgl. Fearon 2023).

Der erste Kriegstyp wird ausgelöst und geführt, weil die Kriegsparteien ähnlich optimistisch in Bezug auf ihre Stärke sind (Fearon 2023). Der australische Historiker Geoffrey Blainey beschreibt in seinem Buch *„The Causes of War"* (1988) in diesem Zusammenhang, wie zwei Staaten gegeneinander kämpfen, wenn sie einen Interessenkonflikt haben und beide optimistisch sind, dass sie den Konflikt militärisch gewinnen können. Im Krieg lernen die Staaten dann, wie stark die andere Seite wirklich ist. Wenn sie erkennen, dass die Zukunftsaussichten nicht so optimistisch sind wie erwartet, werden sie sich an den Verhandlungstisch setzen (Blainey 1988). In der asymmetrischen Gemengelage des russischen Angriffskrieges gilt dies für die Ukraine nur eingeschränkt. Aber auch sie hätte, so Fearon, zwischen Kapitulation und Kampf wählen können. Dass sie sich für den Kampf entschieden hat, setzt nach Fearon auch einen gewissen Optimismus voraus, Russland zurückschlagen zu können (Fearon 2023).

Auf den Russland-Ukraine-Krieg trifft nach Fearon vor allem der zweite Kriegstyp, der Regimewechsel, zu. Hier geht es um die Beseitigung des Regimes auf der anderen Seite, koste es, was es wolle. Dies erschwert eine Verhandlungslösung insofern, als selbst bei Unterzeichnung eines Friedensabkommens keine Seite wirklich darauf vertrauen kann, dass die andere Seite sich dauerhaft daran halten wird. Dies gilt insbesondere für die von der russischen Invasion betroffene Ukraine, die davon ausgeht, dass ein Waffenstillstand für Putin nur ein Vorwand wäre, um wieder aufzurüsten und zu einem späteren Zeitpunkt erneut anzugreifen, da ein Friedensabkommen Putins Ziele nicht ändern würde (Fearon 2023). Die ukrainische Seite würde argumentieren, dass auch das Minsker Abkommen nichts daran geändert habe, dass Putin ein Großrussland anstrebe und die Ukraine Teil desselben sei. Die russische Seite würde argumentieren, dass sie auf die eine oder andere Weise die Kontrolle über die Ukraine brauche – sei es als unabhängige Nation mit einem ihr hörigen Regime oder als annektiertes Territorium. Aus diesem gegenseitigen Misstrauen resultiert das sogenannte Commitment-Problem, das eine Lösung am Verhandlungstisch erschwert. Wurde der Krieg anfangs geführt, weil man sich über die Stärke der anderen Seite nicht einig war, so wird er nun fortgesetzt, weil keine Seite der anderen trauen kann (ebd.).

In seinem Buch *„Logics of War"* analysiert der Autor Alex Weisiger alle zwischenstaatlichen Kriege der letzten 200 Jahre. Er kommt zum Schluss, dass nur 10 % dieser Kriege wirklich lange dauerten und zerstörerisch waren. Die durchschnittliche Dauer zwischenstaatlicher Kriege liegt seiner Untersuchung zufolge bei drei bis vier Monaten (Weisiger 2013). Fearon erklärt dies damit, dass die meisten Kriege zum ersten Typ gehören, also Kriege sind, die vor allem darauf beruhen, dass sich die Parteien über die Stärke des anderen uneinig sind und dann relativ schnell einen Deal abschließen, um weitere Kosten zu vermeiden (Fearon 2023). Weisigers Analyse zeigt auch, dass ein Land ein anderes angreift, weil es sehr ehrgeizige Kriegsziele hat und einen Bedeutungsverlust verhindern will. Diese Ziele können so dominant sein, dass sie auch bei schlechtem Kriegsverlauf beibehalten werden (Weisiger 2013). Zu einer ähnlichen Einschätzung kommt auch Samuel Charap in einem Beitrag für Foreign Affairs. Unter Verweis auf Studien des Center for Strategic and International Studies und der Universität Uppsala weist er nach, dass rund 50 % aller zwischenstaatlichen Kriege nicht länger als ein Jahr dauern. Kriege, die in dieser Zeit nicht beendet werden, ziehen sich in der Regel über ein Jahrzehnt hin, wie etwa der Iran-Irak-Krieg (Charap 2023).

Aufgrund dieser Rahmenbedingungen und des daraus resultierenden Commitment-Problems ist die Wahrscheinlichkeit eines langwierigen und zerstörerischen Kriegsverlaufs hoch. Russland und die Ukraine müssen davor bewahrt werden.

4.2.2 Initiieren von Verhandlungen durch äußeren Druck

Angesichts der fortgeschrittenen Eskalation und Verhärtung erscheint es sinnvoll, die verschiedenen internationalen Unterstützer*innen der Konfliktparteien dazu zu bewegen, ihren Einfluss geltend zu machen, um ihre Adressaten dazu zu bewegen, die Waffen niederzulegen und sich konstruktiv an einer Friedenslösung zu beteiligen. Nach klassischer Konflikteskalationslogik sind die Akteure in diesem Zustand kaum mehr in der Lage, aus eigener Kraft aus der Verhärtung herauszukommen (Glasl 2004). Im Falle Russlands hätte China weitreichenden Einfluss. Trotz seiner kritischen Haltung gegenüber westlicher Einmischung im Russland-Ukraine-Konflikt, kann China ein erhebliches Interesse an der Beendigung des Krieges und der Normalisierung der Wirtschaftsbeziehungen unterstellt werden (Busse 2022). Vielen Beobachter*innen zufolge kommt den USA eine herausragende Rolle für eine mögliche Beendigung des Krieges zu. Verschiedene Autor*innen weisen dabei auf die besondere Verantwortung der USA hin – sie sind zentraler Unterstützer der Ukraine und aufgrund ihres weitreichenden Einflusses auf die europäische Sicherheitsarchitektur ein sehr wichtiger Ansprechpartner für Russland (Graham und Menon 2022). Derzeit stellen die USA rund 70 % der militärischen Unterstützung. Diese umfasst neben Waffen und Ausrüstung auch die Beteiligung an strategischer Planung, militärischer Aufklärung und Zielerkennung. Dies wurde zuletzt durch geleakte Dokumente im April 2023 belegt (Poast 2023).

Zwar kann Druck von außen ein wichtiger Faktor sein, um Verhandlungen überhaupt in Gang zu bringen. Die Konfliktforscherin und Osteuropaexpertin Martina Fischer betont jedoch, dass gegen den erklärten Willen der Kriegsparteien keine erfolgreiche Drittpartei-Intervention initiiert werden kann und es bislang sowohl für die russische als auch für die ukrainische Führung vorteilhafter erscheint, „die Waffen sprechen zu lassen". Sie weist auch darauf hin, dass es von außen schwer einzuschätzen ist, welche Faktoren und Bedingungen die russische Regierung zu Verhandlungsbereitschaft bewegen könnten und dass es derzeit noch relativ wenig Wissen über die Kräfteverhältnisse innerhalb des russischen Machtapparates gibt (Fischer 2023b).

Eine weitere Strategie könnte darin bestehen, die chinesische Führung, die zu den wenigen Akteuren gehört, die im Kreml Gehör finden, für eine Beendigung des Krieges zu gewinnen (Fischer 2023b). Dies setzt allerdings Dialoge auf einer anderen Konfliktebene voraus, der Konfliktebene des Neuen Kalten Krieges. Es ist zu bezweifeln, dass die chinesische Führung einfach davon „überzeugt" werden kann, dass die Verantwortung für den Krieg ausschließlich bei Russland liegt.

Unabhängig von einem zielgerichteten Dialog mit China oder anderen Allianzpartnern Russlands, wurden und werden Sanktionen als extreme und zugleich hoch eskalierte Form externen Drucks zur Beeinflussung Russlands in Betracht gezogen. Bisher haben sich die Sanktionen für Russland als durchaus spürbar erwiesen (Gershkovic und Kantchev 2023). Allerdings konnte Russland, wie oben dargestellt, die Einbußen durch den gestiegenen Ölpreis weitgehend kompensieren (Yakovlev 2023) und wichtige Warenströme über andere Staaten umleiten.

Zudem ist die Allianz mit China nur noch enger geworden (Felbermayr 2023). Als wesentliche Lehre lässt sich bereits jetzt festhalten, dass die Ausgestaltung von Sanktionen einer vorausschauenden Analyse hinsichtlich ihrer vielfältigen, teilweise absurden Nebenwirkungen auf den Rest der Welt bedarf. Neben einer ganzheitlichen Chancen-Risiken-Analyse hängt der Erfolg von Sanktionen maßgeblich auch von einer verbindlichen und transparenten Kommunikation mit dem sanktionierten Staat ab, die überhaupt erst Anreize für eine Verhandlungslösung bietet. Im Umgang mit Russland empfehlen die Mediator*innen vom IMSD, klar zu benennen, unter welchen konkreten Bedingungen die Sanktionen aufgehoben werden können. Ansonsten könnten sie kontraproduktiv wirken und eher zu einer Festigung des autokratischen Systems führen (IMSD 2022b). Da auf russischer Seite davon ausgegangen wird, dass die westlichen Sanktionen auch nach dem Ende des Krieges aufrechterhalten werden, bedarf es nach Charap und Priebe eines Prozesses, in dem eine Lockerung der Sanktionen als Gegenleistung für die Mitwirkung an einem Friedensabkommen moderiert wird (Charap und Priebe 2023).

4.2.3 Prozessperspektive: Dialogkanäle und Verhandlungsrahmen auf allen Konfliktebenen offen halten

Im Verlauf des Konflikts kam es immer wieder zu Verhandlungen, in denen die Türkei und zuletzt auch China eine aktivere Vermittlerrolle einnahmen. Während die von der Türkei moderierten Verhandlungen über die Neutralität der Ukraine und den Verzicht auf einen NATO-Beitritt in den ersten Monaten ergebnislos verliefen (ZEIT 2022), konnten in den folgenden Monaten zumindest Teilerfolge in Form von Vereinbarungen über den Austausch von Gefangenen und Getreide erzielt werden (Apelt 2022). Neben den Vorstößen der Türkei gab es auch Friedensplaninitiativen aus Italien und China. Italien legte bereits im Mai 2022 einen möglichen Friedensplan für die Ukraine vor, der von allen Seiten positiv aufgenommen wurde. Er sah eine Befriedung des Krieges in vier Schritten vor: Waffenstillstandsverhandlungen und Entmilitarisierung der Frontlinien; eine Friedenskonferenz zur Schaffung eines neutralen Status der Ukraine; bilaterale Abkommen zwischen der Ukraine und Russland sowie multilaterale Verhandlungen über ein OSZE-Abkommen für einen neuen europäischen Sicherheitspakt (Krüger 2022). Im Februar 2023 legte China einen Zwölf-Punkte-Friedensplan mit konkreteren Kriterien vor (im Folgenden Gusbeth 2023):

1. Achtung der Souveränität aller Staaten: Das allgemein anerkannte Völkerrecht und die UN-Charta sollen „strikt" eingehalten werden.
2. Abkehr von der Mentalität des Kalten Krieges: Die Sicherheit eines Landes darf nicht auf Kosten anderer angestrebt werden.
3. Einstellung der Feindseligkeiten: Alle Parteien sollen „rational und zurückhaltend" bleiben und den Konflikt nicht weiter anheizen.
4. Wiederaufnahme der Friedensgespräche: Dialog und Verhandlungen sind die einzig mögliche Lösung für die „Ukraine-Krise".
5. Lösung der humanitären Krise: Alle Maßnahmen, die zur Linderung der humanitären Krise beitragen, „müssen gefördert und unterstützt werden".
6. Schutz von Zivilisten und Kriegsgefangenen: Alle Konfliktparteien sollen sich an das Völkerrecht halten und Angriffe auf Zivilisten und zivile Infrastruktur vermeiden.

7. Atomkraftwerke sichern: China lehnt bewaffnete Angriffe auf Atomkraftwerke ab.
8. Strategische Risiken reduzieren: Nuklearwaffen dürfen nicht eingesetzt und es darf kein Atomkrieg geführt werden.
9. Getreideexporte erleichtern: Alle Parteien sollten das Schwarzmeerabkommen umsetzen.
10. Beendigung der unilateralen Sanktionen: Einseitige Sanktionen und maximaler Druck können das Problem nicht lösen, sie schaffen nur neue Probleme.
11. Stabilisierung der Lieferketten: Alle Parteien sollten das bestehende Welthandelssystem erhalten und die Weltwirtschaft nicht als Waffe für politische Zwecke missbrauchen.
12. Wiederaufbaupläne: Die internationale Gemeinschaft sollte Maßnahmen ergreifen, um die betroffenen Gebiete nach dem Konflikt wieder aufzubauen (Gusbeth 2023; im Original: Ministry of Foreign Affairs of the People's Republic of China 2023).

Die Ukraine und westliche Politiker*innen reagierten auf den Zwölf-Punkte-Plan überwiegend mit Ablehnung oder zumindest Skepsis. Lediglich Chinas Warnung vor einer nuklearen Eskalation wurde ausdrücklich begrüßt. Kritisiert wurde vor allem, dass Russland nicht klar als „Aggressor" benannt werde, was, so Bundesaußenministerin Annalena Baerbock, „keinen Frieden schafft, sondern Gewalt belohnt." Vielmehr müsse sich China dafür einsetzen, auf Russland einzuwirken, die von der UN-Generalversammlung mit großer Mehrheit verabschiedete Resolution umzusetzen, die einen sofortigen Rückzug Russlands aus der Ukraine fordert. US-Außenminister Antony Blinken warnte bei einem UN-Sicherheitstreffen sogar davor, dass Russland jeden Waffenstillstand nutzen werde, um seine Truppen für weitere Angriffe aufzustocken. Eine

Sprecherin der EU-Kommission sagte, Chinas Position beruhe auf einem „falschen Fokus" – die hier betonten „legitimen Sicherheitsinteressen der Parteien" würden die illegale Invasion Russlands rechtfertigen. Ergänzend kritisierte der China-Experte Manoj Kewalramani von der US-Denkfabrik Center for Strategic International Studies (CSIS), dass China den Konflikt.

> *„als Produkt einer [...] Mentalität des Kalten Krieges und einer veralteten europäischen Sicherheitsarchitektur"*

ansehe. Es ginge eher um eine neue europäische Sicherheitsarchitektur als über den Krieg selbst (web.de 2023; vgl. auch Schneider 2023).

Aus Sicht der Friedensforschung und der Friedensarbeit geht die westliche Kritik an der chinesischen Initiative an der Sache vorbei, auf die es bei Verhandlungen in eskalierten Gewaltkonflikten ankommt. Grundsätzlich erweist es sich als friedensfördernd, Friedensinitiativen als konstruktive Vorschläge anzuerkennen, Dialogkanäle zwischen den Beteiligten aufrechtzuerhalten und den Raum für Friedensgespräche offen zu halten (Purkarthofer 2000). Dabei betonen die Mediator*innen des IMSD, dass die Gesichtswahrung aller Kriegsparteien als Grundvoraussetzung für den „Einstieg und den Abschluss nachhaltiger Verhandlungslösungen" zu berücksichtigen ist, „auch wenn es dem eigenen Gerechtigkeitsempfinden oder dem der Gegenpartei diametral zuwiderläuft (IMSD 2022b)." Die moralische, völkerrechtliche und historisch-politische Einordnung des Vorgehens von Präsident Putin sollte daher zu anderen Zeitpunkten und in anderen Foren verhandelt werden (IMSD 2022b). Für den Prozess empfehlen sie, keine hohen Erwartungen an die inhaltliche Kompromissbereitschaft zu stellen, da Druck von dritter Seite zu einer weiteren Verhärtung führen könnte. Vielmehr sollte auf niedrigschwellige Zwischenziele hingearbeitet werden, wie z. B. die „Identifikation der Bedingungen zur Co-Existenz (IMSD 2022b)." Mit Blick auf die oben skizzierten Konfliktebenen fällt auf, dass die ukrainisch-westliche und die chinesisch-russische Position im wahrsten Sinne des Wortes aneinander vorbeiargumentieren. Dabei haben alle Positionen einen legitimen Kern, den es für die Konfliktanalyse und den Verhandlungserfolg entsprechend zu würdigen gilt. Die ukrainisch-westliche Position scheint mit ihrem Beharren auf der Benennung des Angriffskrieges als solchen und dem Absprechen „legitimer Sicherheitsinteressen" Russlands vor allem auf die Konfliktebene 1 „Russland vs. Ukraine" zu fokussieren. Die russische Position und ihre tiefer liegenden Motive (einschließlich ihrer Bedürfnisse und konflikttreibenden Annahmen) beziehen sich vor allem auf die Konfliktebene 2, die Konstellation „Russland-NATO-Ukraine". Die chinesische Position mit ihrer Betonung eines „Kalten Krieges" bezieht sich vor allem auf die Metaperspektive der Konfliktebene 3, die Weltkonfliktformationen und den Neuen Kalten Krieg als solchen. Aus der Perspektive einer multidimensionalen Friedensarbeit wäre zu empfehlen, alle vorliegenden Friedensinitiativen auf ihre Gemeinsamkeiten und Komplementaritäten hin zu untersuchen und darauf aufzubauen. Es braucht mehr diplomatische Initiativen, nicht weniger.

Letztlich könne der Krieg nur durch Verhandlungen beendet werden, in denen strittige Punkte, wie die Territorialfrage und der Status der Ukraine geklärt werden müssten. Nach Fearon ist sogar der Krieg selbst als Teil eines „gewaltsamen Verhandlungsprozesses" zu sehen. So seien die Äußerungen Selenskyjs, man wolle das gesamte ukrainische Staatsgebiet einschließlich der Krim zurückerobern, oder die Ankündigung Russlands, das Schwarzmeerabkommen zu kündigen, bereits als Beginn von Verhandlungen zu verstehen (Fearon 2023). Charap (2023) und Fischer (2023a, b) betonen, dass man der Ukraine und Russland keine Bedingungen diktieren könne. Dennoch sollten so schnell wie möglich Gespräche zwischen den Konfliktparteien – also zwischen den USA, der Ukraine und weiteren Verbündeten – über eine Deeskalation und Beendigung des Krieges stattfinden, da es Monate dauern würde, eine gemeinsame diplomatische Strategie zu entwickeln (Charap 2023; Fischer 2023a, b). Vor diesem Hintergrund schlug Wolfgang Ischinger, Staatssekretär und Botschafter a.D., im März 2023 vor, neben der militärischen Kontaktgruppe in Ramstein eine politisch-strategische Kontaktgruppe einzurichten, die alle denkbaren Elemente künftiger Verhandlungskonzepte ausloten, Optionen für Verhandlungsstrategien entwickeln, Textentwürfe erarbeiten und mit der Ukraine abstimmen sollte. Im Falle der Aufnahme von Verhandlungen könnte diese Gruppe Teil eines Teams von Diplomaten werden. Nur auf der Grundlage solcher fundierter Vorarbeiten könnten Abkommen, die aus sehr umfangreichen Vertragswerken bestehen, ggf. in einem überschaubaren Zeitrahmen erfolgreich verhandelt werden. Im Idealfall, so Ischinger, sollten die Diplomatenteams Textentwürfe für alle Eventualitäten vorbereiten (Ischinger 2023). Im Falle des Russland-Ukraine-Krieges könnten dies Gesetzestexte, Vorschläge für Rüstungskontrollabkommen und Überwachungsmodalitäten, eventuell die Einrichtung einer internationalen Schutztruppe etc. sein. Diese Praxis habe sich, so Martina Fischer, beim Friedensschluss in Bosnien-Herzegowina 1995 und im Kosovo 1999 bewährt (Fischer 2023a). Ischinger schlägt weiter vor, dass die USA, England, Frankreich und Deutschland, die sich ohnehin ständig abstimmen würden, als „Vierergruppe" den engsten Kern der diplomatischen Offensive bilden. Darum herum könnte sich

„ein größerer Kreis von europäischen und transatlantischen Partnern gruppieren, darunter Kanada, Spanien, Polen, Italien, die Baltischen Staaten sowie die UN, EU, OSZE und Nato (Ischinger 2023)."

Darüber hinaus, so Ischinger, könnten auch Staaten des globalen Südens und einflussreiche Schwellenländer wie Brasilien, Indien und sogar China in einem erweiterten Kreis beteiligt werden. So könne angesichts der russischen Veto-Blockade im UN-Sicherheitsrat „eine gewisse Ersatz-Legitimität durch eine möglichst breite internationale Beteiligung" geschaffen werden (ebd.).

Friedensgespräche setzen eine neutrale dritte Partei voraus, die zumindest auf der Ebene des russisch-ukrainischen Krieges zwischen beiden Seiten vermittelt. Bei der Frage nach geeigneten Mediator*innen kommen Akteure infrage, die von allen Beteiligten gleichermaßen akzeptiert werden. Dies wären nicht zwangsläufig nur Staaten mit guten oder neutralen Beziehungen zu Russland und der Ukraine, wie z. B. die Türkei oder ein blockfreier Staat, sondern auch spezialisierte NGOs, wie z. B. die Berghof Stiftung, IICP, inmedio oder das IMSD-Netzwerk. Entsprechende Erfahrungen gibt es bereits in mediativen Dialogen zwischen Russland und der Ukraine, wie oben am Beispiel der Plattform für einen vermittelnden Dialog über umstrittene Narrative (inmedio, o. J.) dargestellt.

In der zivilen Konfliktbearbeitung wird betont, alle Tracks – die der politischen Entscheidungsträger*innen (Track 1), der gesellschaftlichen (Track 2) und der zivilgesellschaftlichen Führungspersönlichkeiten (Track 3) – einzubeziehen (Lederach 1997), was im Falle der Ukraine vor allem auch aufgrund der innerstaatlichen Konfliktdimensionen sinnvoll erscheint (Herrnberg 2017). Im Falle des Konflikts in der Ukraine spielen nach Wilfried Graf lokale, d. h. ukrainische und russische Mediator*innen eine zentrale Rolle, um die Konfliktparteien nachhaltig in den Friedensprozess einzubinden. Die entscheidende Voraussetzung für eine erfolgreiche Vermittlung ist seiner Ansicht nach die Frage, ob es langfristig gelingt, ukrainische und russische Mediator*innen dabei zu unterstützen, ihre Konflikte auf der Ebene ihrer gegensätzlichen Weltbilder zu bearbeiten (Graf 2013). Die oben skizzierten Plattformen für einen vermittelnden Dialog über umstrittene Narrative, die das IMSD-Netzwerk anlässlich der Krim-Annexion 2014 bereits umgesetzt hat (Abschn. 4.1.4), könnten hier einen wertvollen Beitrag leisten und Multi-Track-Verhandlungsprozesse flankieren.

Insgesamt, so betonen die Expert*innen des IMSD-Netzwerks, empfiehlt sich die Einrichtung unterschiedlich zusammengesetzter Akteursforen (IMSD 2022b), in denen nicht nur unterschiedliche Gegenstände wie z. B. Territorialfragen, Sicherheitsgarantien und Weltbilder diskutiert, sondern auch die verschiedenen Konfliktebenen adressiert werden können. Um z. B. den Ursachen der externen Einmischung in diesen Konflikt auf den Grund zu gehen und den übergeordneten russischen Sicherheits- und Anerkennungsinteressen begegnen zu können, ist ein Ebenenwechsel und die Einbindung relevanter westlicher Mächte, insbesondere der USA und der NATO, notwendig (IMSD 2022b).

Weitere Überlegungen betreffen den internationalen Verhandlungsrahmen. In dieser Hinsicht könnten, wie Wolfgang Richter – Analyst der Stiftung Wissenschaft und Politik (SWP) – und Antje Herrberg – Mediatorin bei mediatEUr – unabhängig voneinander betonen, die in der Vergangenheit vereinbarten Instrumente der gesamteuropäischen Sicherheitskooperation als Grundlage dienen. Diese könnten für die Verhandlungen aufgegriffen und angepasst werden und müssten nicht neu erfunden werden (Herrberg 2017; Richter 2014). Beispielsweise wären die Minsker Vereinbarungen nicht als endgültig zu betrachten, sondern als Weg für einen längerfristigen Friedensprozess, über dessen Agenda alle Konfliktparteien entscheiden könnten (Herrberg 2017). Die Expert*innen der Plattform Zivile Konfliktbearbeitung sehen vor allem die OSZE als den am besten geeigneten Ort und Rahmen für ein Projekt der sogenannten „gemeinsamen Sicherheit wider Willen", weil sie den erforderlichen gesamteuropäischen Rahmen zur Verfügung stellt.

Diese Ansicht wird von zahlreichen Beobachter*innen bestätigt. Es sei viel einfacher, auf bestehenden und bewährten Foren und Strukturen aufzubauen, als neue zu schaffen (z. B. Zellner 2022). Die OSZE sei die einzige Organisation, die alle Staaten von Vancouver bis Wladiwostok umfasse. Da Nachbarstaaten Chinas und Russlands zu den OSZE-Mitgliedern gehörten, könne sie helfen, die abgebrochenen direkten Kontakte zu Russland zu kompensieren. Die Organisation könne auch bei anderen Territorialkonflikten im postsowjetischen Raum, wie etwa dem 2023 eskalierten Konflikt um Berg-Karabach, zur Schadensbegrenzung beitragen (Weiß 2023). Darüber hinaus erinnerte der österreichische Außenminister Alexander Schallenberg, der wegen der Teilnahme einer russischen Delegation an der OSZE-Vollversammlung im Februar 2023 heftig kritisiert wurde, daran, dass diese Strukturen 1975 mit dem Helsinki-Prozess auf dem Höhepunkt des Kalten Krieges geschaffen wurden, weil man dringend Gesprächskanäle benötigte. Diese würden vor allem auch für „den Tag danach" gebraucht, um die Region dauerhaft zu stabilisieren (Schallenberg 2023).

Zusammenfassend lässt sich festhalten, dass es einige, auch transnationale Ressourcen gibt, um Dialogprozesse zu initiieren und sinnvoll zu gestalten. Wie können tragfähige Lösungen insbesondere für die umstrittene

Territorialfrage entwickelt werden? Wie können unvereinbare Positionen überwunden werden? Sind Win–Win-Lösungen möglich?

4.2.4 Inhaltliche Perspektive: Mögliche Win–Win-Lösungen zu strittigen Status- und Territorialfragen

Inhaltlich ist es für alle Konfliktdialoge wichtig, die tiefer liegenden, nicht verhandelbaren Anliegen, meist in Form von Bedürfnissen und Werten, zu identifizieren. Das Aufdecken dieser tiefer liegenden Anliegen macht nicht nur deutlich, worum es im Konflikt eigentlich geht, sondern stellt auch einen wichtigen Hebel dar, um nach alternativen Konfliktlösungen zu suchen, die sich außerhalb einer Entweder-oder-Logik bewegen und zu einer Win–Win-Lösung führen können, d. h. zu einer Lösung, die für alle Seiten positiv und tragfähig ist (Galtung 1998, 2008).

> **Fallbeispiel 1: Win–Win-Lösung im israelisch-ägyptischen Konflikt durch Identifizierung der tiefer liegenden Probleme**
>
> Die Camp-David-1-Verhandlungen vom 17.09.1978 trugen wesentlich zum israelisch-ägyptischen Friedensvertrag bei. Gegenstand des Konflikts war u. a. der Status der Sinai-Halbinsel – ein von Israel und Ägypten beanspruchtes Gebiet, das seit dem Sechs-Tage-Krieg 1967 von Israel annektiert wurde. Innerhalb von 13 Tagen wurden Lösungen erarbeitet, die zu einer Normalisierung der Beziehungen und zu einem dauerhaften Frieden zwischen den beiden Staaten führten (Wright 2016)
> Auf Vermittlung von US-Präsident Jimmy Carter trafen sich am 05.09.1978 die Verhandlungsteams Ägyptens unter Präsident Anwar as-Sadat und Israels unter Premierminister Menachem Begin zu Geheimverhandlungen in Camp David, USA. Dabei kamen die Prinzipien der von Roger Fisher und William Ury entwickelten Harvard-Methode zur

> Anwendung, die in der Tradition der Konfliktlösung steht. Als eines der wichtigsten Prinzipien erwies sich die Unterscheidung zwischen Positionen und den dahinter stehenden Interessen bzw. Bedürfnissen (Fisher et al. 2013)
> Denn eine Fixierung auf Positionen führt nur zu Nullsummenlösungen, die für keine Seite akzeptabel sind. Auf dieser Basis führten die Verhandlungen immer wieder in Sackgassen. Ideen zur Teilung der Halbinsel wurden entwickelt, erwiesen sich aber ebenfalls als unbefriedigende Kompromisslösungen. Erst der Blick auf die hinter den Positionen liegenden Interessen bzw. Bedürfnisse brachte die entscheidende Wende. Für Ägypten war der Sinai seit der Antike ein unantastbares historisches Erbe – hier bestand ein zentrales Identitätsbedürfnis. Für Israel hingegen stand das Sicherheitsbedürfnis im Vordergrund. Das Land besetzte das Gebiet, um die eigene Bevölkerung vor einem erneuten Angriff ägyptischer Truppen zu schützen. Man wollte keine feindlichen Panzer mehr direkt an der Grenze sehen. Diese tiefere Perspektive eröffnete neue Möglichkeiten für eine Einigung. Die Verhandlungspartner einigten sich darauf, dass die israelische Seite die Sinai-Halbinsel an Ägypten zurückgibt – was dem Identitätsbedürfnis der ägyptischen Seite entgegenkommt – unter der Bedingung, dass sie zur entmilitarisierten Zone erklärt wird – was dem Sicherheitsbedürfnis Israels entspricht. Zur Absicherung wurde die Stationierung von UN-Truppen zur Sicherung der Zone vereinbart. Der aus diesen Verhandlungen resultierende israelisch-ägyptische Friedensvertrag hält bis heute (Fisher et al. 2013).

Das Erkennen der tiefer liegenden Anliegen ermöglicht auch ein besseres Verständnis der Gegenseite und des eigenen Beitrags im Konfliktsystem. Wie die Expert*innen der Plattform Zivile Konfliktbearbeitung (PZKB) in ihrer Stellungnahme vom 11.05.2022 betonen, beinhaltet dies nicht die moralische Schuldfrage. Vielmehr geht es darum, die eigenen Anteile an der Zuspitzung der Konfliktgeschichte zu thematisieren und die Perspektive der jeweils anderen Konfliktpartei nachzuvollziehen, ohne sie deshalb gutheißen zu müssen. Im vorliegenden Konflikt ist dies vor allem im Hinblick auf die Vermittlung der Konfliktebenen 2 (Russland-NATO-Ukraine-Konflikt) und 3 (Weltkonfliktformationen im Rahmen des Neuen Kalten Krieges) relevant. So wird im westlichen Diskurs weitgehend tabuisiert, dass die gegenwärtige Herrschafts- und Sicherheitsordnung auf dem eurasischen Kontinent nach dem Ende des Kalten Krieges eher einer westlich dominierten Machtordnung entspricht. Sie ist nicht auf der Basis einer gleichberechtigten Teilhabe aller Akteure entstanden. Frühzeitig geäußerte Einwände und Sicherheitsbedenken Moskaus wurden ignoriert und seine Initiativen – wie etwa der Entwurf für einen Sicherheitsvertrag im Jahr 2009 – nicht aufgegriffen (PZKB 2022b). Eine selbstkritische Reflexion des eigenen Anteils würde für den Westen auch bedeuten, sich mit dem zunehmend von den Schwellenländern und dem globalen Süden erhobenen Vorwurf der Doppelmoral auseinanderzusetzen. Ein solcher, vom Westen selbst initiierter Diskurs über eigene Fehler und Versäumnisse könnte wesentlich dazu beitragen, Größe zu zeigen, verloren gegangenes Vertrauen in der internationalen Staatengemeinschaft zurückzugewinnen und zur Deeskalation des Neuen Kalten Krieges beizutragen.

Bei der Vermittlung auf der Konfliktebene 1 (Russland vs. Ukraine) geht es vor allem um Sicherheitsbedürfnisse und die Frage nach dem Status der Ukraine, insbesondere der Ostukraine. Hier scheinen die Gegensätze in den Positionen beider Konfliktparteien unüberbrückbar. Eine Verhandlungslösung würde aus russischer Sicht eine Teilung der Ukraine bedeuten, wobei ein Teil an Russland angeschlossen und der andere Teil entmilitarisiert würde. Dies wäre für die Ukraine nicht akzeptabel. Sie vertritt die Position, dass sich das russische Militär aus den besetzten

Gebieten zurückziehen und die Ukraine in das westliche Sicherheitssystem integriert werden sollte. Hinter der russischen Position verbergen sich nicht nur die oben skizzierten Sicherheitsbedürfnisse, sondern auch das Ziel der Wiederherstellung der unangefochtenen Führungsrolle in der eurasischen Arena, die als nicht verhandelbare Werte angesehen werden. Wilfried Graf vom IICP schlägt hier für ein Mediations- und Dialogprojekt mit der russischen Seite u. a. folgende Leitfragen vor: Gibt es innerhalb des durchaus illiberalen Weltbildes der russischen Machtelite Raum für Alternativen, insbesondere eine Alternative zur kriegerischen Zerstörung der Ukraine? Wie könnte diese aussehen? Andererseits verbergen sich hinter der ukrainischen Position eigene, nicht verhandelbare Werte und Bedürfnisse, die sich vor allem auf die territoriale Integrität der Ukraine und (zur eigenen Zukunftssicherung) ihre Integration in den Westen beziehen. Leitfragen für ein Dialogprojekt mit der ukrainischen Seite wären nach Graf u.a: Wie sieht eine Zukunftsvision für eine ungeteilte Ukraine aus, die von den verschiedenen Regionen und Identitäten in der Ukraine geteilt, aber auch von ihren russischen Feinden akzeptiert und von ihren westlichen Unterstützern garantiert werden kann (Graf 2023)?

Basierend auf diesen Leitfragen empfehlen viele Beobachter*innen aus der zivilen Konfliktbearbeitung, wie z. B. Johan Galtung oder Antje Herrberg, die Etablierung einer neutralen bzw. entmilitarisierten Pufferzone im Sinne eines oder mehrerer autonomer Gebiete entlang der westrussischen Grenze. Nach Herrberg könnten z. B. die Krim und Donezk-Lugansk den Status eines „Nordirland/Lichtensteins/Hongkong des postsowjetischen Raums" einnehmen (Herrberg 2017). Ergänzend – und derzeit noch weitgehend unterdiskutiert – läge es im nationalen Interesse, die Multiethnizität der Region zu sichern und die russische Kultur als koexistierende Kultur zu begreifen.

Die Aushandlung von Win–Win-Lösungen in der Territorialfrage stellt eine konfliktentscheidende Herausforderung dar, für die es durchaus Best-Practice-Beispiele aus anderen internationalen Konflikten gibt. Neben der oben dargestellten Lösung des Sinai-Konflikts zwischen Israel und Ägypten ist der Konflikt zwischen Ecuador und Peru eines der bekanntesten Beispiele für eine Win–Win-Lösung eines Territorialkonflikts.

> **Fallbeispiel 2: Win–Win-Lösung im ecuadorianisch-peruanischen Territorialkonflikt:**
> Zwischen Peru und Ecuador kam es seit dem 19. Jahrhundert immer wieder zu Konflikten über die Grenzziehung, insbesondere in der Cordillera del Cóndor. Der Konflikt eskalierte im Peruanisch-Ecuadorianischen Krieg 1941–1942, dem Paquisha-Zwischenfall 1981 und dem Cenepa-Krieg 1995 und wurde erst 1998 auf der Basis einer Win–Win-Lösung beigelegt. Der Friedensvertrag sah die Einrichtung eines binationalen Nationalparks auf dem umstrittenen Gebiet vor. In einem Teilabkommen über Handel und Schifffahrt wurde der Anspruch Ecuadors auf den wirtschaftlich wichtigen Zugang zum Amazonas bestätigt und Ecuador durfte seinen im Grenzkrieg zu nationaler Berühmtheit gelangten Militärstützpunkt Tiwintza als militärfreie Zone ohne Souveränitätsrechte auf peruanischem Territorium behalten (Schumann 1998). Beide Staaten erklärten 2002 und 2008 ihre Absicht, gemeinsam Minen entlang des ehemals umstrittenen Grenzverlaufs zu räumen (Raiser 2008).

Als weitere Inspirationsbeispiele für eine integrative Lösung der Territorial- und Ethnizitätsfrage lässt sich auch das Schweizer Modell hinzuziehen.

Fallbeispiel 3: Schweizer Modell zur Lösung des Israel-Palästina-Konflikts

Im Israel-Palästina-Konflikt wurde und wird anstelle einer Zweistaatenlösung ein föderalistischer Bundesstaat nach Schweizer Vorbild diskutiert. Das Prinzip „Frieden durch Föderalismus", so etwa der in Tel Aviv geborene Historiker Michael Wolffsohn in seinem Buch „Zum Weltfrieden" (2019), ließe sich auf alle ethnisierten Territorialkonflikte übertragen. Für den israelisch-palästinensischen Konflikt skizziert er u. a. einen möglichen Staatenbund „Israel-Palästina-Jordanien". Diese Lösung trägt dem Umstand Rechnung, dass durch die Vertreibung erheblicher Teile der palästinensischen Bevölkerung aus Israel im ersten arabisch-israelischen Krieg 1948 heute rund 60 % der Bevölkerung Jordaniens Palästinenser sind. Anders als in der Schweiz sollte dieser Föderalismus jedoch nicht territorial ausgestaltet sein, da die Bevölkerungsstruktur im Norden Israels einem Flickenteppich gleicht. Territoriale Bundesländer oder Kantone wären hier keine Option. Vielmehr könnte das Selbstbestimmungsrecht personengruppen- oder personenbezogen ausgestaltet werden (Wolffsohn 2019).

In ähnlicher Weise könnte auch Südtirol bzw. die Autonome Provinz Bozen als Vorbild für eine nachhaltige Gestaltung des Status der umstrittenen russischsprachigen Ostgebiete der Ukraine und ggf. der Krim dienen.

Fallbeispiel 4: Südtirol – eine Autonomie für drei Sprachgruppen

In Südtirol leben heute rund 520.000 Menschen mit drei verschiedenen Muttersprachen zusammen. 69,4 % der Bevölkerung gehören der deutschen, 26 % der italienischen und 4,5 % der ladinischen Sprachgruppe an. Nach dem Ende des Zweiten Weltkrieges wurde Südtirol Italien zugeschlagen, die Siegermächte vereinbarten jedoch, dass die österreichische Minderheit umfassend geschützt werden

> müsse. Diese Bedingung führte zum Pariser Vertrag zwischen Italien und Österreich, in dem die Grundzüge der Autonomie festgelegt wurden. Der Vertrag bildet die völkerrechtliche Grundlage der Südtiroler Autonomie. Neben dem Minderheitenschutz hat Südtirol den Status einer Region im italienischen Staatsverband und gleichzeitig eine ausgeprägte Gesetzgebungs- und Verwaltungsautonomie, die weit über die Kompetenzen einer Region mit Normalstatut hinausgeht (Autonome Provinz Bozen 2022).

Mit Blick auf die Sicherheitsbedürfnisse Russlands wurde in den ersten Monaten des Konflikts in den Verhandlungen immer wieder die Frage nach einem Neutralitätsstatus der Ukraine, d. h. die Garantie einer Nicht-NATO-Mitgliedschaft, diskutiert. Auch wenn diese Frage angesichts des bevorstehenden NATO-Beitritts Schwedens und Finnlands derzeit weniger realistisch erscheint, sollte die langfristige Option einer Neutralität aus Sicht der Friedensforschung nicht vorschnell verworfen werden. In Zeiten zunehmender Polarisierung stellt sie seit jeher eine Alternative zur Option des sogenannten „bandwagoning" dar, also dem Beitritt zu einem Bündnis, um den eigenen Schutz zu erhöhen. Neutralität hat auch die Funktion, durch Blockfreiheit vor fremden Großmachtkonflikten zu schützen (Gärtner 2023). Um zu funktionieren, muss Neutralität jedoch zwei Bedingungen erfüllen: Sie muss glaubwürdig und nützlich sein. Ersteres bedeutet, dass der neutrale Staat bereits in Friedenszeiten seine Blockfreiheit klar kommuniziert, was nicht ausschließt, dass er auch bewaffnet und verteidigungsfähig sein kann. Die Neutralität des Staates sollte anderen einen gewissen Nutzen bringen. Ein offensichtlicher Nutzen besteht darin, dass er die Funktion eines Pufferstaates übernimmt, was in der Regel den Sicherheitsbedürfnissen konkurrierender Blockstaaten zugute kommt. Darüber hinaus kann ein neutraler

4 Impulse für den Friedensprozess

Staat sein Territorium und seine Vermittlung anbieten, um Konflikte zu deeskalieren und zu lösen sowie diplomatische und wirtschaftliche Beziehungen aufrechtzuerhalten. Im Russland-NATO-Ukraine-Konflikt wird diese Neutralitätsfunktion auch von supranationalen Organisationen wie der OSZE und der IAEO wahrgenommen. Vielfach wird unterschätzt, dass glaubwürdig neutrale Staaten aufgrund ihrer Pufferfunktion durchaus vom militärischen Schutz der Blockstaaten profitieren.[3] Zudem haben neutrale Staaten den Vorteil, dass sie keine Verpflichtungen in einem Verteidigungsbündnis eingehen müssen und nicht in fremde Konflikte hineingezogen werden. Historisch gesehen gibt es kaum Fälle, in denen glaubwürdig neutrale Staaten in großen Kriegen angegriffen wurden. Ihre Neutralität wurde fast immer dann militärisch verletzt, wenn auch andere Bündnismitglieder angegriffen wurden (Gärtner 2023).[4] In diesem Konflikt konnten Schweden und Finnland lange von ihrem neutralen Status profitieren. Aus Sicht der Friedensforschung hat der Neutralitätsstatus also viele Vorteile.

Im Falle der Ukraine scheiterte die Umsetzung des bereits 2014 gemachten Vorschlags einer Neutralität nach österreichischem Vorbild (so z. B. in Gärtner 2014 und Kissinger 2014) an der Voraussetzung der Glaubwürdigkeit der Ukraine und der mangelnden Kompromissfähig-

---

[3] So wurde in einem Dokument des Nationalen Sicherheitsrates der USA von 1960, das am 18.01.1961 von Präsident Eisenhower gebilligt wurde, formuliert, dass „jegliche Verletzung der Integrität Österreichs Territorium oder seiner Neutralität als schwerwiegende Bedrohung des Friedens zu behandeln" sei (Gärtner 2023).

[4] So wurde Belgien, das vor den beiden Weltkriegen 75 Jahre lang erfolgreich neutral geblieben war, von Deutschland angegriffen, ebenso wie Staaten, die Bündnisverpflichtungen eingegangen waren. Der Angriff auf Belgien veranlasste sogar Großbritannien zum Eintritt in den Ersten Weltkrieg (Gärtner 2023).

keit aller Parteien. Eine neutrale Ukraine müsste auf die NATO-Mitgliedschaft und Russland auf die Unterstützung der Milizen im Donbas verzichten. Derzeit wird mit der Eskalation des Konflikts eine Teilung der Ukraine – vergleichbar mit der Teilung Deutschlands oder Koreas – immer wahrscheinlicher. Im Kontext des Neuen Kalten Krieges hätte dies einen neuen Eisernen Vorhang vom Atlantik bis zum Schwarzen Meer zur Folge. Der Territorialkonflikt könnte daher entweder auf eine Variante der Neutralität oder der Teilung der Ukraine hinauslaufen (Gärtner 2022). Sollte es nicht zu einem Verhandlungsergebnis kommen, ist das Szenario eines anhaltenden oder gar permanenten Abnutzungskrieges wahrscheinlich. Aus der Perspektive der Friedensforschung wäre – in Anlehnung an die oben skizzierten Best Practices anderer Territorialkonflikte – das Szenario einer neutralen Ukraine vorzuziehen. Zusätzliche Garantien für die Glaubwürdigkeit der Ukraine könnten durch eine völker- und verfassungsrechtlich abgesicherte Neutralität geschaffen werden. Eine neutrale Ukraine würde gerade aufgrund ihrer strategisch wichtigen geografischen Lage Sicherheitsgarantien erhalten, ähnlich wie Österreich während des Kalten Krieges. Optional wäre eine reduzierte Variante in Form einer oder mehrerer sogenannter demilitarisierter Zonen denkbar (Charap und Priebe 2023), die im Idealfall die Wirkung von „Friedensoasen" hätten (Schmidt 2023b). Demilitarisierte Zonen wurden und werden beispielsweise im Korea-Abkommen (1953) oder im Abkommen zwischen Moldawien und Transnistrien (1992) erfolgreich umgesetzt. Sie erweisen sich als effektives Mittel, um militärische Gewalt zu stoppen, können aber auch zu weitgehend geschlossenen und militarisierten Grenzen führen, ohne dass die Konfliktursachen und widerstreitenden politischen Interessen verhandelt und gelöst werden (Charap und Priebe 2023).

4 Impulse für den Friedensprozess

Die zentralen Streitfragen um den Status und das Territorium der Ukraine sind nach wie vor offen und eine endgültige, verbindliche Einigung wird es in absehbarer Zeit wohl nicht geben. Fearon betont jedoch, dass „die Sache nicht an der Unteilbarkeit scheitern wird (Fearon 2023)." Auch extreme, unrealistische Positionen der beteiligten Parteien seien lediglich als Verhandlungsstrategien zu verstehen. Für den Verhandlungsprozess wird daher empfohlen, sich nicht auf „die eine beste Lösungsoption" zu versteifen, sondern möglichst viele Optionen zu schaffen und pragmatische, ggf. auch temporäre oder partielle Lösungen anzustreben, die den Friedensprozess voranbringen. Wenn sich die Konfliktparteien nicht endgültig über die Neutralität der Ukraine einigen können, könnte eine partielle Einigung erzielt werden, indem die Parteien darüber sprechen, wie nahe die russischen Streitkräfte ihre Truppen an der Grenze zur Ukraine stationieren dürfen (Fearon 2023). Sollte es nicht gelingen, sich über die komplexen territorialen Fragen zu einigen, könnten zunächst leichter verhandelbare Themen wie der Wiederaufbau, Aspekte des Handels, des Personen- und Güterverkehrs (Charap und Priebe 2023), Vereinbarungen über Getreideexporte, den Schutz von Atomkraftwerken und den Gefangenenaustausch (Birckenbach 2023) behandelt werden. Sollten sich die Parteien nicht über den Status der Krim oder des Donbas bzw. über die Ausdehnung einer oder mehrerer entmilitarisierter Zonen einigen können, könnten sich die Parteien möglicherweise auf ein Verfahren einigen, z. B. in wie vielen Jahren ein Referendum abgehalten werden soll, um diese Frage zu klären (Fearon 2023). Eine Entscheidung über ein Referendum, in dem die betroffene Bevölkerung in der Ostukraine selbst über ihren Status entscheidet, hielt Galtung bereits bei der Statusfrage der Krim für legitim und sinnvoll – allerdings unter der Voraussetzung, dass das Referendum nicht von Russland kontrolliert wird,

Tab. 4.1 Unterschiedliche Arten der Einigung nach der Harvard-Methode (Fisher et al. 2013)

Harte Einigung	Weiche Einigung
• Sachliche Einigung	• Einigung über das Verfahren
• Dauerhafte Einigung	• Vorläufige Einigung
• Umfassende Einigung	• Partielle Einigung
• Endgültige Einigung	• Prinzipielle Einigung
• Bedingungslose Einigung	• Bedingte Einigung
• Bindende Einigung	• Nicht bindende Einigung
• Übereinkunft zur Einigung	• Übereinkunft zur Meinungsverschiedenheit

sondern international über die UNO legitimiert ist und korrekt abläuft (Galtung 2014).[5]

So wäre insgesamt ein Verhandlungsansatz mit vielen möglichen Vereinbarungen zur Regelung der verschiedenen Streitpunkte denkbar. Die oben erwähnte Harvard-Methode bietet eine Orientierung, um möglichst viele Optionen zu identifizieren, um zumindest eine pragmatische „weiche Einigung" (soft agreement) zu erreichen und den Verhandlungsprozess voranzubringen. Die Optionen sind in der folgenden Tabelle zusammengefasst (Tab. 4.1).

Übertragen auf den Russland-Ukraine-Konflikt wäre ein mögliches und pragmatisch sinnvolles Verhandlungsszenario, einen Waffenstillstand zu erreichen

---

[5] Galtung äußerte sich zur Referendumsfrage in prägnanten Worten wie folgt:

„*A referendum is the right of any people regardless of what the law says, a serious act under freedom of expression – whether in Crimea (illegal), Scotland (legal), Catalonia in Spain (illegal). What then happens is a very different matter. If people vote for a divorce, then so be it. But make it clean. Putin has made it dirty so far – but the situation can be remedied [...] The Russian-speaking in Ukraine (16 percent): Leave the door open for a Crimean-style process with referendum and annexation if they so wish – but make it clear that the West of Ukraine would have the same right* (Galtung 2014)."

Er betonte auch, dass ethnische Wurzeln keinen legitimen Anspruch auf das Territorium begründen. So geben russische Wurzeln in der ukrainischen Hauptstadt Russland keinen legitimen Anspruch auf Kiew, ebenso wie serbische Wurzeln keinen legitimen Anspruch auf das gesamte Kosovo geben (ebd.).

und Gespräche über eine Verbesserung der humanitären Versorgung zu führen. In einem nächsten Schritt könnten entmilitarisierte Zonen oder zumindest eine fest definierte Waffenstillstandslinie ausgehandelt werden. Das Waffenstillstandsabkommen müsste international von einer dritten Partei, z. B. der OSZE oder der UN, überwacht werden.

Kritisch ist, dass sowohl von der Ukraine als auch von Russland ein Verzicht auf Maximalforderungen verlangt wird. Insbesondere für die Ukraine mag es angesichts eines völkerrechtswidrigen Angriffskrieges sehr ungerecht erscheinen, zumindest zeitweise nicht ihr gesamtes Territorium zurückerhalten zu können. Als Zwischenlösung würde es ihr aber ermöglichen, sich wirtschaftlich zu erholen und Menschenleben zu schonen. Daran könnten sich weitergehende Vermittlungsinitiativen anschließen, die in eine politische Einigung auf völkerrechtlicher Grundlage mit dem Ziel eines „gerechten Friedens" münden (Fischer 2023b).

All diese Überlegungen bieten Orientierung für ein Ad-hoc-Vorgehen mit ersten pragmatischen und im weiteren Prozess auch komplexeren Lösungsansätzen, um den Konflikt nicht nur zu deeskalieren, sondern auch nachhaltig zu befrieden. Die Beispiele und Best Practices könnten auch für die Lösung anderer Territorialkonflikte in der Welt inspirierend sein und möglicherweise zu einer Deeskalation des Neuen Kalten Krieges beitragen.

4.2.5 Nachhaltige Befriedung setzt globale Kooperation voraus

Ergänzend zu den bisherigen Überlegungen werden in der Friedensforschung weitere Maßnahmen diskutiert, um den Konflikt nachhaltig zu befrieden. Sie betonen die

Notwendigkeit globaler Kooperation und die Notwendigkeit, über die Zeit nach dem Krieg nachzudenken.

Das Friedensgutachten 2023, herausgegeben von den Konfliktforschungsinstituten BICC, HSFK, IFSH und INEF, schlägt Dialogformate vor, um die regionale Krisenstabilität zu erhöhen, das Risiko von Fehlwahrnehmungen zu minimieren und militärischer Eskalation vorzubeugen. Dabei empfehlen die Autor*innen, an klassische Konzepte der Transparenz und Überprüfbarkeit von Truppenbewegungen (z. B. durch Meldepflichten, Inspektionsregeln und die Erneuerung des „Open Skies"-Abkommens über die Nutzung des Luftraums) und vertrauensbildende Maßnahmen (z. B. Manöverbeobachtung, Aufbau von Krisenbewältigungsmechanismen und Überwindung von Feindbildern) anzuknüpfen. Dies würde auch die Möglichkeit eröffnen, Staaten in multilaterale Gespräche einzubeziehen, die Rüstungskontrolle bislang weitgehend den USA und Russland überlassen haben (BICC et al. 2023). Im Bereich der konventionellen Waffen sind erhebliche diplomatische Anstrengungen erforderlich, um eine neue Rüstungsspirale zu verhindern. Sie könnten in einen neuen Vertrag über konventionelle Streitkräfte in Europa (KSE II) münden, der die Waffenbestände begrenzt und sich am Prinzip der „strukturellen Nichtangriffsfähigkeit" orientiert.

„Darüber hinaus braucht es auch auf globaler Ebene und im nuklearen Bereich dringend Neuverhandlungen über die strategischen Potenziale (New START), die Wiederauflage eines Abkommens über Mittelstreckenwaffen (INF) und wirksame Vereinbarungen, um den Ersteinsatz dieser Waffen auszuschließen. Auch in der Weltraumrüstung und bei den autonomen Waffen sind Regulierung und Verbotsregeln erforderlich, um einem ungebremsten Rüstungswettlauf vorzubeugen. In den westlichen Ländern sollte man selbstkritisch zur

4 Impulse für den Friedensprozess

Kenntnis nehmen, dass zur Vorgeschichte des aktuellen Krieges die Erosion globaler Rüstungskontroll- und Abrüstungsregime gehört. Die ist keineswegs allein von Russland, sondern auch von den Nato-Partnern zu verantworten (wenngleich das den Krieg natürlich keinesfalls entschuldigt) (zitiert aus: Fischer 2023b; vgl. auch Fischer, M. 2022)."

Die Friedensforscherin Hanne-Margret Birckenbach betont, dass die Verhandlungen nicht eurozentrisch geführt werden dürfen. Sie kritisiert, dass alle vorgeschlagenen Verhandlungsthemen – z. B. Demilitarisierung der Kampfzonen, territoriale Grenzen, Rüstungskontrolle, Neutralität, Sicherheitsgarantien, europäische Sicherheit, zweiter Helsinki-Prozess etc. noch nicht weit genug reichten. Sie erklärt, dass die Beendigung des Krieges „auch eine globale Angelegenheit" sei (Birckenbach 2023).

Ähnlich betont der Schweizer Diplomat und Politikwissenschaftler Günther Baechler, dass es angesichts der weltpolitischen Bedeutung des aktuellen Konflikts kaum möglich sei, ihn „in einem ‚kleinen Format' mit ‚statusneutralen' Scheinlösungen einzufrieren." Mit Blick auf den 50. Jahrestag der Schlussakte von Helsinki im Jahr 2025 brauche es vielmehr „einen mutigen Schritt nach vorne": In einem ersten Schritt müsse zum richtigen Zeitpunkt mithilfe Dritter ein Waffenstillstand zwischen Russland und der Ukraine herbeigeführt werden. In einem zweiten Schritt könne dies „vertraglich zu einer umfassenden Friedensordnung mit gleicher Sicherheit für alle europäischen Länder" führen. Resolutionen der UN-Generalversammlung könnten den völkerrechtlichen Weg weisen und Garantiemächte an den Verhandlungstisch bringen. Damit hätte Europa

„die Chance, sich von Revisionismus, Neokolonialismus und Krieg zu verabschieden, um sich den drängenden Fragen des 21. Jahrhunderts zu widmen. Und die UNO könnte die

Gunst der Stunde zu einer tiefgreifenden Reform des Sicherheitsrats nutzen (Baechler 2023)."

Um den Weg für dringend benötigte Reformen zu ebnen, müssten die Vertreter*innen westlicher Staaten, so Birckenbach, „akzeptieren, wie sehr sie auf die Zustimmung des globalen Südens angewiesen sind, um die europäischen Konfliktlinien zu befrieden" und sich ihrer eigenen „Glaubwürdigkeitslücke" stellen. Birckenbach betont, dass die Maßnahmen des Westens zur Abwehr der russischen Aggression am ehesten Zustimmung und Legitimität gewinnen könnten, wenn die westlichen Staaten gleichzeitig ihren globalen Verpflichtungen nachkämen. Dazu gehören u. a. die Verpflichtung zur Abrüstung, die Beschränkung des Waffenhandels oder die Umsetzung der 17 UN-Nachhaltigkeitsziele, der Sustainable Development Goals (SDGs) (Birckenbach 2023).

Für eine nachhaltige Friedensordnung wäre es daher wünschenswert, wenn sich die NATO und die EU-Mitgliedstaaten zukünftig unter dem Dach der UN für eine Politik der Entmilitarisierung und nuklearen Abrüstung einsetzen würden. In weiteren Schritten könnte und sollte auch eine weitergehende globale Kooperation und politische Integration angestrebt werden.

Der Friedensprozess behandelt in seiner Tiefe nichts weniger als die Frage nach weitreichender globaler Kooperation – eine Frage, die oft am Mechanismus des globalen Gefangenendilemmas scheitert. Wie mit diesem umgegangen werden kann, wird im nächsten Abschnitt näher beleuchtet.

Alle bisher skizzierten Beiträge und Überlegungen für einen nachhaltigen Friedensprozess lassen sich in einer Vier-Felder-Matrix wie folgt zusammenfassen (Tab. 4.2).

Tab. 4.2 Ansatzpunkte und Interventionen für den Friedensprozess im Russland-Ukraine-NATO-Konflikt in einer Vier-Felder-Matrix. (Eigene Darstellung)

	Subjektiv	Objektiv
Individuell	*Psychische Dimension:* • Leidmilderung der Opfer durch psychosoziale Interventionen und Traumaarbeit durch NGOs oder UN-Organisationen • Friedensgespräche auf politischer Ebene (Track 1) sollten inoffiziell und gesichtswahrend laufen, um irrationalen Affekten politischer Entscheidungsträger*innen (z. B. „Ego-Spiele" und gesichtswahrende Machtdemonstrationen) vorzubeugen	*Verhalten, faktische Dimension:* • Opferschutz durch sofortigen Waffenstillstand auf allen Seiten • Aufbrechen des Commitment-Problems auch durch Einflussnahme auf Russland und die Ukraine durch relevante externe Parteien (z. B. USA und China) • Durchführung von Friedensgesprächen unter Einbindung mehrerer Ebenen (Multi-Track) und lokaler Vermittler • Bestehende Abkommen (wie z. B. Open Skies, Minsk-Abkommen) und diplomatische Initiativen (z. B. Chinas Zwölf-Punkte-Plan) als Ausgangsbasis für den weiteren Prozess, ggf. im Rahmen eines Projekts „Gemeinsame Sicherheit wider Willen", moderiert über die OSZE, UN etc.

(Fortsetzung)

Tab. 4.2 (Fortsetzung)

	Subjektiv	Objektiv
Kollektiv	*Kulturelle Dimension*: • Behebung kultureller Gewalt, z. B. in Form moralisierender Berichterstattung, durch Friedensjournalismus. Entwicklung einer differenzierten Diskurskultur • Bekämpfung von Desinformation durch unabhängige Organisationen, z. B. der UN • Anti-diskriminierende Integrationspolitik in der Ukraine • Empathie: Sensibilisierung für eigene Anteile am Konfliktsystem • Schulbuchprojekte der „zwei Seiten", inspiriert am Erfolgsbeispiel Israel-Palästina • Einrichtung von Plattformen für einen vermittelnden Dialog über umstrittene Narrative	*Strukturelle Dimension*: • Behebung struktureller Gewalt, z. B. in Form von Diskriminierungen russischsprachiger Minderheiten in der Ukraine. Denkbar wäre ein föderales Konzept (z. B. Schweizer oder Südtiroler Modell) • Kritische Berücksichtigung der Sicherheitsbedürfnisse aller Seiten, die sich aus der geostrategischen Konstellation ergeben • Berücksichtigung aller betroffenen sozialen Trennlinien im Rahmen einer inklusiven, kultursensiblen Interventionspolitik bzw. einer erweiterten FAP • Aushandlung weiterer Win–Win-Lösungen zur Territorialfrage: UN-überwachte Sicherheitsgarantien; Einrichtung einer oder mehrerer demilitarisierter Zonen in der Ukraine, vor allem an der Ostgrenze zu Russland

Einige dieser Punkte mögen utopisch erscheinen, weil ihre Realisierung im Idealfall durchsetzungsfähige transnationale Institutionen voraussetzen würde, z. B. eine reformierte, durchsetzungsfähige UNO und eine entsprechende Weltinnenpolitik. Nicht zu unterschätzen ist jedoch, dass in fast allen diesen Bereichen bereits zivilgesellschaftliche NGOs aktiv sind, die zumindest „Nadelstiche" für den Frieden setzen könnten.

4.3 Wege aus dem globalen Gefangenendilemma

Über die Beiträge der Friedensforschung hinaus ergeben sich weiterführende Überlegungen zum Umgang mit dem oben skizzierten globalen Gefangenendilemma. Das Gefangenendilemma beschreibt den systemimmanenten Mechanismus, der Konkurrenz- und Sicherheitsdenken begünstigt und in Konflikten Verbindlichkeitsprobleme und wechselseitige Eskalation begünstigen kann. Kann dieser Mechanismus überwunden werden? Was lässt sich aus dieser systemischen Perspektive für den außenpolitischen Umgang mit unkooperativen Akteuren ableiten? Wie kann man Grenzen setzen, ohne unnötig zu eskalieren, und gleichzeitig kooperieren, ohne sich „schwach" zu zeigen und unnötigen Risiken auszusetzen? Diese Überlegungen könnten zu einer komplexitätsadäquaten Außenpolitik von Staaten beitragen und helfen, bisherige Barrieren bei der Entwicklung globaler Kooperation zu überwinden. Dies soll im Folgenden näher untersucht werden.

Der Politikwissenschaftler Robert Axelrod untersuchte in einer viel beachteten Computersimulation die beste Kommunikations- und Entscheidungsstrategie und kam zu dem Ergebnis, dass sich Tit for Tat („Wie du mir, so ich dir") von Anatol Rapoport als erfolgreichster bzw. „evolutionär funktionalster" Ansatz erwiesen hat. Es sieht vor, die Interaktion mit einem kooperativen („freundlichen") Zug zu beginnen. Danach wird jeweils der letzte Zug des anderen Spielers wiederholt (Axelrod 1984). Heute weiß man, dass sich Tit for Tat unter Umständen auch als nachteilig erweisen kann, wenn die Reaktion des Interaktionspartners nicht richtig erkannt oder interpretiert und fälschlicherweise als Verweigerung der Kooperation („Verrat") gedeutet wird. Die Gefahr besteht dann in einer schnellen Provozierbarkeit und einem entsprechenden Vergeltungsautomatismus, der in eine Eskalationsspirale mündet (Dixit/Nalebuff 1993). Für solche Missverständnisse hat sich nach Martin Nowak die Strategie Win-Stay, Lose-Shift gegenüber der Tit-for-Tat-Strategie als überlegen erwiesen. Sie sieht vor, die gewählte Strategie (also entweder betrügen oder kooperieren) beizubehalten, wenn sie erfolgreich war, und sie zu wechseln, wenn sie nicht erfolgreich war. Der Vorteil dieser Strategie liegt darin, dass die Spieler aus einer unkooperativen Schleife wieder in die Kooperation zurückkehren können (Nowak/Sigmund 1993). Damit wäre jederzeit ein Ausstieg aus der Eskalationsspirale möglich.

Zusammenfassend erweist sich eine Kombination beider Entscheidungsoptionen als wichtiger Bestandteil einer komplexen Strategie, um mit unterschiedlichen Akteuren so umzugehen, dass möglichst geringe Konfliktkosten entstehen und der Eskalationsmechanismus des Gefangenendilemmas durchbrochen wird. Ein rein pazifistisches (nur kooperieren) oder rein bellizistisches (nur betrügen) Handlungsschema würde zu kurz greifen und sich als nachteilig erweisen. Der Vorteil von Tit-for-Tat und Win-Stay, Lose-Shift besteht darin, dass man angemessen reaktionsfähig bleibt und gleichzeitig für die Gegenseite berechenbar ist. Berechenbarkeit ist wichtig, weil sie die

Kommunikation mit der anderen Partei ermöglicht und Vertrauen schafft. Die Tatsache, dass die Parteien nicht direkt miteinander kommunizieren können, macht die Ausgangssituation des Gefangenendilemmas so schwierig, da die Parteien nicht genau wissen, was sie voneinander erwarten können. Dies erzeugt Misstrauen und Angst und begünstigt unkooperatives Verhalten. Dieses Misstrauen kann jedoch überwunden werden, wenn der anderen Partei größtmögliche Erwartungssicherheit über die eigenen Entscheidungen, aber auch über die zu erwartenden negativen Konsequenzen im Falle der Nicht-Kooperation gegeben wird. Welche konkreten Implikationen ergeben sich daraus für komplexitätsadäquate Außenpolitik von Staaten und für die Überwindung des globalen Gefangenendilemmas?

Für komplexitätsadäquate Außenpolitik folgt daraus, in den eigenen Entscheidungsoptionen variabel zu bleiben, um auf unterschiedliche Akteure und Situationen angemessen reagieren zu können. Wie dies im Rahmen der oben beschriebenen dritten Position (Abschn. 2.3.2) konkret ausgestaltet wird, ist nicht eindeutig und durchaus umstritten. Gegenwärtig lässt sich beobachten, dass der Anspruch einer komplexen Politik, die reaktionsfähig sein und menschliche Sicherheit global verwirklichen will, vor allem im Kontext feministischer Außenpolitik (FAP) diskutiert wird. Es überrascht nicht, dass sich die FAP, ähnlich wie die Friedensforschung und Friedensarbeit, als heterogen erweist und sich in ihr die gleichen Debatten um die Frage des Einsatzes militärischer Mittel und die Radikalität struktureller Veränderungen wiederfinden.

Vertreter*innen mit einer eher realistischen Position argumentieren tendenziell sicherheitslogisch und plädieren für die Notwendigkeit des Aufbaus von Bedrohungspotenzialen, einschließlich militärischer Mittel. Sie betonen, dass FAP nicht notwendigerweise antimilitaristisch sein muss. Es wird argumentiert, dass die Sicherheit und die Rechte von Schutzbedürftigen (hier: Frauen und Mädchen) in bestimmten Situationen nur mit (Waffen-)Gewalt geschützt werden können (Abé 2022). So erklärte die belgische Europaabgeordnete und Aktivistin Assita Kanko anlässlich des russischen Überfalls auf die Ukraine, dass „Verteidigung keine Männersache" sei (Kanko zitiert in: Raddatz 2022). „Wer Frieden will, muss auf Krieg vorbereitet sein", so Kanko (Kanko zitiert in Abé 2022). Dass die Ukrainer*innen zu den Waffen greifen und sich selbst verteidigen, ist für die FAP daher kein Widerspruch – im Gegenteil, das Recht auf Selbstverteidigung sei in der UN-Charta vorgesehen (Raddatz 2022). Ähnlich plädiert die US-amerikanische Außenpolitikexpertin Rachel Tausendfreund dafür, FAP außerhalb der Gegensätze „Waffen vs. Frieden" und „feministisch vs. militärisch" zu konstruieren. Gerade der russische Angriff auf die Ukraine zeige, dass imperialistische Gewalt von außen kommen könne, sich an keine Regeln halte und man sich deshalb nicht wehrlos machen dürfe. Eine pauschale Ablehnung von Gewalt könne zwar dem Frieden dienen, aber auch der Unterwerfung. In diesem Sinne plädiert Tausendfreund für eine „moderate" FAP, die für eine grundsätzliche Zurückhaltung bei der Eskalation oder dem Eintritt in einen Konflikt, aber auch für eine „entschlossene Verteidigung" stehe, wenn es notwendig sei (Tausendfreund 2023; Abé 2022). Demgegenüber betont die deutsche Aktivistin Kristina Lunz eine eher idealistisch-pazifistische Variante der FAP. Sie stellt sich vor allem als „sinnstiftende Utopie" dar, die sich von der in der Außenpolitik vorherrschenden Denkschule des (Neo-)Realismus abgrenzt. Nach dieser Weltsicht stehen sich die Staaten aufgrund des Fehlens einer Weltregierung in Anarchie gegenüber und müssen ihre Macht durch militärische Abschreckung und

Dominanz aufbauen. Dem liege, analog zur oben dargestellten Kritik an der Sicherheitslogik, ein negatives Menschenbild zugrunde. Entsprechend fordert Lunz eine vollständige Abrüstung, da Sicherheitspolitik immer nur zu neuer Gewalt führe. Es gelte, mittel- und langfristig von einem patriarchalen, auf militärischer Stärke basierenden System wegzukommen und „menschliche Sicherheit" gegenüber „militärischer Sicherheit" in den Vordergrund zu stellen. Dies könne nur durch die Förderung von Zivilgesellschaft, Menschenrechten und Multilateralismus erreicht werden (Lunz 2022b). Nach Lunz reicht es daher nicht aus, mehr Frauen an den Tisch zu bringen. Vielmehr müsse der Tisch zerstört und ein völlig neues System aufgebaut werden, in dem eine „gerechtere Welt" verwirklicht werden könne (Lunz 2022a). Dem widersprechen die Vertreter*innen der moderaten und realistischen FAP. So fordert Hannah Neumann, Europaabgeordnete der Grünen, dass sie „nicht die Bundeswehr abschaffen" wolle. „Ich will, dass dort 40, 50 % Frauen tätig sind, und dann verändert sich der Laden auch", sagt sie. Ihr zufolge gehe es bei FAP weniger um eine „Neuerfindung von Politik", sondern um einen „vollständigeren Blick und um eine andere Priorisierung (Neumann zitiert in Abé 2022)".

Aus der Perspektive einer multiparadigmatischen Friedensforschung und einer komplexen Außenpolitik erscheinen die Positionen nicht unbedingt widersprüchlich. Zwar gehen sie von unterschiedlichen Annahmen und Politikansätzen aus. Es wird aber auch deutlich, dass sie sich umsetzungspolitisch auf unterschiedliche Zeithorizonte beziehen. Der eher realistisch argumentierende Ansatz der moderaten FAP konzentriert sich vor allem auf die Frage, wie Staaten kurzfristig und angesichts der gegenwärtigen Situation einer internationalen Anarchie diskriminierte und unterdrückte Gruppen besser schützen und stärken können. Der idealistisch argumentierende Ansatz der visionären FAP von Lunz legt den Grundstein für die Frage, wie langfristig eine globale Friedensordnung verwirklicht werden kann. Die damit verbundene Forderung nach Multilateralismus betrifft nicht weniger als die bereits skizzierte Frage der Global Governance, für die sich viele zivilgesellschaftliche Organisationen seit jeher einsetzen und die von den Staaten nur mit begrenztem Engagement vorangetrieben wird. Diesen visionären Ansatz schlicht als „unrealistisch" abzutun, würde den Blick dafür verstellen, dass Frieden in einer komplexer werdenden Welt langfristig tatsächlich nicht ohne eine Reformierung der UNO auskommt, die immer noch die Konstellation der Nachkriegsordnung des 20. Jahrhunderts widerspiegelt. Die Umsetzung eines Konzepts menschlicher Sicherheit, wie es Lunz fordert, bedarf einer international legitimierten und multilateral repräsentierten Institution, vergleichbar einer „Weltpolizei", die Weltinnenpolitik durchsetzen und notfalls unterdrückte Minderheiten in Staaten schützen kann, wenn deren nationale Regierungen dazu nicht in der Lage sind. Aus einer multiparadigmatischen Perspektive, die die Kernpunkte aller Diskurspositionen integriert, folgt, dass eine komplexe Außenpolitik mindestens zweigleisig angelegt sein sollte. Kurzfristig sollte sie kooperationsfördernd, aber auch „bereit" und reaktionsfähig sein, was den Einsatz von Machtmitteln mit Drohpotenzial nicht ausschließt. Darüber hinaus sollte sie sich aktiv für die langfristige Vision einer multilateralen Friedensordnung einsetzen.

Wie kann der Mechanismus des Gefangenendilemmas durchbrochen und der Weg zu Deeskalation und globaler Kooperation, ggf. sogar zu Global Governance, geebnet werden? Aus dem Modell des Gefangenendilemmas lässt sich die Empfehlung ableiten, dass eine kooperative Dynamik umso wahrscheinlicher ist, je mehr Transparenz besteht und je mehr Möglichkeiten die Parteien haben, sich zu verständigen. Befänden sich die beiden Gefangenen im selben Raum, wüssten sie sofort, zu welcher Entscheidung der andere tendiert, und könnten ihre Handlungen noch vor deren Umsetzung aufeinander abstimmen. Diese Erkenntnis wurde und wird vereinzelt in besonders brisanten internationalen Situationen umgesetzt: So wurde auf dem Höhepunkt des Kalten Krieges, als die Kubakrise im Oktober 1962 fast zu einer nuklearen Eskalation geführt hätte, ein „heißer Draht" oder „rotes Telefon" zwischen den USA und der Sowjetunion eingerichtet. Diese ständige Fernschreiberverbindung sollte eine Gefährdung des Friedens durch Missverständnisse oder Verzögerungen in der Kommunikation verhindern. Mehr als 20 Jahre nach dem Ende des Kalten Krieges richteten Russland und die NATO 2015 wieder eine direkte Verbindung zwischen ihren Generalstäben für Krisenfälle ein (ZEIT 2015). Etwa eine Woche nach dem russischen Angriff auf die Ukraine wurde eine direkte Verbindung zwischen dem europäischen Hauptquartier der US-Streitkräfte und Russland eingerichtet (STERN 2022). Darauf könnte aufgebaut werden. Die Aufrechterhaltung bestehender und die Schaffung neuer Dialogkanäle und diplomatischer Initiativen sind im Russland-NATO-Ukraine-Konflikt dringend zu empfehlen.

Zusammenfassend ergeben sich aus dem Gefangenendilemma mehrere Implikationen für eine komplexitätsfähige Außenpolitik und Friedensarbeit von Staaten und ggf. transnationalen Organisationen wie der EU oder den UN: Erstens begünstigen direkte Kommunikation und transparente Strukturen internationale Kooperation.

Zweitens garantiert einseitige Kooperation mit unkooperativen Akteuren, z. B. in Form von Appeasement, nicht zwangsläufig Frieden. Drittens kommt es vielmehr darauf an, einen vertrauensbildenden ersten Schritt zu tun (z. B. Abrüstung und Erfüllung der SDGs) und grundsätzlich Transparenz und Kooperation anzustreben (z. B. durch vertrauensbildende Maßnahmen), gleichzeitig aber auch bereit zu sein, im Falle eines „Verrats" Maßnahmen mit Drohpotenzial und negativen Konsequenzen für den Interaktionspartner umsetzen zu können (z. B. Sanktionen, ggf. sogar Aufrüstung). Viertens ist es wichtig, dies transparent zu kommunizieren und dem Gegenüber immer einen Ausweg aus der Eskalationsspirale zu ermöglichen. Eine Kombination von vorab transparent kommunizierten und an Bedingungen geknüpften Sanktionen und Verhandlungen, die auch die tiefer liegenden Triebkräfte der Konfliktebenen 2 und 3 berücksichtigen, orientiert an Tit-for-Tat oder Win-Stay, Loose-Shift, könnte sich als sinnvoller außenpolitischer Ansatz erweisen. Aus der Perspektive einer multiparadigmatischen Friedensforschung und Friedensarbeit wären unkooperative, gewaltsame außenpolitische Maßnahmen zwar nicht als kategorisch auszuschließende Mittel zu betrachten, aber immer als ungeliebtes Mittel der allerletzten Wahl. Darüber hinaus sollte eine komplexe Außenpolitik darauf abzielen, globale Kooperation und Frieden zu fördern und langfristig auf die Vision einer multilateralen Form von Global Governance hinzuarbeiten. Eine Überwindung des globalen Gefangenendilemmas könnte den Weg zu globaler Kooperation ebnen und den dringend notwendigen Reformprozess der Vereinten Nationen vorantreiben.

4.4 Weiterführende Überlegungen: Mit Kooperationsinitiativen zu einer internationalen Friedensordnung und Global Governance?

Die globale Brisanz des russisch-ukrainischen Krieges und seine Verknüpfung mit vielfältigen Dimensionen des Neuen Kalten Krieges werfen Fragen des internationalen Friedens auf. Wie kann Frieden in der eurasischen Region, im weitesten Sinne weltweit, auf der Basis multilateraler Kooperation verwirklicht werden? Diese Fragen mögen idealistisch und utopisch erscheinen, doch Umsetzungspotenziale sind durchaus vorhanden. Zu allen Zeiten der Menschheitsgeschichte haben Nationen mehr oder weniger dauerhafte Formen der bilateralen oder multilateralen Zusammenarbeit entwickelt. Meist war das Leitmotiv zwischenstaatlicher Kooperation militärische Sicherheit (z. B. NATO, OSZE) und/oder wirtschaftliche Prosperität (z. B. ASEAN, Chinas „Neue Seidenstraßeninitiative"). In der aktuellen Diskussion erweisen sich zwei Formen globaler Kooperation als besonders vielversprechend für die Realisierung einer globalen Friedensordnung und langfristig möglicherweise einer Global Governance. Das Mehrebenenmodell der EU ist seit jeher ein inspirierendes Beispiel für die Frage, wie politische Integration von Staaten erreicht werden kann (Abschn. 4.4.1). Vergleichsweise niedrigschwellig und pragmatisch setzt Chinas Neue Seidenstraßeninitiative an, die vor allem auf wirtschaftliche Kooperation zielt (Abschn. 4.4.2). Darüber hinaus stellt sich die Frage nach weiteren Leitmotiven, die die internationale Zusammenarbeit vorantreiben könnten (Abschn. 4.4.3).

4.4.1 Das EU-Modell: Inspiration für ein subsidiäres Mehrebenen-Governance-System

Als Vorbild für eine solche multilaterale Ordnung wird häufig die EU genannt. Die EU weist den weltweit höchsten Grad an wirtschaftlicher und politischer Integration von Nationalstaaten auf und stellt eine der stabilsten regionalen Friedensordnungen der Welt dar (EU 2022). Als subsidiäres Mehrebenensystem zeigt sie, wie Staaten und supranationale Institutionen koexistieren und kooperieren können. Die Nationalstaaten können ihre Souveränität behalten, gleichzeitig gibt es eine verbindliche supranationale Regelungsebene (Grande 2000).

Die EU stellt auch eine Werteordnung dar, und hier kann sich die kritische Frage stellen, wie im Kontext der geokulturellen Weltkonfliktformation liberal-offene und autoritär-geschlossene Gesellschaften einander vertrauen und miteinander kooperieren sollen. Insbesondere die moralischen und menschenrechtlichen Belehrungen der liberal-offenen Staaten des Westens werden von autoritär-geschlossenen Gesellschaften als doppelmoralische und unzulässige Einmischung empfunden. Dem ließe sich entgegenhalten, dass die Realisierung eines globalen Multi-Level-Governance-Systems mit hoher Wahrscheinlichkeit den Charakter eines prozessoffenen Projekts „sui generis" (dazu Varwick 2002), also eines sich „aus sich selbst heraus" evolutionär entwickelnden Prozesses, hätte. Grundlage der politischen Integration wäre in den ersten Schritten vermutlich nicht die strittige Frage der individuellen Menschenrechte nach westlichem Verständnis, sondern das völkerrechtlich betonte – und im Prinzip bereits von allen Staaten der Erde geteilte – Prinzip der nationalen Souveränität und Selbstbestimmung. Ein Angriffskrieg gegen andere Staaten, wie z. B. der Russlands gegen die

4 Impulse für den Friedensprozess

Ukraine, wäre nicht nur wie schon heute völkerrechtlich verboten, sondern könnte in einem multilateralen Ordnungssystem wirksam sanktioniert, verhandelt und geregelt werden. Damit würde das Völkerrecht gestärkt und durchsetzbar. Es ist denkbar, dass in weiteren Schritten im Zuge der fortschreitenden politischen Integration zwischen den Staaten multilateral ausgehandelt werden könnte, inwieweit das Governance-System auch über die Einhaltung individueller Menschenrechte in den einzelnen Staaten wachen könnte.

Die Etablierung eines solchen Systems scheitert, wie oben dargestellt, vor allem daran, dass die Nationalstaaten ein gewisses Maß an Souveränität auf eine supranationale Ebene übertragen müssten. Ein entsprechender Reformprozess der Vereinten Nationen hin zu einer durchsetzungsfähigen Global Governance würde u. a. die Abschaffung des Vetoprinzips im Sicherheitsrat voraussetzen. Würden die fünf Vetomächte jemals auf ihr Machtprivileg verzichten? Die Erfahrungen aus dem erfolgreichen Prozess gegenseitiger nuklearer Abrüstung nach dem Ende des Kalten Krieges zeigen, dass Machtabgabe unter kontrollierten Bedingungen und auf der Basis gegenseitigen Vertrauens kein völlig unmögliches Unterfangen ist. Der Erfolg eines solchen Prozesses ist an mindestens zwei Bedingungen geknüpft: Erstens müsste bei den Regierenden der betroffenen Staaten ein entsprechendes Bewusstsein für den bestehenden globalen Problemdruck und dessen Dringlichkeit vorhanden sein. Dass dieser Problemdruck besteht, ist heute angesichts der durchaus möglichen Gefahr eines Dritten Weltkrieges und anderer komplexer globaler Herausforderungen, die nur gemeinsam bewältigt werden können, unstrittig. Zweitens wäre der Weg zu einem Global Governance-System als ein langwieriger, auf Transparenz und Tit-for-Tat beruhender Prozess von Checks and Balances denkbar, der von bestehenden transnationalen Organisationen wie der UN oder der OSZE moderiert und von NGOs der zivilen Konfliktbearbeitung beraten werden könnte. Eine entsprechende Initiative könnte auch von der Staatengemeinschaft selbst ausgehen. Denkbar wäre eine von der EU koordinierte Kooperationsinitiative. Hier empfiehlt sich ein pragmatischer, prozessoffener Ansatz. Im Folgenden werden dazu einige Anregungen gegeben.

4.4.2 Das BRI-Modell: Inspiration für einen flexiblen und konkurrenzfähigen Kooperationsansatz

Ein weniger wertegebundener und weniger tiefgreifender, dafür aber pragmatischer Kooperationsansatz wird derzeit durch die chinesische „Belt and Road Initiative" (BRI) bzw. die „Neue Seidenstraßeninitiative" umgesetzt.

Konkret umfasst die BRI Infrastrukturentwicklung und Investitionen in zahlreichen Staaten weltweit (Godehardt und Kohlenberg 2017). Im April 2023 waren 149 Länder aufgelistet, die der BRI beigetreten sind (Nedophil 2023). Die von China initiierte Initiative wird von einigen Beobachter*innen durchaus kritisch gesehen und hat, wie in einer anderen Publikation aufgeführt, durchaus ambivalenten Charakter (vgl. Fathi 2021). U.a. wird kritisiert, dass China mit der BRI Infrastrukturkredite ohne klare Bedingungen wie Demokratie und gute Regierungsführung vergibt und damit den Integrationsprozess der EU in der Balkanregion untergräbt. Aus pragmatischer Sicht könnte gerade diese Unverbindlichkeit eine Inspiration für einen multilateralen Kooperationsansatz zwischen liberal-offenen und autoritär-geschlossenen Gesellschaften auf der Basis eines pragmatischen Ansatzes des „kleinsten gemeinsamen Nenners" sein. Der flexible und zugleich kompetitive Charakter der BRI ermöglicht es, das regelbasierte eurozentrische Modell internationaler Ordnung sowie bestehende transnationale Institutionen und laufende Projekte zu ergänzen.

Für friedenspolitische Überlegungen bleibt die BRI insofern bedeutsam, als sie zwar nicht das Ziel einer Werteunion verfolgt, aber durchaus friedensfördernd wirkt, indem sie Win–Win-Kooperationen und damit verbundene Interdependenzen schafft und damit die Kosten eines möglichen Krieges in die Höhe treibt. Trotz fehlender Vision ist die BRI durchaus auf die Entwicklung eines umfassenden eurasischen Netzwerks angelegt, das die wirtschaftliche, kulturelle und politische Kooperation zwischen Ländern und Regionen fördert. Optimisten argumentieren, dass die BRI aufgrund ihrer Konnektivität und Inklusivität einerseits und ihrer Offenheit und Flexibilität andererseits weitgehend zu einer friedlichen Win–Win-Kooperation für die meisten beteiligten Länder führen würde (Liang 2015; Zhang 2018). Wirtschaftsanalysten (z. B. von der Weltbank) betonen, dass die BRI, wenn sie vollendet ist, die Handelsströme zwischen den 71 direkt beteiligten Korridor-Volkswirtschaften um bis zu 2,7 % bis 9,7 % steigern wird (The World Bank 2018; Baniya et al. 2019). Die offizielle Leitidee, die Zusammenarbeit zwischen den Ländern entlang der Seidenstraße auszubauen und zu stärken, wird von einer populären Beschreibung des chinesischen Philosophen Zhao Tingyang aufgegriffen. Ihm zufolge ist für eine erfolgreiche geopolitische Sicherheitsstrategie „die Maximierung der Kooperation noch wichtiger als die Minimierung von Konflikten, da erstere die letztere einschließt, letztere aber nicht die erstere" (Tingyang 2009: 106, zitiert in Godehard 2016: 12).

Eine pragmatisch angelegte Kooperationsinitiative im Stile der BRI könnte auch von den USA und vor allem der EU auf den Weg gebracht werden. Derzeit lassen sich mindestens drei Initiativen identifizieren, die in Abgrenzung zur BRI initiiert wurden, aber vergleichsweise weniger weit entwickelt sind: Die Indo-Pazifik-Initiative[6], der Asien-Afrika-Wachstumskorridor (AGGC)[7] und ein europäisches Strategieprogramm zur Anbindung Europas an Lateinamerika, Afrika und Asien.

Während die ersten beiden Initiativen als Konkurrenzprojekte zur BRI zu bewerten sind, wurde letztere durchaus komplementär zur BRI entwickelt, um auch friedenspolitisch sinnvolle Win–Win-Kooperationen zwischen der EU und anderen Teilen der Welt zu erreichen.

Der Rahmen ist in der sogenannten Global Gateway Initiative angelegt: Sie wurde im Dezember 2021 vorgestellt und zielt darauf ab, zwischen 2021 und 2027 bis zu 300 Mrd. Euro in den Digital-, Energie- und Verkehrssektor sowie in die Stärkung der Gesundheits-, Bildungs- und Forschungssysteme in Schwellen- und Entwicklungsländern zu investieren. Dazu gehört auch die Sicherung

---

[6] Im Juli 2018 haben die USA die Indopazifik-Initiative ins Leben gerufen, der die 14 Länder Japan, Indien, Australien, Bangladesch, Burma, Indonesien, Malaysia, Neuseeland, die Philippinen, Singapur, Südkorea, Taiwan, Thailand und Vietnam angehören. Bislang handelt es sich um ein loses Konzept, das bestehende indo-pazifische Gruppierungen, wie die Association of Southeast Asian Nations (ASEAN), die Regional Comprehensive Economic Partnership (RCEP) oder die Quad (USA, Japan, Indien und Australien) umfasst (Stirling 2023). Die Initiative umfasst Programme zur Förderung der wirtschaftlichen Zusammenarbeit, der Sicherheitskooperation (einschließlich Seeverkehr und Cybersicherheit) und der regionalen Konnektivität (einschließlich digitaler Infrastruktur). Der im Oktober 2018 von US-Präsident Trump unterzeichnete BUILD Act sieht beispielsweise Entwicklungsfinanzierungskapazitäten von bis zu 60 Mrd. US$ vor (Stirling 2023; OBOReurope 2018).

[7] Die AGGC ist ein Abkommen zur wirtschaftlichen Zusammenarbeit, das im November 2016 von Indien und Japan initiiert wurde. Inzwischen umfasst die Kooperation 15 weitere Länder, vor allem aus Afrika, mit Ausnahme von China (The Times of India 2017). Im Gegensatz zur BRI, die sowohl Land- als auch Seekorridore umfasst, ist die AGGC im Wesentlichen als Seekorridor geplant, der Afrika mit Indien und anderen Ländern Südostasiens und Ozeaniens verbindet. Sie wird explizit als Gegenmodell zur BRI gesehen (Nair 2017).

der Versorgung Europas mit kritischen Rohstoffen wie Lithium. Den Partnerländern in Lateinamerika und der Karibik werden bis Ende 2027 Investitionen in Höhe von mehr als 45 Mrd. EUR zugesagt, und in Afrika sollen 150 Mrd. Euro investiert werden (Europäische Kommission 2023). In Richtung Osteuropa und Asien sieht das europäische Konnektivitätsprogramm vor, das Transeuropäische Verkehrsnetz (TEN-V) u. a. in Moldau, Ukraine, Georgien, Armenien und Aserbaidschan auszubauen und mit anderen Wirtschaftskorridoren in Asien zu verbinden (Europäische Kommission 2022b). Sogar eine Kooperation mit China und dem Iran war vorgesehen (Europäischer Rat 2018). In Bezug auf die BRI zielt das Programm darauf ab, den Informationsaustausch, die Verkehrsverbindungen und die wirtschaftliche Zusammenarbeit zu stärken, allerdings unter der Voraussetzung, dass die Kommunikation über eine gemeinsame EU-China-Konnektivitätsplattform erfolgt – ein konsolidiertes Koordinationszentrum für alle BRI-Aktivitäten der EU. Damit soll der Tendenz Chinas entgegengewirkt werden, den EU-Integrationsprozess durch bilaterale Abkommen zu unterminieren (Europäischer Rat 2018). Ein weiteres Ziel des Strategieprogramms ist es, die Erfolge und Erfahrungen der EU bei der transnationalen Politikintegration nach Asien zu „exportieren" (OBOReurope 2018). Ob die EU mit einem wertebasierten Ansatz, der Asien „den europäischen Weg" zeigen will (so OBOReurope 2018), erfolgreich sein wird, bleibt offen. Vor dem Hintergrund der aktuellen Kritik an westlicher Doppelmoral und Arroganz wäre für einen EU-initiierten Kooperationsansatz ein Politikansatz erfolgversprechender, der das „Teilen von Wissen" und gemeinsame Problemlösung, statt den „Export des europäischen Weges" in den Vordergrund stellt.

Zusammenfassend lässt sich festhalten: Auch wenn die Vision einer transatlantisch-eurasischen oder gar globalen

Friedensordnung aus heutiger Sicht utopisch erscheint, gibt es durchaus Möglichkeiten, entsprechende Prozesse anzustoßen. Das Beispiel des Mehrebenensystems der EU hätte eher visionären Charakter und zeigt, wie eine fortgeschrittene politische Integration von Staaten, eine komplexe Global Governance-Ordnung, aussehen könnte. Das Beispiel der BRI zeigt, wie pragmatisch, flexibel und prozessoffen regionale und globale Kooperation durch eine Konnektivitätsstrategie initiiert werden könnte. Dies wäre sinnvoll, um die Kluft zwischen offenen und geschlossenen Gesellschaften zu überbrücken. Die Strukturen und Potenziale dafür sind vorhanden. Und der Problemdruck ist da. Inwieweit könnte dieser Problemdruck als Leitmotiv für globale Kooperation dienen?

4.4.3 Gemeinsame Bewältigung globaler Krisen als neues Leitmotiv für globale Kooperation

Zu allen Zeiten der Menschheitsgeschichte haben Nationen mehr oder weniger dauerhafte Formen der bilateralen oder multilateralen Zusammenarbeit entwickelt. Meist war das Leitmotiv militärische Sicherheit und/oder wirtschaftliche Prosperität. Grundsätzlich ist die Notwendigkeit einer Friedensordnung, die auf globaler multilateraler Kooperation beruht, größer denn je. Denn nur auf dieser Grundlage lassen sich die vielen drängenden globalen Probleme unserer Zeit noch lösen. Die ZEIT-Kolumnistin Andrea Böhm bringt es auf den Punkt:

> *„Noch nie in der Geschichte der Menschheit gab es so viele Krisenkaskaden, die ein global vernetztes Handeln erfordern. Und noch nie seit Gründung der UN war die Bereitschaft dazu so klein wie heute (Böhm 2022)."*

4 Impulse für den Friedensprozess

Die Aussichten sind nicht unbedingt schlecht. Globale Herausforderungen wie die Zunahme von Naturkatastrophen durch den Klimawandel, Ressourcenknappheit oder die nächste Pandemie könnten zu einem neuen Kontext globaler Zusammenarbeit im 21. Jahrhundert motivieren. Gesellschaftliche Nachhaltigkeit und Multiresilienz könnten sich hierbei als ein wichtiges und erstrebenswertes Leitmotiv erweisen, um weitere globale multilaterale Kooperation voranzutreiben und möglicherweise sogar politische Integration zu realisieren.

> **Was ist gesellschaftliche Multiresilienz?**
>
> Die Gesellschaften sind mit vielfältigen globalen Herausforderungen konfrontiert, wie z. B. den bewaffneten Konflikten im Nahen Osten, der drohenden Flüchtlingskrise in Europa, der zunehmenden Cyberkriminalität und vor allem den ökologischen Risiken durch den Klimawandel (Fathi 2022). Als Antwort auf diese und andere globale Herausforderungen hat sich in den 2000er-Jahren das Konzept der „gesellschaftlichen Resilienz" etabliert. Der Begriff „Resilienz" leitet sich vom lateinischen „resilire" ab und bedeutet wörtlich übersetzt „zurückspringen" oder „abprallen". Im Unterschied zum Nachhaltigkeitsbegriff geht es bei Resilienz nicht um die Frage, wie so gewirtschaftet werden kann, dass Krisen gar nicht erst entstehen und dass zukünftige Generationen ihre Bedürfnisse mindestens im gleichen Umfang befriedigen können. Resilienz geht vielmehr davon aus, dass unvorhersehbare Krisen eintreten werden. Davon ausgehend konzentriert sich der Resilienzdiskurs nicht auf die Frage, wie sich Gesellschaften Krisen abwenden können (da sie ohnehin eintreten werden), sondern wie sie sich selbst krisenfest (im Sinne von „überlebensfähig") gegenüber einzelnen, nicht mehr abwendbaren Problem- bzw. Krisenarten – z. B. dem Klimawandel, Cyber-Angriffen, Flüchtlingskrisen oder Pandemien – machen können. Ein relativ neuer Ansatz ist die „Multiresilienz", bei der es nicht um Resilienz gegenüber einzelnen Problem geht („Monoresilienz"), sondern um den Aufbau von Kapazitäten, um auf alle Arten von Problemen gleichzeitig

> reagieren zu können. Demnach zeichnen sich multiresiliente Gesellschaften oder Regionen durch eine „Grundrobustheit" und höhere kollektive Intelligenz und Weisheit aus, die sie in die Lage versetzt, auf unterschiedlichste und komplexe Problemsituationen besser, variabler und schneller reagieren zu können (für weitere Details siehe Fathi 2022).

Die Weltgemeinschaft ist zunehmend mit vielfältigen Bedrohungen konfrontiert, die so komplex sind, dass sie auf nationaler Ebene nicht bewältigt werden können. Diese Bedrohungen – das zeigen allein die globalen Auswirkungen des Russland-NATO-Ukraine-Konflikts auf die Welternährung, die Energiepreise, die unkontrollierte Verbreitung von Waffen, die Migration und andere internationale Konflikte – sind vielfach miteinander vernetzt und sollten daher nicht isoliert behandelt werden.

Ein erster wichtiger Schritt wäre laut Birckenbach, dass die westlichen Staaten ihren globalen Verpflichtungen nachkommen – etwa der Beschränkung des Waffenhandels und der Umsetzung der SDGs -, die für eine nachhaltige Befriedung des Russland-NATO-Ukraine-Konflikts die notwendige Zustimmung im globalen Süden finden. Damit könnten westliche Staaten ihre „Glaubwürdigkeitslücke" schließen und Vertrauen für weitreichende globale Kooperationen gewinnen (Birckenbach 2023). Ähnlich lautet auch die Empfehlung von Gesine Schwan, der ehemaligen Präsidentin der Europa-Universität Viadrina in Frankfurt (Oder), dass westliche Staaten versuchen könnten und sollten, ihre Beziehungen zum globalen Süden durch multilaterale Kooperation zu verbessern und dadurch internationale Legitimität zu gewinnen. Dies empfehle sich vor allem auch vor dem Hintergrund des Konflikts mit Russland. Bisher, so Schwan, würde Putin die.

4 Impulse für den Friedensprozess

"Belastungen durch westliche koloniale und neokoloniale Erbschaften in Afrika für sich ausnutzen. In dem Maß, wie der Westen nicht durch Sanktionen, sondern mit konstruktiven und partnerschaftlichen Kooperationsangeboten kontert, wird das russische (und auch das chinesische) Schwert stumpf. Das müssen wir erreichen, um Russland in seinem eigenen Interesse an imperialer Macht schrittweise durch multilaterale Abmachungen – etwa zugunsten von Ernährungssicherheit, zum Schutz der globalen Wirtschaft und zum Erhalt der ukrainischen Infrastruktur – zur Reduktion und Einstellung der Kämpfe in der Ukraine zu bewegen. Im globalen Süden will Putin sein Gesicht nämlich nicht verlieren (Schwan 2023)."

Aus einer weiter reichenden Perspektive betrachtet, geht es auch um eine Einbindung Russlands. Gemeinsame globale Bedrohungen dürften nämlich auch einen Anreiz für die Zusammenarbeit mit Russland darstellen – trotz oder unabhängig vom Krieg in der Ukraine. Globale Herausforderungen wären somit Katalysatoren für Initiativen zur Förderung globaler Kooperation und einer gemeinsamen globalen Identität. Denn letztlich kann die (Multi-)Resilienz der Nationalstaaten gegenüber diesen Problemen nur von einer (Multi-)Resilienz der Weltgemeinschaft profitieren.

Die Idee, dass gemeinsame Herausforderungen identitätsstiftend und konfliktlösend wirken können, wurde im Rahmen des Robbers-Cave-Experiments und der darauf aufbauenden „Realistic Conflict Theory" untersucht. Das Experiment, das erstmals 1954 von Muzafer Sherif und Carolyn Wood Sherif durchgeführt wurde, bestand aus mehreren Schritten, in denen aus den Teilnehmern zwei konkurrierende Gruppen gebildet wurden, negative Einstellungen und eskalierende Konflikte zwischen den beiden Gruppen provoziert wurden und schließlich die Spannungen zwischen den Gruppen durch teamorientierte Aufgaben, die eine gruppenübergreifende

Zusammenarbeit erforderten, abgebaut wurden. Eine wichtige Schlussfolgerung aus diesem Experiment ist, dass Reibungen zwischen Gruppen nur dann abgebaut werden können, wenn übergeordnete Ziele vorhanden sind, die gemeinsames, kooperatives Handeln fördern (Sherif et al. 1961). Dieser Mechanismus könnte auf die internationale Gemeinschaft übertragen werden: Aufkommende globale Bedrohungen erfordern eine effektive globale Kooperation und Anstrengungen zur Entwicklung von (Multi-)Resilienz der globalen Gemeinschaft.

Dass diese Dringlichkeit nicht in vollem Umfang erkannt wurde und isolierte sicherheitspolitische Interessen vorherrschen, zeigt die durch den Russland-Ukraine-Krieg beeinflusste Situation im Arktischen Rat. So haben sieben der acht Arktis-Anrainerstaaten ihre Mitarbeit im Rat vorläufig ausgesetzt. Besonders betroffen ist Russland, dessen internationale Bedeutung im Rat ungebrochen war: Wirtschaftlich steht die Zukunft wichtiger Industrieprojekte und Absatzmärkte Russlands auf dem Spiel, zudem haben alle westlichen Partner die Zusammenarbeit mit Russland in Wissenschaft und Forschung ausgesetzt. Auch wenn Russland besonders unter den Folgen des Klimawandels in der Arktis leidet, schadet der zeitweilige Stopp klimarelevanter Forschung letztlich der ganzen Welt. Zudem steigt die Gefahr einer Eskalation des Ressourcenkonflikts in der Arktis, der sich derzeit noch auf einem niedrigen Eskalationsniveau befindet (Paul 2022). Um das globale Gefangenendilemma zu durchbrechen, müssten nicht nur alle Dialogkanäle zwischen den Staaten geöffnet werden, sondern auch die Dringlichkeit einer transnationalen Kooperation der Staatengemeinschaft kommuniziert und dadurch bewusst gemacht werden.

Zusammenfassend lässt sich festhalten, dass eine Kooperationsinitiative, die Staaten aus aller Welt nicht nur

4 Impulse für den Friedensprozess

zur sicherheitspolitischen und wirtschaftlichen Zusammenarbeit einlädt, sondern auch zur Bewältigung globaler Herausforderungen, wie z. B. der zunehmenden Gefahren durch den globalen Klimawandel und der Notwendigkeit globaler (multi-)resilienter Strukturen, einen Beitrag zu einer globalen Friedensordnung leisten könnte. Wie diese Initiative konkret umgesetzt werden könnte, ist offen und müsste in der weiteren Forschung und Politikberatung expliziert werden. Ausgehend von den bisherigen Überlegungen wäre grundsätzlich ein pragmatischer Ansatz pragmatischer Ad-hoc-Kooperation zu empfehlen. Trotz bestehender Konflikte könnten die Kontrahenten des Neuen Kalten Krieges und die blockfreien Staaten in vielfältigen Kontexten globaler (Multi-)Resilienz kooperieren. Inspirationen (z. B. EU- oder BRI-Modell) und Ressourcen (z. B. Arktischer Rat, OSZE) sind vorhanden.

5

Abschließende Bemerkungen

Abschließend wird ein Fazit gezogen (Abschn. 5.1) und auf der Grundlage der in diesem Beitrag angestellten Überlegungen werden sieben politische Handlungsempfehlungen skizziert (Abschn. 5.2).

5.1 Fazit: Der Russland-Ukraine-Krieg ist ein Mehrebenen-Konflikt und erfordert komplexe Friedensarbeit

Der russisch-ukrainische Krieg kann in seiner globalen Brisanz kaum überschätzt werden. Seine vielfältigen politischen, sozialen und wirtschaftlichen Auswirkungen sind weltweit spürbar, die Wahrscheinlichkeit einer Ausweitung auf den eurasischen Kontinent und einer nuklearen

Eskalation ist gegeben. In der aktuellen Berichterstattung wird häufig unterschätzt, dass es sich um einen Mehrebenenkonflikt mit weiteren Konfliktakteuren handelt. Aus ukrainischer Sicht und in der westlichen Berichterstattung ist der Konflikt vor allem ein russischer Angriffskrieg und eine russisch-ukrainische Konfrontation. Aus russischer Sicht handelt es sich um einen Stellvertreterkrieg im Rahmen einer erweiterten Russland-NATO-Ukraine-Konfrontation. Aus Sicht der aufstrebenden Supermacht und des russischen Allianzpartners China ist der Konflikt – wie in der Zwölf-Punkte-Friedensinitiative explizit dargestellt – Teil eines globalen Kalten Krieges. Alle drei Diskurs- und Konfliktebenen – erstens der Russland-Ukraine-Krieg, zweitens der Russland-NATO-Ukraine-Konflikt, drittens verschiedene Weltkonfliktformationen im Rahmen eines sich herausbildenden Neuen Kalten Krieges – sind real.

Die Friedensforschung leistet einen wichtigen Beitrag, diesen Mehrebenenkonflikt differenziert und komplexitätsangemessen zu analysieren. Eine komplexe Konfliktanalyse ist die Grundlage für eine nachhaltige Interventionspraxis, die sich nicht auf politische Vereinbarungen auf der Top-Ebene politischer Entscheidungsträger*innen beschränkt, sondern alle Risikodimensionen – z. B. den Abbau kultureller und struktureller Gewalt und psychischer Langzeitfolgen – und Gesellschaftsbereiche – z. B. Politik, Zivilgesellschaft, Medien – im Blick behält. Damit soll einem Wiederaufflammen von Gewalt, wie z. B. dem Bruch des Minsker Abkommens nur wenige Tage nach seiner Verabschiedung, entgegengewirkt werden.

Die Friedensforschung ist uneinheitlich. Ähnlich wie in der FAP werden Fragen des Einsatzes militärischer Mittel und Ansätze des gewaltfreien Widerstands kontrovers diskutiert. Dabei kommt es häufig zu Vereinfachungen, die von einer engen Entweder-oder-Logik ausgehen. Für eine komplexe und situationsangemessene Friedens-,

Außen- und Sicherheitspolitik im Umgang mit dem Russland-Ukraine-Krieg dürfte dies nicht hilfreich sein. Disziplinen, die sich seit jeher mit Ambivalenz und Komplexität befassen – hier z. B. das Modell des Gefangenendilemmas aus der Systemtheorie oder spirituelle Weisheitstraditionen – könnten im Rahmen einer „dritten Position" Orientierung geben, die z. B. den Bellizismus-Pazifismus-Gegensatz überwinden und integrieren hilft. Friedensforschung und Friedensarbeit könnten hier multiparadigmatisch weitergedacht werden.

Die Befriedung des russisch-ukrainischen Krieges erfordert eine komplexitätsangemessene Friedensarbeit – nicht nur wegen seiner Eigenkomplexität, sondern auch, weil er im Kontext des Neuen Kalten Krieges direkt oder indirekt mit anderen hochbrisanten Konfliktherden wie dem Arktiskonflikt, dem Koreakonflikt oder der Taiwan-Frage verbunden ist. Eine wechselseitige Beeinflussung dieser Konfliktherde, sowohl im positiven als auch im negativen Sinne (wie z. B. die Taiwan-Frage zeigt), ist möglich. Mit der erneuten Eskalation des Israel-Palästina-Konflikts hat sich die Aufmerksamkeit der westlichen Öffentlichkeit derzeit vom Russland-Ukraine-Krieg weg verlagert, wovon in erster Linie Putin profitieren dürfte.

Territorialkonflikte wie der Russland-Ukraine-Krieg, der Israel-Palästina-Konflikt, der Korea-Konflikt oder die Taiwan-Frage und viele andere haben eine hohe internationale Brisanz, weil ihre Lösung einen Präzedenzfall für den Umgang mit anderen Territorialkonflikten schafft. Darin könnte auch eine Chance liegen. Erfahrungen aus der Friedensforschung und Konflikttransformation bergen inspirierende Best Practices für die Lösung von Territorialkonflikten im Sinne einer Win–Win-Situation für alle Beteiligten. So könnte eine nachhaltige Verhandlungslösung im Russland-Ukraine-Krieg einen weiteren positiven Präzedenzfall für andere Territorialkonflikte schaffen.

Der Russland-Ukraine-Krieg hat nicht nur eine potenzielle Ausstrahlungswirkung auf andere Konflikte – er erscheint vor allem als Ausdruck und Katalysator aktueller gravierender globaler Veränderungen. Es zeichnet sich eine neue Ost-West-Front ab, in der längst eine hybride Kriegsführung auf mehreren Ebenen – militärisch, geheimdienstlich, ökonomisch, im Cyberspace, in der (Des-)Informationspolitik etc. – stattfindet. Gleichzeitig ist die Kritik an der westlich-liberalen Hegemonie und die Forderung nach einer neuen, multilateralen Weltordnung lauter denn je – und angesichts gravierender globaler Herausforderungen, die nicht im Alleingang bewältigt werden können, auch notwendiger denn je.

Der russisch-ukrainische Krieg als Teil des Neuen Kalten Krieges erfordert komplexe Friedensarbeit. Die Gefahr einer Ausweitung bis hin zu einem Dritten Weltkrieg ist durchaus gegeben. Gleichzeitig besteht die Chance, die internationalen Beziehungen weiterzuentwickeln und die globale Zusammenarbeit zu fördern. Welche politischen Handlungsempfehlungen ergeben sich daraus?

5.2 Politische Handlungsempfehlungen in sieben Thesen

Aus der bisherigen Analyse ergeben sich mehrere politische Handlungsempfehlungen. Sie sind in sieben Thesen zusammengefasst:

These 1: Politische Diskurse und Entscheidungsfindung sollten differenziert, besonnen und komplexitätsangemessen sein und populistische Vereinfachungen vermeiden: Die Auseinandersetzung mit dem Russland-Ukraine-Krieg ist emotional aufgeladen und lädt zu einer Engführung der

Debatte ein: Waffenlieferungen ja oder nein? Idealismus oder Realismus? Für Russland oder für die Ukraine? Dabei erfordert die Komplexität der Herausforderung ebenso komplexe Antworten, die der Multidimensionalität und Ambiguität der Situation gerecht werden. Eine Simplifizierung, die von einer Entweder-oder-Logik ausgeht, greift zu kurz und kann sich sogar als kontraproduktiv erweisen, weil sie zu unerwünschten Nebeneffekten führt (wie etwa die absurden Nebeneffekte der Sanktionspolitik gegenüber Russland gezeigt haben). Ambiguitätstoleranz beinhaltet differenziertes und kreatives Denken in Sowohl-als-auch-Kontexten und zielt auf weise Entscheidungsfindung ab. Weisheit ist eine der wichtigsten und vernachlässigten Kompetenzen in Zeiten komplexer Probleme (Scobel 2008). Für jede Diskurspolitik und Politikberatung empfiehlt es sich, emotionalisierte populistische Vereinfachungen zu vermeiden und politische Entscheidungen nach ihrer Situations- und Komplexitätsangemessenheit auf der Basis von Voraussicht und Weisheit zu beurteilen.

These 2: Friedensforschung und zivile Konfliktbearbeitung bieten ein breites Instrumentarium und sollten im Kontext vernetzter Interventionen stärker und systematischer konsultiert werden: Friedensforschung und Friedensarbeit, die in der aktuellen Debatte noch wenig Beachtung finden, könnten einen wichtigen Beitrag zur Befriedung des Russland-Ukraine-Konflikts leisten. Sie verfügt über ein breites Instrumentarium, das eine multidimensionale und differenzierte Konfliktanalyse und -intervention ermöglicht. Darüber hinaus kann sie auf Best Practices nachhaltig gelöster Territorialkonflikte zurückgreifen und eine komplexe Konfliktanalyse liefern. So wird u. a. deutlich, dass die Territorialfrage zwar zentral für die Befriedung von Konflikten ist, aber auch andere Dimensionen direkter, kultureller und struktureller Gewalt durch Maßnahmen der zivilen Konfliktbearbeitung bearbeitet werden müssen.

Expertise aus der zivilen Konfliktbearbeitung könnte auf höchster politischer Ebene stärker konsultiert und idealerweise in einen komplexen außenpolitischen Ansatz integriert werden. Wichtige Erfahrungen aus der Konflikttransformation liegen hier u. a. in der Gestaltung vernetzter Multi-Track-Interventionen. Konkret wird empfohlen, auf nationaler (z. B. Deutschland, USA etc.) und transnationaler Ebene (z. B. EU, UN) multidisziplinär zusammengesetzte Beratungsteams einzurichten, die – um eine hohe kollektive Intelligenz zu generieren – möglichst heterogen zusammengesetzt sein sollten und die Politik bei der Umsetzung eines umfassenden Friedensprozesses unterstützen. Es wird dringend empfohlen, dass sich Arbeitsgruppen dieser Beratungsgremien frühzeitig mit der Zeit nach dem Krieg befassen und bereits jetzt Strategien, Szenarien, Text- und Gesetzesentwürfe etc. erarbeiten, um für die anstehenden Verhandlungen ausreichend vorbereitet zu sein.

These 3: Permanente Neutralität dürfte sich als bessere Option zur Lösung des Territorialkonflikts in der Ukraine erweisen: Der russisch-ukrainische Krieg wird sich aller Voraussicht nach zu einem permanenten Krieg entwickeln. Eine Befriedung des Konflikts wird nicht ohne Verhandlungen möglich sein. Aus mediatorischer Sicht können auch unrealistische Forderungen und starre Positionen als „Verhandlungsversuch" gewertet werden. Ob und wie die unüberwindbar scheinenden Gegensätze, insbesondere in Bezug auf die territoriale Streitfrage, gelöst werden können, bleibt offen, wobei eines von drei Szenarien wahrscheinlich ist: 1) permanenter Krieg, 2) permanente Teilung oder 3) permanente Neutralität der Ukraine. Da die Option einer dauerhaften Teilung zu einem Eisernen Vorhang führt und die Eskalation zwischen Russland und der NATO weiter vorantreiben könnte, wäre die Option einer Neutralität der Ukraine aus friedenspolitischer Sicht zu bevorzugen und für alle beteiligten Staaten am vorteilhaftesten – entsprechende Sicherheitsgarantien auf allen Seiten vorausgesetzt, die noch auszuhandeln wären. Die Einrichtung einer oder mehrerer entmilitarisierter Zonen unter UN-Aufsicht dürfte sich nach einem Waffenstillstandsabkommen als ein wesentlicher nächster Schritt zur Beendigung von Gewalt und Tod erweisen. Darauf können weitere Verhandlungen aufbauen.

These 4: Der Dialog mit allen direkt und indirekt beteiligten Konfliktparteien sollte systematisch gefördert werden: Als Teil des Neuen Kalten Krieges und damit verbundener Weltkonfliktformationen ist für eine Befriedung des Russland-Ukraine-Konflikts dringend zu empfehlen, den Dialog mit den Konfliktparteien nicht abreißen zu lassen und alle Beteiligten in unterschiedlichen Foren zu berücksichtigen. Dabei sollte auch auf bestehende Ressourcen wie die OSZE oder die IAEO zurückgegriffen werden, aber auch spezialisierte NGOs und von allen Seiten als neutral anerkannte Staaten, wie die Türkei oder ein blockfreier Staat, könnten und sollten als Mediatoren und Prozessbegleiter unterstützen. Dass Kommunikation und Dialog auch oder gerade in hoch eskalierten Situationen nicht abgebrochen, sondern aufrechterhalten und gefördert werden sollten, lässt sich auch mit dem aus der Spieltheorie stammenden Modell des Gefangenendilemmas begründen. Aus der Perspektive einer mehrdimensional angelegten Friedensarbeit wäre zu empfehlen, alle vorliegenden Friedensinitiativen (wie z. B. die Vorschläge Italiens und Chinas) auf ihre Gemeinsamkeiten und gegenseitigen Ergänzungen hin zu prüfen und darauf aufzubauen. Vor allem für die Zeit nach dem Krieg und nach der Etablierung eines Waffenstillstandsabkommens bedarf es vielfältiger diplomatischer Initiativen, die alle direkt und indirekt beteiligten Parteien und alle Konfliktebenen berücksichtigen. Die nukleare Abrüstung, später auch die Abrüstung konventioneller Waffen auf allen Seiten sowie der Aufbau einer neuen

Sicherheitsarchitektur sollten dabei wesentliche Inhalte sein. Zahlreiche Ideen wie KSE II, Helsinki-Prozess II etc. sind vonseiten der Friedensforschung publiziert worden.

These 5: Komplexitätsadäquate Außenpolitik geht über FAP hinaus und sollte diversitätssensibel und multiparadigmatisch ausgerichtet werden: Die aus dem Gefangenendilemma abgeleiteten Evolutionsstrategien Tit-for-Tat und Win-Stay, Lose-Shift geben auch eine wesentliche Orientierung für eine ambiguitätstolerante, komplexe Außen- und Sicherheitspolitik – also eine Politik, die Krieg vermeidet und deeskaliert, Kooperation fördert, Menschenrechte verwirklichen hilft und zugleich auf militärische Bedrohungen entschlossen reagieren kann. Die Verwirklichung einer komplexen Außenpolitik könnte helfen, den lähmenden Bellizismus-Pazifismus- bzw. Realismus-Idealismus-Diskurs zu überwinden. Aus (neo-)realistischer Perspektive schließt dies nicht aus, militärisch verteidigungsfähig zu sein. Gleichzeitig sollte eine komplexe Außenpolitik langfristig die utopische Vision einer weltweiten Abrüstung und einer globalen Friedensordnung anstreben und vorantreiben. Friedensforschung und Friedensarbeit könnten und müssten hier multiparadigmatisch weitergedacht und integriert werden. Diese Überlegungen sind für alle Staaten relevant, nicht nur für einen komplexitätsadäquaten, d. h. deeskalierenden und zugleich durchsetzungsfähigen Umgang mit aggressiven Mächten, sondern auch für die Realisierung menschlicher Sicherheit und friedlicher Beziehungen. Konkret wird empfohlen, komplexe Außenpolitik nicht nur als „feministische Außenpolitik" (FAP), sondern konsequent als „diversitätssensible" und „kontextsensible Außenpolitik" weiterzuentwickeln.

These 6: Auf der Ebene des Neuen Kalten Krieges könnten die Potenziale der EU als „Smart Power" und „Brückenbauer" zum Fördern globaler Zusammenarbeit systematischer genutzt werden: Die zukünftige Weltordnung wird multipolar sein, geprägt vom ambivalenten Zusammenspiel mehrerer Mächte. Beobachter*innen wie der Imperialismustheoretiker Herfried Münkler gehen von einem „Direktorium" von etwa fünf Akteuren aus – den USA, der EU, Indien, China und Russland (Münkler 2023). Vor dem Hintergrund der fortschreitenden Globalisierung einerseits und der sich abzeichnenden Blockbildung des Neuen Kalten Krieges andererseits, lassen sich mehrere konkurrierende Konnektivitätsstrategien beobachten, wie z. B. Chinas BRI, die Indo-Pazifik-Initiative, der Asien-Afrika-Wachstumskorridor oder die Global Gateway Initiative der EU. Die EU hat hier ein besonderes Potenzial, Impulse für eine Deeskalation des Neuen Kalten Krieges zu geben. Sie ist nach wie vor der größte Binnenmarkt der Welt, der größte Exporteur und Importeur von Waren und Dienstleistungen und weltweit führend bei internationalen Investitionen im In- und Ausland. Darüber hinaus verfügt die EU über ein ausgedehntes Netz diplomatischer Vertretungen und ist für 80 Länder der wichtigste Handelspartner, während es für die Weltmacht USA nur etwa 20 Länder sind (Europäische Kommission 2019). Die EU ist somit ein sehr mächtiger und attraktiver Handelspartner mit ausreichenden Ressourcen, um die BRI und andere Konnektivitätsstrategien mitzugestalten. Im Vergleich zu anderen wichtigen Akteuren wie den USA, Japan und Indien, die derzeit in direktem Wettbewerb mit China stehen, unterhält die EU relativ konstruktive Beziehungen zu den Akteuren aller Konnektivitätsinitiativen wie der AGGC, der BRI und der Indo-Pazifik-Initiative. Sie könnte assoziiertes oder aktives Mitglied all dieser Initiativen werden. In Zukunft wird die EU jedoch möglicherweise auch ihre Kooperationsstrategien überdenken müssen. Die Zusammenarbeit mit der EU ist in der Regel an die Übernahme bestimmter Werte (Demokratie, gute Regierungsführung etc.) gebunden. Im Gegensatz dazu ist die chinesische Strategie von einem pragmatischen „Teile und Herrsche"-Ansatz geprägt, der derzeit für Kooperationspartner im globalen Süden attraktiver zu sein scheint. EU-Strateg*innen könnten erwägen, das Spektrum möglicher Kooperationsformen von wertegebundener Kooperation (z. B. EU-Assoziierung oder EU-Mitgliedschaft, die die Übernahme von EU-Gemeinschaftswerten voraussetzt) hin zu eher ambiguitätstoleranten, pragmatischen Kooperationspartnerschaften zu erweitern, aber immer unter der Prämisse des gegenseitigen Nutzens, der in Form von wechselseitigem Wirtschaftswachstum oder Krisenprävention im Sinne gesellschaftlicher Nachhaltigkeit oder (Multi-)Resilienz kontextualisiert werden kann. Eine besondere Herausforderung für die EU wird es jedoch sein, den eigenen Integrationsprozess voranzutreiben und nach außen „mit einer Stimme" aufzutreten. Im Umgang mit China und der BRI zeigt sich dies bereits in der Realisierung einer gemeinsamen EU-China-Konnektivitätsplattform. Sollte dies gelingen, könnte die EU ihr enormes und beispielloses Smart-Power-Potenzial zur Förderung der globalen Zusammenarbeit nutzen: als „Brücke" zwischen konkurrierenden Konnektivitätsinitiativen.

These 7: Die Lösung vieler globaler Probleme und die Realisierung eines globalen Friedens kommen langfristig nicht an Global Governance vorbei: Auch wenn die Vision eines globalen Friedens auf der Grundlage multilateraler Kooperation aus heutiger Sicht utopisch erscheint, dürfte ihre Realisierung eine reale Option zur Lösung des Neuen Kalten Krieges und vieler anderer globaler Probleme der Gegenwart und Zukunft sein, die nicht von einzelnen Staaten bewältigt werden können. Als Ausdruck des Neuen Kalten Krieges und als Katalysator des globalen Wandels könnte eine nachhaltige Befriedung des Russland-NATO-Ukraine-Konflikts auch eine Chance für den langwierigen und stockenden Reformierungsprozess der UNO eröff-

5 Abschließende Bemerkungen

nen. Wesentliche nächste Schritte wären, dass die westlichen Staaten ihre vom globalen Süden zu Recht kritisierte Glaubwürdigkeitslücke schließen und mit gutem Beispiel vorangehen, indem sie ihren globalen Verpflichtungen, z. B. zur Erreichung der SDGs, nachkommen. Darüber hinaus wird empfohlen, Staaten des globalen Südens in Dialogprozesse, z. B. zur globalen Abrüstung, einzubeziehen. Dies könnte angesichts der Veto-Blockade im UN-Sicherheitsrat dazu beitragen, Unterstützung aus dem globalen Süden und internationale Legitimität zu gewinnen. Langfristig sollten sich die USA und die EU für die Verwirklichung einer multilateral getragenen Global Governance einsetzen. Die Notwendigkeit eines solchen Mehrebenensystems ist angesichts zunehmender globaler Probleme offensichtlich. Ein wesentlicher Schritt auf westlicher Seite könnte darin bestehen, pragmatisch begründete Kooperationsinitiativen zu initiieren, die vom Leitmotiv einer gemeinsamen Realisierung globaler Nachhaltigkeit bzw. (Multi-)Resilienz angesichts einer sich dramatisch zuspitzenden Weltlage inspiriert sind.

Der Russland-Ukraine-Krieg gilt derzeit als „Labor", in dem die zukünftige Form der Kriegsführung entsteht (Steinlein 2023). Wie in diesem Buch hoffentlich gezeigt werden konnte, bieten Friedensforschung und zivile Konfliktbearbeitung vielfältige Instrumente, um inter- und intranationale Gewaltkonflikte nachhaltig zu befrieden. Der Russland-Ukraine-Krieg birgt somit auch das Potenzial, als Labor für die Gestaltung zukünftiger Formen von Friedenspolitik genutzt zu werden.

Literatur

Abé, N. (2022): *Was kann feministische Außenpolitik? DER SPIEGEL.* 15.04.2022. https://www.spiegel.de/ausland/was-kann-feministische-aussenpolitik-a-c2534ff4-609f-4ce2-ba61-867665daad45.

Ackeret, M. (2023): Wagner-Chef Prigoschin wagt den bewaffneten Aufstand gegen die russische Armeeführung – Putin bezichtigt ihn des Hochverrats. Neue Zürcher Zeitung (NZZ), 24.06.2023. https://www.nzz.ch/international/wagner-chef-prigoschin-laesst-machtkampf-mit-moskau-eskalieren-ld.1744217.

Adler, S. (2023): Ukraine und Russland: Wie geht es nach dem Ende des Getreideabkommens weiter? Deutschlandfunk, 03.08.2023, https://www.deutschlandfunk.de/getreideabkommen-ukraine-russland-112.html#Vermitteln.

Adwan, S./Bar-On (2012): Side by Side: Parallel Histories of Israel-Palestine. The New Press.

Adwan, S./Bar-On (2002): Israel/Palästina: Das Geschichtsbuch hat zwei Seiten. *der überblick 04/2002: 68.*

Literatur

Aischmann, F. (2023): Wie die Russland-Sanktionen wirken. tagesschau, 22.02.2023. https://www.tagesschau.de/wirtschaft/weltwirtschaft/wirtschaftssanktionen-russland-103.html.

AFK/ Evangelische Akademie Villigst (2023): Das Ende der europäischen und globalen Friedensordnung? The End of the European and Global Peace Order? Evangelische Akademie Villigst in Kooperation mit der Arbeitsgemeinschaft für Friedens- und Konfliktforschung (AFK). 30.03. - 01.04.2023, https://afk-web.de/cms/wp-content/uploads/2023/03/230328_AFK-Kolloquium_Guide.pdf.

Al Jazeera (2023): All you need to know about China's plan for Russia-Ukraine talks. Al Jazeera, 24.02.2023. https://www.aljazeera.com/news/2023/2/24/all-you-need-to-know-about-chinas-plan-for-russia-ukraine-war.

Al Jazeera (2022): 'Smells of genocide': How Putin justifies Russia's war in Ukraine. Al Jazeera, 09.03.2022. https://www.aljazeera.com/news/2022/3/9/smells-of-genocide-how-putin-justifies-russias-war-in-ukraine.

Allison, G. (2018): Destined for War: Can America and China escape Thucydides's Trap? Scribe UK

Allison, G. (2015): The Thucydides Trap: Are the U.S. and China Headed for War? September 24, 2015. The Atlantic. https://www.theatlantic.com/international/archive/2015/09/united-states-china-war-thucydides-trap/406756/.

Amnesty International (2022): Homepage. https://www.amnesty.de/.

Amon, A. (2023): ASML ist der Konzern, von dem die Welt abhängig ist. Der Standard, 06.04.2023. https://www.derstandard.de/story/2000145064133/asml-ist-der-unbekannte-konzern-von-dem-die-welt-abhaengig?utm_source=pocket-newtab-global-de-DE.

Andruchowytsch, J. (Hrsg., 2014): Euromaidan: Was in der Ukraine auf dem Spiel steht. Berlin

Angerer, J. (2023): Was passierte wirklich beim Prigoschin-Absturz? Berliner Morgenpost, 07.11.2023. https://www.morgenpost.de/politik/article239966600/Was-passierte-wirklich-beim-Prigoschin-Absturz.html?utm_source=pocket-newtab-de-de.

Angerer, J./Gaugele, J./Unger, C. (2023): Biden hält Putins Atomwaffen-Drohung für „gefährlich". Berliner Morgenpost, 29.03.2023. https://www.morgenpost.de/politik/article237994729/putin-ukraine-krieg-atom-drohung.html.

Antonovski, A. (1997): Salutogenese. Zur Entmystifizierung der Gesundheit. Tübingen

Apelt, B. (2022): Diplomatischer Erfolg für ukrainischen Getreidekorridor. Friedrich Naumann Stiftung, 05.09.2022. https://www.freiheit.org/de/tuerkei/diplomatischer-erfolg-fuer-ukrainischen-getreidekorridor.

Arafeh, O. (2018): China's Quiet Bid for Hegemony: The Belt and Road Initiative. 9th November 2018. McGill Journal of Political Studies. https://mjps.ssmu.ca/2018/11/09/chinas-quiet-bid-for-hegemony-the-belt-and-road-initiative/.

Aretz, E. (2023): Vier Erkenntnisse aus dem Wagner-Aufstand. Tagesschau, 25.06.2023. https://www.tagesschau.de/ausland/europa/russland-revolte-wagner-100.html.

Art of Living (o.J.): Helping Ukrainians to Eat, Breathe, and Find Peace of Mind. Art of Living. https://www.artofliving.org/blog/ukraine-relief.

Ärzte ohne Grenzen (2021): Unsere Hilfe in den Palästinensischen Autonomiegebieten. 29.07.2021. https://www.aerzte-ohne-grenzen.de/unsere-arbeit/einsatzlaender/palaestinensische-autonomiegebiete.

Ashby, W. R. (1956). An introduction to cybernetics. Chapman & Hall.

Asienpolitik (2020): ASEAN ist erstmals Chinas wichtigster Handelspartner. Asienpolitik, 31.08.2020. http://asienpolitik.de/asean-china-handel-2020/.

Asseburg, M./Steinberg, G. (2007): Konfliktdynamik im Nahen und Mittleren Osten. Aus Politik und Zeitgeschichte (APuZ), Bundeszentrale für politische Bildung (BuP). 02.05.2007. https://www.bpb.de/shop/zeitschriften/apuz/30487/konfliktdynamik-im-nahen-und-mittleren-osten/.

Autonome Provinz Bozen (2022): Eine Autonomie für drei Sprachgruppen. https://www.provinz.bz.it/autonomietag/autonomie.asp.

Awomoyi, J. (2022): The Ukraine ravers mixing parties with cleaning up war damage. BBC, 12.08.2022. https://www.bbc.com/news/newsbeat-62478582.

Axelrod, R. (1984): The Evolution of Cooperation. Basic Books

Baechler, G. (2023): Eine friedliche Lösung ist nicht in Sicht. Neue Zürcher Zeitung (NZZ), 07.03.2023. www.nzz.ch/meinung/verhandlungen-im-ukraine-krieg-sind-nur-im-europaeisch-globalen-rahmen-moeglich-ld.1728054.

Baniya, S./Rocha, N./Ruta, M. (2019): Trade Effects of the New Silk Road – A Gravity Analysis. Policy Research Working Paper 8694. Januar 2019. The World Bank.

Baron, S./Yin-Baron, G. (2018): Die Chinesen – Psychogramm einer Weltmacht. Econ.

Barth, R. (2016): „Die Partei ist ein Instrument von Putin". Frankfurter Allgemeine, 20.09.2016. https://www.faz.net/aktuell/politik/ausland/europa/duma-wahlen-sind-fuer-putin-lediglich-instrument-14444288.html.

Baumann, S. (2023): Schock-Nachrichten für Wladimir Putin: Ex-Geheimdienstler warnt: Russland droht katastrophaler Zusammenbruch! News.de, 17.07.2023. https://www.news.de/politik/857028299/wladimir-putin-droht-zusammenbruch-russlands-laut-igor-girkin-ex-geheimdienstler-warnt-vor-kollaps-wenn-ukrainer-die-front-stuermen/1/.

BBC (2016): What do 'hangars' on disputed islands in the South China Sea tell us? BBC News, 10.08.2016. https://www.bbc.com/news/world-asia-china-37031049.

Beck, D./Siggelkow, P. (2022): Russland und die Ukraine – Geschichte eines Krieges. SWR2. https://www.swr.de/swr2/wissen/russland-und-die-ukraine-geschichte-eines-krieges-swr2-wissen-2022-02-28-100.html.

Beckmann, H. (2022): Wie der Krieg das Brot verteuert. tagesschau, 03.03.2022. https://www.tagesschau.de/wirtschaft/weltwirtschaft/agrarpreise-ukraine-krieg-101.html.

Behrends, J. C. (2022): Die Bedeutung des 9. Mai in der UdSSR und in Russland Der Tag des Sieges in Zeiten des Krieges. BpB, 06.05.2022. https://www.bpb.de/kurz-knapp/hintergrund-aktuell/508049/die-bedeutung-des-9-mai-in-der-udssr-und-in-russland/.

Benedikter, R. (2012): Abkehr von Europa? Obama gegen Romney: Hintergründe und Perspektiven für Europa bis 2016. Heise Medien.
Berghof Foundation (2022): Homepage. https://berghof-foundation.org/.
Berliner Zeitung (2023): „Aufstand für Frieden": Fast 50.000 Menschen bei Schwarzer und Wagenknecht. 25.02.2023. https://www.berliner-zeitung.de/mensch-metropole/berlin-kundgebung-ukraine-krieg-brandenburger-tor-aufstand-fuer-frieden-mehr-als-50000-menschen-bei-alice-schwarzer-und-sahra-wagenknecht-li.321688.
BICC/HSFK/IFSH/INEF (2023): Friedensgutachten 2023: Noch lange kein Frieden. Transcript. https://www.transcript-verlag.de/media/pdf/14/9b/e8/oa9783839468012.pdf.
BICC/HSFK/IFSH/INEF (2022): Friedensgutachten 2022: Friedensfähig in Kriegszeiten. Transcript. https://www.friedens-gutachten.de/user/pages/04.archiv/2022/02.ausgabe/01.Gutachten_Gesamt/Friedensgutachten%202022%20E-Book.pdf.
BICC (2021): Globaler Militarisierungsindex: Vorstellung, Codebook und Reflexion. Working Paper 03/2021. https://www.bicc.de/fileadmin/Dateien/pdf/BICC_Flyer_d.pdf.
Bidder, B. (2017): Vereint gegen liberale Werte: Wie Russland den rechten Rand in Europa inspiriert und fördert. Bundeszentrale für politische Bildung (BpB), 24.07.2017. https://www.bpb.de/themen/rechtsextremismus/dossier-rechtsextremismus/253039/vereint-gegen-liberale-werte-wie-russland-den-rechten-rand-in-europa-inspiriert-und-foerdert/.
Bidder, B./Schepp, M. (2010): Fragwürdige Freundschaft zur Putin-Jugend. DER SPIEGEL, 16.11.2010. https://www.spiegel.de/politik/ausland/russland-kontakte-der-union-fragwuerdige-freundschaft-zur-putin-jugend-a-729395.html.
Bieling, H.-J. (2017): Aufstieg des Rechtspopulismus im heutigen Europa – Umrisse einer gesellschaftstheoretischen Erklärung. WSI-Mitteilungen 08/2017. https://www.wsi.de/data/wsimit_2017_08_bieling.pdf.
Bin, L. (2017): The Security Dilemma and THAAD Deployment in the ROK. In: China-US Focus. 06.03.2017. https://www.chinausfocus.com/foreign-policy/2017/0306/14759.html.

Birckenbach, H.-M. (2023): Auch im und trotz Krieg friedenslogisch denken und handeln: Fünf zivilgesellschaftliche Arbeitsfelder. Rede anlässlich der Verleihung des Göttinger Friedenspreises am 11.03.2023, www.goettinger-friedenspreis.de/wp-content/uploads/2023/03/Birckenbach_Redetext_Final.pdf.

Birckenbach, H.-M. (2014): Friedenslogik und friedenslogische Politik. Wissenschaft & Frieden. 02/2014, Dossier 75. https://wissenschaft-und-frieden.de/dossier/friedenslogik-statt-sicherheitslogik/#index_4.

Blainley, G. (1988): The Causes of War. The Free Press.

Boekh, K./Völkl, E. (2007): Ukraine. Von der Roten zur Orangenen Revolution. Pustet, Regensburg

Bose, S. (2021): Kashmir at the Crossroads: Inside a 21st-Century Conflict. Yale University Press, New Haven.

Böhm, A. (2022): Und daheim nicht mal ein Tempolimit. ZEIT, 22.09.2022. https://www.zeit.de/politik/ausland/2022-09/pakistan-flutkatastrophe-un-olaf-scholz-soidaritaet-5vor8/komplettansicht.

Bölükbasi, B. (2023a): Das steht in Chinas 12-Punkte-Friedensplan für die Ukraine. Merkur. 24.02.2024. https://www.merkur.de/politik/ukraine-krieg-news-aktuell-waffenstillstand-chinas-12-punkte-plan-xi-putin-kreml-moskau-92106692.html.

Bölükbasi, B. (2023b): Chinesische Waffen für Putin? Ex-General warnt vor neuem Kalten Krieg. Merkur. 23.02.2023. https://www.merkur.de/politik/china-russland-ukraine-krieg-news-aktuell-putin-kreml-xi-moskau-general-jack-keane-biden-washington-blinken-92104314.html.

Bölükbasi, B. (2023c): Lukaschenko sieht in Wagner-Präsent kein Problem für Belarus – Prigoschin noch in Russland? Frankfurter Rundschau, 06.07.2023. https://www.fr.de/politik/ukraine-krieg-russland-wagner-aufstand-prigoschin-lukaschenko-belarus-exil-putin-92385670.html#:~:text=Der%20belarussische%20Machthaber%20Lukaschenko%20will%20Wagner-S%C3%B6ldner%20weiterhin%20in,Aufstand%20im%20S%C3%BCden%20Russlands%20nach%20Belarus%20ins%20Exil.

BpB (2020): Vor 70 Jahren: Beginn des Koreakrieges. Bundeszentrale für politische Bildung (BpB), 22.06.2020. https://www.bpb.de/kurz-knapp/hintergrund-aktuell/311828/vor-70-jahren-beginn-des-koreakrieges/.

BpB (2018): Dokumentation: Menschenrechtsverletzungen der Freiwilligenbataillone. Bundeszentrale für politische Bildung (BpB), 26.09.2018. https://www.bpb.de/themen/europa/ukraine-analysen/276575/dokumentation-menschenrechtsverletzungen-der-freiwilligenbataillone/.

BpB (2015): Tabellen: Die Rechtsakte zur Geschichtspolitik der Ukraine nach dem Euromaidan. Bundeszentrale für politische Bildung (BpB). https://www.bpb.de/themen/europa/ukraine-analysen/205162/tabellen-die-rechtsakte-zur-geschichtspolitik-der-ukraine-nach-dem-euromaidan/.

Bräunlein, A. (2023): Folgen der Staudamm-Zerstörung: Versteppung, steigende Getreidepreise und bedrohte Kulturgüter. Deutschlandfunk, 16.06.2023. https://www.deutschlandfunk.de/ukraine-kachowka-staudamm-zerstoerung-folgen-100.html.

Breedlove, P. (2023): Can Ukraine Win a Protracted War? Interview durchgeführt von Agrawal, R. in: Foreign Policy (FP), 17.03.2023. https://foreignpolicy.com/live/ukraine-war-conflict-russia/.

Brüggmann, M. (2022a): Warum es bei der Wiederaufbau-Konferenz um mehr als nur Geld geht. Handelsblatt, 25.10.2022. https://www.handelsblatt.com/politik/deutschland/ukraine-warum-es-bei-der-wiederaufbau-konferenz-um-mehr-als-nur-geld-geht/28767462.html.

Brüggmann, M. (2022b): Ukraine: Wiederaufbau kostet 750 Milliarden Dollar. Handelsblatt, 24.10.2022. https://www.handelsblatt.com/politik/international/russlands-angriffskrieg-ukraine-wiederaufbau-kostet-750-milliarden-dollar/28764662.html.

Brühl, T. (2012): Friedensforschung als „Superwissenschaft" oder „Sub-Disziplin"? Zum Verhältnis der Friedens- und Konfliktforschung und der Internationalen Beziehungen. Zeitschrift für Internationale Beziehungen, 19. Jg. (2012), Heft 1: 171–183.

Brzezinski, Z. (2001): Die einzige Weltmacht – Amerikas Strategie der Vorherrschaft. S. Fischer Verlag.

BR24 (2022): „Russland kann besiegt werden": Ukraine führt Offensive fort. Bayrischer Rundfunk 24, 12.09.2022. https://www.br.de/nachrichten/deutschland-welt/russland-kann-besiegt-werden-ukraine-fuehrt-offensive-fort,THDp3Vz.

BSV (2022): Publikationen. Bund für Soziale Verteidigung. https://www.soziale-verteidigung.de/publikationen.

Bundesregierung (2022): Humanitäre Hilfe für die Ukraine und die https://www.bundesregierung.de/breg-de/themen/buerokratieabbau/ukraine-humanitaere-hilfe-2009586 Nachbarstaaten. Bundesregierung, 03.03.2022.

Bush, R. C. (2012): The Response of China's Neighbors to the U.S. "Pivot" to Asia. In: Brookings. 31.01.2012 https://www.brookings.edu/on-the-record/the-response-of-chinas-neighbors-to-the-u-s-pivot-to-asia/.

Busol, K. (2022): „Das Ausmass der sexuellen Gewalt durch russische Soldaten in der Ukraine ist erschreckend". Interview durchgeführt von Neff, B. in: Neue Zürcher Zeitung (NZZ), 27.07.2022. https://www.nzz.ch/feuilleton/krieg-in-der-ukraine-die-sexuelle-gewalt-ist-erschreckend-ld.1695192.

Busse, N. (2022): China verliert die Geduld. Frankfurter Allgemeine Zeitung (FAZ), 21.09.2022. https://www.faz.net/aktuell/politik/russlands-teilmobilmachung-im-ukraine-krieg-china-verliert-die-geduld-18333370.html?utm_source=pocket-newtab-global-de-DE.

Carter III, P./Williams, B. (2022): Developments in the Sahel could be worse than Ukraine crisis. The Hill. 21.02.2022. https://thehill.com/opinion/international/595117-developments-in-the-sahel-could-be-worse-than-ukraine-crisis/#:~:text=While%20global%20attention%20is%20riveted%20on%20Ukraine%2C%20a,have%20left%20the%20region%E2%80%99s%20people%20clamoring%20for%20solutions.

CGG – Commission on Global Governance (1995), herausgegeben von der Stiftung Entwicklung und Frieden: Nachbarn in Einer Welt. Der Bericht der Kommission für Weltordnungspolitik. Bonn.

CGTN (2024): Five countries formally join BRICS. China Global Television Network (CGTN), 01.01.2024. https://news.cgtn.com/news/2024-01-01/Five-countries-formally-join-BRICS-1q0oUn0eOTS/p.html.
Charap, S. (2023): An Unwinnable War. Washington Needs an Endgame in Ukraine. Foreign Affairs, 05.06.2023. https://www.foreignaffairs.com/ukraine/unwinnable-war-washington-endgame.
Charap, S./Priebe, M. (2023): Avoiding a Long War. RAND Corporation vom Januar 2023, https://www.rand.org/pubs/perspectives/PEA2510-1.html.
Chernyshev, A./Hebel, C. (2020): „Die Führung sieht uns wie eine Schafherde, die man verarschen kann". SPIEGEL, 13.08.2020. https://www.spiegel.de/ausland/belarus-und-die-proteste-warum-die-menschen-auf-die-strassen-gehen-a-82803cd7-cf98-4149-89d1-0aa36b89bfa4.
Chopra, D. (2008): Das Buch der Geheimnisse. München.
Chossudovsky, M. (2002): Global Brutal. Der entfesselte Welthandel, die Armut, der Krieg. Zweitausendundeins.
Christides, G. (2016): Wirtschaften das. DER SPIEGEL, 27.05.2016, https://www.spiegel.de/wirtschaft/soziales/wladimir-putin-bei-alexis-tsipras-moskau-und-athen-rueckenenger-zusammen-a-1094566.html.
Coerschulte, T. (2023): Wie Putin der Ukraine den Krieg erklärte. Frankfurter Rundschau, 18.02.2023. https://www.fr.de/politik/wie-putin-der-ukraine-den-krieg-erklaerte-92094931.html.
Crenshaw, K. (1989): Demarginalizing the Intersection of Race and Sex: A Black Feminist Critique of Antidiscrimination Doctrine. In: The University of Chicago Legal Forum. Vol. 1989, Issue 1, Article 8. S. 139–167. https://chicagounbound.uchicago.edu/cgi/viewcontent.cgi?article=1052&context=uclf.
Dammers, T. (2023): Auf Jahrzehnte vermint. tagesschau, 14.04.2023. https://www.tagesschau.de/ausland/europa/ukraine-minen-101.html.
Daozou, B. (2010): US denies China 'containment'. China Daily. http://www.chinadaily.com.cn/world/2010-11/11/content_11531103.htm.

Debiel, T./Wulf, H. (2023): Eskalation und Deeskalation im Ukraine-Krieg. INEF/sef: Development and Peace Blog, 14.03.2022. www.uni-due.de/inef/blog/eskalation-und-deeskalation-im-ukraine-krieg.php.

Debiel, T./Wulf, H. (2022): Mit Russland reden. Der Freitag, Nr. 35, 09.2022: 18.

Dembinski, M./Schmidt, H.-J./Spanger, H.-J. (2014): Einhegung: Die Ukraine, Russland und die europäische Sicherheitsordnung. Leibniz-Institut, Hessische Stiftung Friedens- und Konfliktforschung (HSFK), HSFK Report 3/2014. Frankfurt am Main. https://web.archive.org/web/20141030215739/http:/www.hsfk.de/fileadmin/downloads/report0314.pdf.

Denk, C. (2023): Ukraine-Invasion wegen „Größenwahn" bei Putin durch Medikamente? Dänen-Spion teilt Einschätzung. Merkur.de. https://www.merkur.de/politik/ukraine-invasion-krieg-putin-medikamente-groessenwahn-daenischer-spion-geheimdienst-krebs-92007988.html.

Der Standard (2008): Putin: Unabhängigkeit ist „schrecklicher Präzedenzfall". Der Standard, 24.02.2008. https://www.derstandard.at/story/3237342/putin-unabhaengigkeit-ist-schrecklicher-praezedenzfall Deutscher Bundestag (o.J.): Experten: Friedens- und Konfliktforschung muss sich stärker vernetzen. https://www.bundestag.de/dokumente/textarchiv/2020/kw25-pa-zivile-krisenpraevention-friedensforschung-699228.

Deutschlandfunk (2022): Rechtsextremisten in der Ukraine und ihr Einfluss im Land. 01.07.2022. https://www.deutschlandfunk.de/asow-regiment-stepan-bandera-ukraine-100.html.

deVries, B.A. (1996): *The World Bank's Focus on Poverty*. In: Griesgraber, J. M./Gunter, B. G. (Hrsg.): *The World Bank: Lending on a Global Scale*. Pluto Press, London, UK

Dharampal-Frick, G./Ludwig, M. (2009): Die Kolonialisierung Indiens und der Weg in die Unabhängigkeit. In: Lpb, Landeszentrale für politische Bildung Baden-Württemberg (Hrsg.): Indien (= Der Bürger im Staat. Jg. 59, Heft 3/4). Weinmann, Filderstadt: 157–173.

Dhume, S. (2022): *Opinion | India, Like the U.S., Has Grown Impatient With China*. In: *Wall Street Journal*. 22.07.2021

Dicks, H. (1967): Marital Tensions. Basic Books
Diekhans, A./Grieß, T. (2022): Kalaschnikows und Wagner-Söldner. Deutschlandfunk Kultur. 22.03.2022. https://www.deutschlandfunkkultur.de/russland-waffen-afrika-100.html.
Dixit, A.K./Nalebuff, B.J. (1993): Thinking Strategically: The Competitive Edge in Business, Politics, and Everyday Life. Norton, New York.
Dlf (2022): Worum es im Konflikt um Taiwan geht. Deutschlandfunk, 23.08.2022. https://www.deutschlandfunk.de/china-taiwan-konflikt-100.html.
Dornblüth, G./Adler, S. (2022): Russlands Besatzungspolitik in der Ukraine. Deutschlandfunk, 05.04.2022. https://www.deutschlandfunk.de/hintergrund-russland-besatzungspolitik-ukraine-100.html.
DW (2022a): Ukraine aktuell: Russland kauft Waffen von Nordkorea. Deutsche Welle, 06.09.2022. https://www.dw.com/de/ukraine-aktuell-russland-kauft-waffen-von-nordkorea/a-63026754.
DW (2022b): Was die Vorschläge zur Beendigung des Kriegs in der Ukraine bedeuten. Deutsche Welle, 31.03.2022. https://www.deutschlandfunk.de/neutralitaet-demilitarisierung-ukraine-100.html.
DW (2022c): Pelosi sichert Taiwan die Unterstützung der USA zu. Deutsche Welle, 03.08.2022. https://www.dw.com/de/pelosi-sichert-taiwan-die-unterst%C3%BCtzung-der-usa-zu/a-62690094.
DW (2022d): China und Russland kritisieren Westen. Deutsche Welle, 23.06.2022. https://www.dw.com/de/china-und-russland-kritisieren-westen/a-62238796.
Easterly, E. (2007): The White Man's Burden. Why The West's Efforts To Aid The Rest Have Done So Much Ill And So Little Good. Oxford University Press, Oxford.
Ebert, T. (1981): Soziale Verteidigung. Formen und Bedingungen des zivilen Widerstands. Waldkircher Verlag, Waldkirch.
Enste, D. (2021): Folgen von Korruption für Wirtschaft, Staat und Gesellschaft. Bundeszentrale für politische Bildung

(BpB), Aus Politik und Zeitgeschichte (APuZ), 07.05.2021. https://www.bpb.de/shop/zeitschriften/apuz/332695/folgen-von-korruption-fuer-wirtschaft-staat-und-gesellschaft/.

Erdmann-Kutnevic, S. (2022): Hilfe für Traumatisierte in der Ostukraine. Brot für die Welt, 16.02.2022. https://www.brot-fuer-die-welt.de/blog/2022-hilfe-fuer-traumatisierte-in-der-ostukraine/.

Eßer, T. (2023): Putins braune Bauern. T-online, 09.05.2023. https://www.t-online.de/nachrichten/deutschland/innenpolitik/id_100172054/sekte-breitet-sich-in-deutschland-aus-was-die-oeko-bewegung-mit-putin-zu-tun-hat.html.

EU (2022): Die wichtigsten Errungenschaften und konkreten Vorteile der Europäischen Union. https://european-union.europa.eu/priorities-and-actions/achievements_de.

Europarat (2022): Psychologische Erste Hilfe für die ukrainische Bevölkerung. 24.03.2022. https://www.coe.int/de/web/portal/-/psychological-first-aid-for-ukrainian-people.

Europäische Kommission (2024a): Factsheet: EU solidarity with Ukraine. Europäische Kommission, 24.01.2024. https://ec.europa.eu/commission/presscorner/detail/de/FS_22_3862.

Europäische Kommission (2024b): Wiederaufbau der Ukraine: EU und IFC mobilisieren 500 Millionen Euro private Investitionen. Europäische Kommission, Pressemitteilung, 05.02.2024. https://germany.representation.ec.europa.eu/news/wiederaufbau-der-ukraine-eu-und-ifc-mobilisieren-500-millionen-euro-private-investitionen-2024-02-05_de?prefLang=en.

Europäische Kommission (2023): Global Gateway – Überblick. European Commission. https://commission.europa.eu/strategy-and-policy/priorities-2019-2024/stronger-europe-world/global-gateway_de.

Europäische Kommission (2022a): European Civil Protection and Humanitarian Aid Operations. Factsheet Ukraine. Homepage der Europäischen Kommission. https://civil-protection-humanitarian-aid.ec.europa.eu/index_en.

Europäische Kommission (2022b): Commission amends TEN-T proposal to reflect impacts on infrastructure of Russia's war

of aggression against Ukraine. Europäische Kommission, 27.07.2022. https://transport.ec.europa.eu/news-events/news/commission-amends-ten-t-proposal-reflect-impacts-infrastructure-russias-war-aggression-against-2022-07-27_en.
Europäische Kommission (2019): EU position in world trade. Europäische Kommission, 18.02.2019. https://ec.europa.eu/trade/policy/eu-position-in-world-trade/index_en.htm.
Europäischer Rat (2023): Die EU-Sanktionen gegen Russland im Detail. Stand: 26.06.2023. https://www.consilium.europa.eu/de/policies/sanctions/restrictive-measures-against-russia-over-ukraine/sanctions-against-russia-explained/.
Europäischer Rat (2018): EU-China Connectivity Platform Short-Term Action Plan. 13.07.2018. https://ec.europa.eu/transport/sites/transport/files/2018-07-13-eu-china-connectivity-platform-action-plan.pdf.
Europäischer Rechnungshof (2021): Sonderbericht 23/2021: Bekämpfung der Großkorruption in der Ukraine: mehrere EU-Initiativen, jedoch nach wie vor unzureichende Ergebnisse. 23.09.2021. https://www.eca.europa.eu/de/Pages/DocItem.aspx?did=59383.
Europäisches Parlament (2018): Diskriminierung der russischen Sprache in der Ukraine – was tut die Europäische Union? Parlamentarische Anfrage – E-005731/2018, 12.11.2018. https://www.europarl.europa.eu/doceo/document/E-8-2018-005731_DE.html.
European Pravda (2023): Appeal of Ukrainian Civil Society Organizations to NATO Leaders ahead of Vilnius Summit. European Pravda, 26.06.2023. https://www.eurointegration.com.ua/eng/articles/2023/06/26/7164414/.
Europol (2022): Europol statement on the cooperation with Ukraine. Europol, 22.07.2022. https://www.europol.europa.eu/media-press/newsroom/news/europol-statement-cooperation-ukraine.
Eyssel, B./Dornblüth, G. (2022): Keine Partnerschaft auf Augenhöhe. Deutschlandfunk. 27.07.2022. https://www.deutschlandfunk.de/china-russland-verhaeltnis-partnerschaft-100.html.

FAO (2021). UN report calls for repurposing of $470 billion of agricultural support that distorts prices and steer us away from environment and social goals. 14 September, 2021. https://www.fao.org/news/story/en/item/1438889/icode/.

Fasanotti, F. (2022): Kalter Krieg im neuen Gewand. Der Pragmaticus, 11.04.2022. https://www.derpragmaticus.com/r/achse-russland-china.

Fathi, K. (2022): Multi-Resilience – Development – Sustainability: Requirements for Securing the Future of Societies in the 21st Century. Springer Verlag

Fathi, K. (2021): Die EU und Chinas „Belt and Road Initiative" – Multi-Resilienz als Leitbild für eine komplexitätsangemessene Weltordnung im aktuellen Wettbewerb um Diskursmacht über „Globalisierung 2.0". Larnaca Conferences Publications. Carl Auer. 19.04.2021. https://www.carl-auer.de/magazin/larnaca-conferences/die-eu-und-chinas-belt-and-road-initiative?secret=vpgwa7YNIo7BCWOqfRw-CbG2msmkfHHEB.

Fathi, K. (2019): Das Empathietraining. Konflikte lösen für ein besseres Miteinander. Junfermann Verlag, Paderborn.

Fathi, K. (2011): Integrierte Konfliktbearbeitung im Dialog – Der Integrale Ansatz als Brücke unterschiedlicher Methoden, Tectum Verlag.

Fathollah-Nejad, A. (2022): Russlands Einmarsch in der Ukraine und die iranisch-russischen Beziehungen. Bundeszentrale für politische Bildung (BpB), 05.07.2022. https://www.bpb.de/themen/naher-mittlerer-osten/iran/509463/russlands-einmarsch-in-der-ukraine-und-die-iranisch-russischen-beziehungen/.

Fearon, J. D (2023): „Die Krim als rote Linie darzustellen: Das ist eine Verhandlungsstrategie – und keine gottgegebene Sache". Interview durchgeführt von Schillinger, M. in Neue Zürcher Zeitung (NZZ), 22.03.2023. https://www.nzz.ch/gesellschaft/krieg-in-der-ukraine-wie-es-zum-frieden-kommen-koennte-ld.1730972?utm_source=pocket-newtab-global-de-DE.

Felden, E./Sanders IV, L./Theise, E. (2022): Ukraine: Wie Russland Krankenhäuser angreift. Deutsche Welle (DW), 07.04.2022. https://www.dw.com/de/ukraine-begeht-russland-mit-angriffen-auf-krankenh%C3%A4user-kriegsverbrechen/a-61379405.

Felbermayr, G. *(2023b)*: „Wer eine Nuklearwaffe nicht richtig einsetzt, braucht sich nicht zu wundern, wenn die Wirkung ausbleibt". Interview durchgeführt von Bidder, B. in: SPIEGEL. 19.04.2023. https://www.spiegel.de/wirtschaft/wladimir-putin-warum-die-russland-sanktionen-den-praesidenten-nicht-stoppen-konnten-a-8c789f5a-7688-4be6-8457-1879d37f21a4.

Feller, M. (2022): Deepfake-Videos als mediale Waffen im Ukraine-Krieg. LMZ, 05.04.2022. https://www.lmz-bw.de/landesmedienzentrum/aktuelles/aktuelle-meldungen/detailseite/deepfake-videos-als-mediale-waffen-im-ukraine-krieg/.

Feyder, J. (2010): Mordshunger. Wer profitiert vom Elend der armen Länder? Westend Verlag, Frankfurt a. Main.

Filippov, A. (2022): Violence, rhetoric, hate speech, drive atrocity crimes in Ukraine and beyond, Security Council hears. UN News, 12.06.2022. https://news.un.org/en/story/2022/06/1120972.

Fischer, M. (2023a): Wie ist dieser Krieg zu deeskalieren und zu beenden? Teil 2: Perspektiven für Sicherheit und einen gerechten Frieden in der Ukraine und Europa. Bundeszentrale für politische Bildung (BpB), 27.07.2023. https://www.bpb.de/themen/deutschlandarchiv/523377/wie-ist-dieser-krieg-zu-deeskalieren-und-zu-beenden-teil-1/.

Fischer, M. (2023b): Wie ist dieser Krieg zu deeskalieren und zu beenden? Teil 2: Perspektiven für Sicherheit und einen gerechten Frieden in der Ukraine und Europa. Bundeszentrale für politische Bildung (BpB), 27.07.2023. https://www.bpb.de/themen/deutschlandarchiv/523379/wie-ist-dieser-krieg-zu-deeskalieren-und-zu-beenden-teil-2/.

Fischer, M. (2022): Die Hoffnung auf eine gesamteuropäische Friedens- und Sicherheitsarchitektur nicht aufgeben. Bundeszentrale für politische Bildung (BpB), 26.04.2022, https://www.bpb.de/themen/deutschlandarchiv/507623/die-hoffnung-auf-eine-gesamteuropaeische-friedens-und-sicherheitsarchitektur-nicht-aufgeben/.

Fischer, L. (2022): Der Imperialismus war nie weg. Jacobin, 25.03.2022. https://jacobin.de/artikel/der-imperialismus-war-nie-weg-ukraine-krieg-putin-imperialismuskritik-antiimperialismus-nato-linke/.

Fischer, S. (2019): Der Donbas-Konflikt. Widerstreitende Narrative und Interessen, schwieriger Friedensprozess. SWP-Studie 2019/S 03, 08.02.2019. doi:https://doi.org/10.18449/2019S03.

Fisher, R./Ury, W./Patton, B. M. (2013): Das Harvard-Konzept. Der Klassiker der Verhandlungstechnik. Campus-Verlag, Frankfurt am Main/New York.

Flade, F. (2023a): Cybermafia von Putins Gnaden? tagesschau, 06.04.2023. https://www.tagesschau.de/investigativ/ndr-wdr/hacker-attacken-russland-101.html.

Flade, F. (2023b): „Kimsuky" greift an. tagesschau. 20.03.2023. https://www.tagesschau.de/investigativ/ndr-wdr/nordkorea-cyberspionage-suedkorea-verfassungsschutz-101.html.

FOCUS (2022a): Der „Moskwa"-Untergang änderte alles – auch Putins Kriegsziel. FOCUS, 24.04.2022. https://www.focus.de/politik/ausland/interner-bericht-nach-der-kiew-schmach-war-putin-verhandlungsbereit-doch-dann-sank-die-moskwa_id_88962802.html.

FOCUS (2022b): Krieg in der Ukraine – PTBS als Traumafolge: 20 bis 40 Prozent aller Kriegsflüchtlinge betroffen. FOCUS, 10.03.2022. https://www.focus.de/wissen/angriff-auf-die-ukraine-trauma-krieg_id_65911322.html.

Ford, D. (2011): Schattenarbeit: Wachstum durch die Integration unserer dunklen Seite. Goldmann.

Frank, J. (2023): „Gewissenloses Manifest" von Schwarzer und Wagenknecht. Kölner Stadt-Anzeiger, 13.02.2023. https://www.ksta.de/politik/herfried-muenkler-verlogenes-manifest-von-alice-schwarzer-und-sahra-wagenknecht-zur-ukraine-454517.

Frankl, V. (1946): Ein Psychologe erlebt das KZ. Verlag für Jugend und Volk, Wien.
Fras, D. (2022): Ein historischer Schulterschluss des Westens gegen Putin. RND, 24.03.2022. https://www.rnd.de/politik/nato-g7-eu-der-westen-vereint-sich-gegen-russland-OZ-3FLZYY2FGOZHKFCIMK2DVRJA.html.
Freire, P. (1998): Pädagogik der Unterdrückten. Bildung als Praxis der Freiheit. Reinbek: Rowohlt.
Freund, W. (2022): Wie aus Faschismus Raschismus wurde. WELT, 25.04.2022. https://www.welt.de/kultur/article238340923/Raschismus-und-Faschismus-Krieg-der-Begriffe.html.
Friedman, G. (2015): George Friedman, "Europe: Destined for Conflict?". Rede im Chicago Council on Global Affairs, veröffentlicht auf Youtube am 04.02.2015. https://www.youtube.com/watch?v=QeLu_yyz3tc Furman, D. (2011): Russlands Entwicklungspfad – Vom Imperium zum Nationalstaat. Osteuropa 10/2011. https://zeitschrift-osteuropa.de/hefte/2011/10/russlands-entwicklungspfad/.
Friedrichs, H./Richter, S. (2011): Das große Machtspiel auf dem Pazifik. DIE ZEIT, 12.08.2012. https://www.zeit.de/politik/ausland/2011-08/marine-pazifik/komplettansicht?utm_referrer=https%3A%2F%2Fde.wikipedia.org%2F.
Fücks,/Becker, (2019): Russland verstehen – Faktencheck: Kreist die NATO Russland ein? Zentrum Liberale Moderne, 15.01.2019. https://russlandverstehen.eu/fuecks-becker-faktencheck-einkreisung-russland-nato/.
Gahler, M./Beer, N./von Cramon-Taubadel, V. (2022): Ukraine can defeat Russia, here is how. Euractiv, 10.10.2022. https://www.euractiv.com/section/europe-s-east/opinion/ukraine-can-defeat-russia-here-is-how/?_ga=2.40363746.1922876805.1689607432-1371039448.1689607430.
Galtung, J. (2014): Ukraine-Crimea – The Solution Is a Federation with High Autonomy. Inter Press Service, 01.04.2014. https://www.ipsnews.net/2014/04/ukraine-crimea-solution-federation-high-autonomy/.
Galtung, J. (2008): 50 Years: 100 Peace and Conflict Perspectives. Transcend University Press No. 1.

Galtung, J. (2000): Conflict Transformation by Peaceful Means (the TRANSCEND Method) Manual. United Nations Disaster Management Training Programme. https://www.transcend.org/pctrcluj2004/TRANSCEND_manual.pdf.

Galtung, J. (1998): Frieden mit friedlichen Mitteln. Friede und Konflikt, Entwicklung und Kultur, Opladen: Leske+Budrich.

Galtung, J. (1975): Strukturelle Gewalt. Beiträge zur Friedens- und Konfliktforschung, Reinbek: Rowohlt.

Galtung, J. (1972): Modelle zum Frieden. Methoden und Ziel der Friedensforschung. Vorwort von Lutz Mez. Jugenddienst, Wuppertal.

Galtung, J./Tschudi, F. (2003): Über die Psychologie des TRANSCEND-Ansatzes. In: Galtung, J./Jacobsen, C. G./ Brand-Jacobsen, K. F. (Hg.): Neue Wege zum Frieden: Konflikte aus 45 Jahren: Diagnose, Prognose, Therapie, Minden, S. 192–216.

Ganser, H. W. (2023): Das Werwolf-Prinzip. Die Suche nach den Ursachen des Ukraine-Kriegs wird künftige Historiker zur inneren Dynamik Russlands führen. Aber auch zur Politik der NATO-Staaten. TAZ, 09.04.2023, https://taz.de/Ursachen-des-Kriegs-gegen-die-Ukraine/!5923286/.

Gareis, S. B. (2023): Sicherheit in einer Welt im Umbruch. Informationen zur politischen Bildung Nr. 353/2022. 17.01.2023. https://www.bpb.de/shop/zeitschriften/izpb/internationale-sicherheitspolitik-353/517303/sicherheit-in-einer-welt-im-umbruch/.

Gareis, S. B. (2011): Reform und Perspektiven der Weltorganisation. BpB, 21.07.2011. https://www.bpb.de/shop/zeitschriften/izpb/7476/reform-und-perspektiven-der-weltorganisation/.

Gärtner, H. (2023): Engagierte Neutralität. Wissenschaft & Frieden 1/2023, Februar, 41. Jg.: 6–9.

Gassert, P. (2022): Wo ist die Lobby der Pazifisten hin? ZEIT Online, 29.05.2022. https://www.zeit.de/politik/deutschland/2022-05/pazifismus-friedensbewegung-ukraine-deutschland-geschichte/komplettansicht.

Gathmann, M. (2022): Brief an die Unterwerfungspazifisten. Cicero, 26.04.2022. https://www.cicero.de/innenpolitik/deutschland-und-der-ukraine-krieg-brief-an-die-unterwerfungspazifisten.
Gaufman, L. (2022): Nazis, Faschisten und Gayropa Russlands Kommunikationsstrategien im Krieg gegen die Ukraine. BpB, 20.09.2022. https://www.bpb.de/themen/medien-journalismus/digitale-desinformation/513194/nazis-faschisten-und-gayropa/#footnote-target-2.
GAV (o.J.): SOS – Gewalt – Zentrum für Gewaltstudien in Israel. Gewalt Akademie Villigst. https://www.gewaltakademie.de/ueber-uns/sos-gewalt/.
Gärtner, H. (2023): Engagierte Neutralität. Wissenschaft und Frieden (W&F) 01/2023: 6–9.
Gärtner, H. (2014): Kiew sollte sich Neutralität Österreichs ansehen, Bündnisfreiheit zwischen EU und Russland als interessantes Modell für die Ukraine. Der Standard, 03.03.2014, https://www.derstandard.at/story/1392686995883/kiew-sollte-sich-neutralitaet-oesterreichs-ansehen.
Generalversammlung (2022): Resolution der Generalversammlung, verabschiedet am 02. März 2022. Resolution A/RES/ES-11/1. United Nations. https://www.un.org/depts/german/gv-notsondert/a-es11-1.pdf.
Gerlach, D. (2023): Die Araber machen es jetzt selbst. Der SPIEGEL. 06.05.2023. https://www.spiegel.de/ausland/naher-osten-die-araber-machen-es-jetzt-selbst-gastbeitrag-a-078d3b2c-ce06-42c0-a07c-72e58d38b199?utm_source=pocket-newtab-global-de-DE.
Gerlach, J. (2014): Color Revolutions in Eurasia. Cham, Heidelberg, New York, Dordrecht, London: Springer (Springer Briefs in Political Science).
Gershkovic, E./Kantchev, G. (2023): Russlands Wirtschaft: Diesen Text schrieb der US-Reporter Evan Gershkovich, bevor er in Russland verhaftet wurde. DIE ZEIT, 04.04.2023. www.zeit.de/2023/15/russland-wirtschaft-energie-export-inflation.

Glasl, F. (2004): Konfliktmanagement. Ein Handbuch für Führungskräfte, Beraterinnen und Berater. Haupt, Bern/Stuttgart.

Godehardt, N.,/Kohlenberg, P. J. (2017). Die neue Seidenstrasse: Wie China internationale Diskursmacht erlangt. SWP. Kurz gesagt. https://www.swp-berlin.org/publikation/die-neue-seidenstrasse-wie-china-internationale-diskursmacht-erlangt.

Godehardt, N. (2016): No End of History: A Chinese Alternative Concept of International Order? SWP Research Paper 2016/RP. 02.01.2016. https://www.swp-berlin.org/en/publication/no-end-of-history/.

Gomza, I. (2022): Analyse: Das Asow-Regiment und die russische Invasion Ukraine-Analyse Nr. 270. BpB, 24.06.2022. https://www.bpb.de/themen/europa/ukraine-analysen/nr-270/509747/analyse-das-asow-regiment-und-die-russische-invasion/.

Göpfert, A. (2022): Die seltsame Stärke des Rubel. Tagesschau, 07.04.2022. https://www.tagesschau.de/wirtschaft/finanzen/rubel-russland-sanktionen-101.html.

Görlach, A. (2022): China nähert sich weiter Nordkorea an: Im Fernen Osten drohen zwei Horror-Szenarien. FOCUS, 02.08.2022. https://www.focus.de/politik/der-china-versteher/explosives-gemisch-china-naehert-sich-weiter-nordkorea-an-im-fernen-osten-drohen-zwei-horror-szenarien_id_126075339.html.

Görs, J. (2022): Nach Raketeneinschlag in Polen: Das wäre der Weg zum NATO-Bündnisfall. NTV, 16.11.2022. https://www.n-tv.de/politik/Das-waere-der-Weg-zum-NATO-Buendnisfall-article23721159.html.

Graeber, D. (2009): *Direct Action. An Ethnography*. AK Press.

Graf, W. (2023): Wie könnte ein Friedensprozess für die Ukraine aussehen? Der Standard, 27.06.2023. https://www.derstandard.at/story/3000000176372/wie-k246nnte-ein-friedensprozess-f252r-die-ukraine-aussehen.

Graf, W. (2020): Auf der Suche nach einer komplexen Friedenslogik –Versuch einer metatheoretischen Verortung und Neuorientierung. S+F, 38(3), Januar 2020: 158-16. doi:https://doi.org/10.5771/0175-274X-2020-3-158.

Graf, W. (2009): Kultur, Struktur und das soziale Unbewusste. Plädoyer für eine komplexe zivilisationstheoretische Friedensforschung. Johan Galtungs Gewalt- und Friedenstheorie kritisch-konstruktiv weiterdenken. In: Wintersteiner, Werner (2009): Spielregeln der Gewalt. Kulturwissenschaftliche Beiträge zur Friedens- und Geschlechterforschung. Bielefeld: 27–66.

Graf, W./Bilek, A. (2003): Kritische Konflikttransformation nach Johan Galtung und John Paul Lederach. In: Mehta, G./Rückert, K. (Hrsg.): Mediation und Demokratie, Heidelberg: 301–311.

Graham, T./Menon, R. (2022): How to Make Peace With Putin – The West Must Move Quickly to End the War in Ukraine. Foreign Affairs, 21.3.2022. https://www.foreignaffairs.com/articles/ukraine/2022-03-21/how-make-peace-putin.

Grande, E. (2000): Multi-Level Governance: Institutionelle Besonderheiten und Funktionsbedingungen des europäischen Mehrebenensystems, in: Jachtenfuchs, M./Grande, E. (Hrsg.): Wie problemlösungsfähig ist die EU? Baden-Baden.

Griese, K. (2021): Traumaarbeit. Bundeszentrale für politische Bildung (BpB), 29.06.2021. https://www.bpb.de/themen/kriege-konflikte/dossier-kriege-konflikte/54719/traumaarbeit/#node-content-title-6.

Gsteiger, F. (2020): Arktis: Einer konfliktfreien Zone droht ein Machtgerangel. Schweizer Radio und Fernsehen (SRF), 10.09.2020. https://www.srf.ch/news/international/geopolitik-arktis-einer-konfliktfreien-zone-droht-ein-machtgerangel#:~:text=Noch%20keine%20Konflikte%20in%20der%20Arktis%20Bisher%20waren,sagt%20Klimenko.%20Inzwischen%20ist%20die%20Rhetorik%20erheblich%20sch%C3%A4rfer.

Gusbeth, S. (2023): China legt Zwölf-Punkte-Plan vor – das steht drin. Handelsblatt, 24.02.2023. https://www.handelsblatt.com/politik/international/ukraine-krieg-china-legt-zwoelf-punkte-plan-vor-das-steht-drin/29001038.html.

Gutschker, T. (2024): Orbán gibt Blockade von neuen Ukrainehilfen auf. Frankfurter Allgemeine Zeitung (FAZ),

01.02.2024. https://www.faz.net/aktuell/politik/ausland/50-milliarden-euro-fuer-die-ukraine-orban-gibt-seine-blockade-19489126.html.

Gutschker, T. (2023): Finnland ist offiziell NATO-Mitglied. Frankfurter Allgemeine Zeitung (FAZ), 04.04.2023. https://www.faz.net/aktuell/politik/ausland/nato-nimmt-finnland-auf-wie-das-die-grenze-zu-russland-verlaengert-18799721.html.

Gysi, G. (2022): Twitter Thread. 09.02.2022. https://twitter.com/gregorgysi/status/1491353802527866882?lang=de.

Hacke, C. (2014): Der Westen und die Ukraine-Krise – Plädoyer für Realismus. Aus Politik und Zeitgeschichte (APuZ), 11.11.2004. https://www.bpb.de/shop/zeitschriften/apuz/194824/der-westen-und-die-ukraine-krise/.

Hahn, N. (2022): Afrikas Häfen, Chinas Begehrlichkeiten. Tagesschau, 22.10.2022. https://www.tagesschau.de/ausland/afrika/afrika-china-haefen-111.html.

Handelsblatt (2023): Ein Gipfel gegen den Westen. Handelsblatt Nr. 161, 22.08.2023, S. 6 f.

Handke, C. (2022): Während der Ukraine-Invasion könnte Russland mehr russische Verluste haben als beim Krieg der Sowjetunion in Afghanistan. Business Insider, 17.12.2022. https://www.businessinsider.de/politik/welt/ukraine-krieg-bereits-mehr-russische-verluste-als-in-afghanistantan-a/.

Hans, J. (2017): Russisches Gesetz gegen „homosexuelle Propaganda" ist diskriminierend. Süddeutsche Zeitung, 20.06.2017. https://www.sueddeutsche.de/politik/egmr-urteil-russisches-gesetz-gegen-homosexuelle-propaganda-ist-diskriminierend-1.3553130.

Hansen, S. (2022): Beide spielen mit dem Feuer. TAZ, 02.08.2022. https://taz.de/Nancy-Pelosi-in-Taiwan/!5867909/.

Hartleb, F. (2016): Putins nützliche Idioten. NTV, 22.04.2016. https://www.n-tv.de/politik/Putins-nuetzliche-Idioten-article17532611.html.

Hate Aid (2022a): Report: Desinformation und digitale Gewalt im Ukraine-Krieg. Hate Aid. https://hateaid.org/desinformation-propaganda-ukraine-krieg/.

Hate Aid (2022b): Rabbit Hole bei TikTok: Propaganda statt Partyvideos. Hate Aid. https://hateaid.org/tiktok-propaganda/.
Hauberg, S. (2023): China auf dem Weg zur Weltmacht: Xi Jinping macht Kampfansage an den Westen. Merkur, 14.03.2023. https://www.merkur.de/politik/china-xi-jinping-volkskongress-li-qiang-militaer-wirtschaft-partei-zr-92143013.html.
Hausen, E. (2017): Interreligiöse Konferenz in Jerusalem befasst sich mit Konfliktlösung. Israelnetz. 07.07.2017. https://www.israelnetz.com/interreligioese-konferenz-in-jerusalem-befasst-sich-mit-konfliktloesung/.
Hazlitt, H. (1984): *From Bretton Woods to World Inflation: A Study of the Causes and Consequences*. Regnery Publishing, Washington, D.C.
Heal Ukraine Trauma (o.J.): Homepage. Heal Traumas International Inc. https://healtraumas.org/#:~:text=11%20million%20Ukrainians%20are%20at%20risk%20of%20developing,2022%20to%20implement%20conflict-related%20trauma%20solutions%20in%20Ukraine.
Hegewisch, N./Kahn, H. (2022): „Kein Sklave des Westens". Journal für Internationale Politik (IPG) der Friedrich-Ebert-Stiftung, 22.03.2022. https://www.ipg-journal.de/regionen/asien/artikel/kein-sklave-des-westens-5820/.
Hein, C. (2012): Säbelrasseln über dem Meer. Frankfurter Allgemeine Zeitung, 11.08.2012. https://www.faz.net/aktuell/wirtschaft/wirtschaftspolitik/suedchinesisches-meer-saebelrasseln-ueber-dem-meer-11851303.html.
Heinemann-Grüder, A. (2023): Heinemann-Grüder zu Russland: „Prigoschin ist tot – seine Agenda könnte trotzdem siegen". Interview durchgeführt von Petersen, V. in: NTV, 02.09.2023. https://www.n-tv.de/politik/Prigoschin-ist-tot-seine-Agenda-koennte-trotzdem-siegen-article24368410.html.
Heitkamp, J. (2022): Warum Russland einen Vernichtungskrieg führt. br.de. 14.04.2022, https://www.br.de/nachrichten/kultur/ivt,TKWyMpj.

Heller, R. (2020): Die ungelösten Konflikte im post-sowjetischen Raum Historische Ursachen und Entwicklungstrends. Bundeszentrale für politische Bildung (BpB), 22.12.2020. https://www.bpb.de/themen/kriege-konflikte/dossier-kriege-konflikte/233450/die-ungeloesten-konflikte-im-post-sowjetischen-raum/.

Herbert, I. (2022): Warum Afrikanische Söldner in der Ukraine kämpfen. Friedrich Naumann Stiftung, 26.04.2022. https://www.freiheit.org/de/warum-afrikanische-soeldner-der-ukraine-kaempfen.

Herbert Kelman Institute (2022): Homepage. https://www.kelmaninstitute.org/.

Herrberg, A. (2017): Is Peace Mediation in Ukraine Possible, and How? Conciliation Ressources, Februar 2017. https://www.c-r.org/news-and-insight/peace-mediation-ukraine-possible-and-how.

Herwartz, C. (2023): Erweiterung : BRICS-Staaten beschließen Erweiterung um sechs Länder. Handelsblatt, 24.08.2023. https://www.handelsblatt.com/politik/international/erweiterung-brics-staaten-beschliessen-erweiterung-um-sechs-laender/29351372.html.

Heumann, H.-D. (2023): Wie es nun um den „Jahrhundertdurchbruch" zwischen Saudi-Arabien und Israel steht. FOCUS Online, 13.10.2023. https://www.focus.de/experts/krieg-mit-hamas-wie-es-nun-um-den-pakt-zwischen-saudi-arabien-und-israel-steht_id_223956473.html.

Heuser, O. (2023): „Wir Russen sind inzwischen schon damit zufrieden, wenn man vor uns Angst hat". SPIEGEL, 03.02.2023. https://www.spiegel.de/ausland/russland-unter-putin-wir-sind-zufrieden-wenn-man-vor-uns-angst-hat-a-35d72ad3-84a9-4381-a630-37201f25e7a0.

Himmelreich, J. (2014): Putin findet Anhänger bei Europas Rechtspopulisten. Deutschlandfunk Kultur, 28.11.2014. https://www.deutschlandfunkkultur.de/russland-putin-findet-anhaenger-bei-europas-rechtspopulisten-100.html.

Hoffman, F. G. (2006): Complex Irregular Warfare: The Next Revolution in Military Affairs. Orbis 50.3 (2006), S. 395–411. https://doi.org/10.1016/j.orbis.2006.04.002.

Hogger, M. (2023): „Maaaaaaaann, Deutsch …". Fluter, 29.03. 2023. https://fluter.de/junge-ukrainische-gefluechtete?utm_source=pocket-newtab-global-de-DEHöffgen, M. (2022): Der neue Wirtschaftskrieg: Sanktionen als Waffe. Brumaire.

Horský, V. (1975): Prag 1968. Systemveränderung und Systemverteidigung. (= Studien zur Friedensforschung. Band 14). Klett, Stuttgart/Kösel, München.

Hörbelt, C. (2017): Analyse: Eine erinnerungskulturelle Zerreißprobe: Wie das Ukrainische Institut für Nationale Erinnerung ein neues nationalukrainisches Narrativ konstruiert. 18.12.2017. Bundeszentrale für politische Bildung (BpB), 18.12.2017. https://www.bpb.de/themen/europa/ukraine-analysen/261818/analyse-eine-erinnerungskulturelle-zerreiss-probe-wie-das-ukrainische-institut-fuer-nationale-erinnerung-ein-neues-nationalukrainisches-narrativ-konstruiert/.

Huber, M. (2020): Trauma und Traumabehandlung Teil 1 + 2. Paderborn: Junfermann.

Huber, S. (2022): Was Putin die Invasion in der Ukraine jeden einzelnen Tag kostet. 05.05.2022, https://www.focus.de/politik/ausland/eine-milliarde-dollar-pro-tag-wie-teuer-putins-krieg-in-der-ukraine-wirklich-ist_id_93906561.html.

Humrich, C. (2011): Ressourcenkonflikte, Recht und Regieren in der Arktis. Aus Politik und Zeitgeschichte (APuZ), 21.01.2011. https://www.bpb.de/shop/zeitschriften/apuz/33503/ressourcenkonflikte-recht-und-regieren-in-der-arktis/.

ICC (2023): Situation in Ukraine: ICC judges issue arrest warrants against Vladimir Vladimirovich Putin and Maria Alekseyevna Lvova-Belova. Pressemitteilung, International Criminal Court (ICC), 17.03.2023. https://www.icc-cpi.int/news/situation-ukraine-icc-judges-issue-arrest-warrants-against-vladimir-vladimirovich-putin-and.

IMF (2022): World Currency Composition. International Monetary Fund. https://data.imf.org/regular.aspx?key=41175.

IMF (o.J.): IMF Managing Directors. International Monetary Fund (IMF). https://www.imf.org/en/About/senior-officials/managing-directors.

IMSD (o.J.): Homepage. https://www.friedensmediation-deutschland.de/.

IMSD (2022a): Homepage. https://www.friedensmediation-deutschland.de/.
IMSD (2022b): Krieg in der Ukraine: Haben Verhandlungen eine Chance? 10 Punkte der Initiative Mediation Support Deutschland (IMSD). April 2022. https://www.inmedio.de/wp-content/uploads/Krieg-in-der-Ukraine-Haben-Verhandlungen-eine-Chance_final2.pdf.
Inmedio (2022): Peace, Mediation and Dialogue. https://www.inmedio.de/de/angebote/peace-mediation-and-dialogue/.
Inmedio (o.J.): Platform for mediative dialogue on contested narratives. https://www.contested-narratives-dialogue.org/?fbclid=IwAR1EPNmeDKcrG6s5N1ljeytblblatQQj5Yy98XZmUQr-QFIDREjPBCS63zI.
Ischinger, W. (2023): Raus aus der Schockstarre: Ein möglicher Weg zum Frieden in der Ukraine. SPIEGEL, 12.03.2023. https://www.tagesspiegel.de/internationales/raus-aus-der-schockstarre-ein-moglicher-weg-zum-frieden-in-der-ukraine-9471989.html.
Jaber, S. (2023): Friedensforschung vom Frieden her denken – auch in Kriegszeiten? Wissenschaft & Frieden. 01/2023, Februar, 41. Jg. Dossier 96: 6–9
Jaberg, S. (2014): Sicherheitslogik: Eine historisch-genetische Analyse und mögliche Konsequenzen. Wissenschaft & Frieden. 02/2014, Dossier 75. https://wissenschaft-und-frieden.de/dossier/friedenslogik-statt-sicherheitslogik/#index_4.
Jahn, E. (2019): Inseln im Südchinesischen Meer als Konfliktherd für einen potentiellen Dritten Weltkrieg. Jahn, E. (2019). Inseln im Südchinesischen Meer als Konfliktherd für einen potentiellen Dritten Weltkrieg. In: Politische Streitfragen. Springer VS. Wiesbaden. S. 47–68. https://doi.org/10.1007/978-3-658-26286-0_3.
Jakowlew, A. (2023a): *Warum rebellieren die Eliten nicht gegen Wladimir Putin, Herr Jakowlew?* Interview durchgeführt von Bidder, B. in: SPIEGEL. 21.04.2023. https://www.spiegel.de/wirtschaft/russland-warum-rebellieren-die-eliten-nicht-gegen-wladimir-putin-a-749caa1e-b727-4c0d-a36d-b8137d40e065.

Jannaschk, J. (2022): Das Erbe des Krieges: Wie Traumata über Generationen hinweg wirken. Watson. 11.04.2022. https://www.watson.de/leben/analyse/820800315-ukraine-krieg-wie-die-folgen-von-traumata-vererbt-werden.

Jarczyk, H. (2023): Schwieriges Erbe – Rechtsradikale Tendenzen in der Ukraine. BR24, 01.03.2023. https://www.br.de/nachrichten/deutschland-welt/schwieriges-erbe-rechtsradikale-tendenzen-in-der-ukraine,TX5ebuD.

Johnson, C. (2001): Ein Imperium verfällt – Wann endet das amerikanische Jahrhundert? München.

Jung, C. G. (2021): Aion – Beiträge zur Symbolik des Selbst: Gesammelte Werke 9/2 (C.G. Jung, Gesammelte Werke 1–20 Broschur). Patmos Verlag

Junhua, Z. (2022): Chinas Verhältnis zu Russland und dem Krieg in der Ukraine. Interview durchgeführt von Peschel, S. in: Bundeszentrale für politische Bildung (BpB), 12.05.2022. https://www.bpb.de/themen/asien/china/508260/chinas-verhaeltnis-zu-russland-und-dem-krieg-in-der-ukraine/.

Kaess, C. (2014): „Putin erleichtern, sein Gesicht zu wahren". Interview durchgeführt von Lentz, R. in: Deutschlandfunk. 05.03.2014. https://www.deutschlandfunk.de/ukraine-konflikt-putin-erleichtern-sein-gesicht-zu-wahren-100.html.

Kaiser, K. (1970): Friedensforschung in der Bundesrepublik. Göttingen: Vandenhoeck und Ruprecht.

Kaldor, M. (2007): Neue und alte Kriege: Organisierte Gewalt im Zeitalter der Globalisierung. Suhrkamp.

Kanninen, T./Patomäki, H. (2023): Friedenspläne, in: Le Monde diplomatique (Deutsche Ausgabe), 12.01.2023. https://monde-diplomatique.de/artikel/!5906061.

Kappeler, A. (2022): *Kleine Geschichte der Ukraine*. Siebte Auflage. C. H. Beck, München

Kappeler, A. (2017): Rußland als Vielvölkerreich. Entstehung, Geschichte, Zerfall. Beck, München.

Kappeler, A. (1992): Ungleiche Brüder – Russen und Ukrainer vom Mittelalter bis zur Gegenwart. Beck, München

Karam, Z. (2022): EXPLAINER: Will Russia bring Syrian fighters to Ukraine? AP News, 11.03.2022. https://apnews.com/

article/russia-ukraine-putin-europe-middle-east-lebanon-e9970e0c9e339fb9e19c84b6c52a3b50.

Karnitschnig, M. (2022): The Most Dangerous Place on Earth. Politico, 22.06.2022. https://www.politico.eu/article/suwalki-gap-russia-war-nato-lithuania-poland-border/.

Kellermann, F./*Hamberger, K./Gavrilis, P./Born, C./Adler, S. (2021):* Wie Belarus Geflüchtete als Druckmittel einsetzt. Deutschlandfunk, 07.11.2021. https://www.deutschlandfunk.de/lukaschenko-gegen-die-eu-wie-belarus-gefluechtete-als-100.html.

Kempf, W./Shinar, D. (2014): The Israeli-Palestinian Conflict: War Coverage and Peace Journalism. regener, Berlin.

Kempf, W. (2004): Friedensjournalismus. In: G. Sommer, A. Fuchs (Hrsg.): Krieg und Frieden. Handbuch der Konflikt- und Friedenspsychologie. Beltz, Weinberg: 439–451.

Kissinger, H. (2014): How the Ukraine crisis ends. The Washington Post. 05.03.2014, https://www.washingtonpost.com/opinions/henry-kissinger-to-settle-the-ukraine-crisis-start-at-the-end/2014/03/05/46dad868-a496-11e3-8466-d34c451760b9_story.html.

Klein, M./Fischer, S./Härtel, A./Kluge, J./Sahm, A./Stewart, S. (2023): What the Prospect of a Prolonged War Means for Russia, Ukraine and Belarus. Stiftung Wissenschaft und Politik (SWP), 20.02.2023. https://www.swp-berlin.org/en/publication/what-the-prospect-of-a-prolonged-war-means-for-russia-ukraine-and-belarus.

Klein, M. (2022, Hrsg.): Russlands Krieg gegen die Ukraine und seine Folgen. Stiftung Wissenschaft und Politik (SWP). https://www.swp-berlin.org/themen/dossiers/russlands-krieg-gegen-die-ukraine.

Kleine-Ahlbrandt, S. (2012): Chinas Expansion ins Meer. Le Monde diplomatique Nr. 9952 vom 09.11.2012, S. 1, 4–5, 704 Dokumentation. https://web.archive.org/web/20121115021718/http:/www.monde-diplomatique.de/pm/2012/11/09/a0008.text.

Kluge, J. (2023): Warum ein langjähriger Krieg wahrscheinlich ist. Stiftung Wissenschaft und Politik (SWP), 20.2.2023. https://www.swp-berlin.org/en/publication/was-die-aussichtauf-einen-laengeren-krieg-fuer-russland-die-ukraine-und-belarus-bedeutet.

Klymenko, L. (2016): Historische Narrative und nationale Identität: Der Zweite Weltkrieg in russischen und ukrainischen Geschichtslehrbüchern. Ukraine-Analysen Nr. 162, 27.01.2016: 13–16. https://www.laender-analysen.de/ukraine-analysen/162/UkraineAnalysen162.pdf.

Köhne, G. (2021): Der Kampf um Rohstoffe unter dem Eis. Deutschlandfunk, 21.02.2021. https://www.deutschlandfunk.de/russland-und-die-arktis-der-kampf-um-rohstoffe-unter-dem-eis-100.html.

Köhne, G. (2020): Die Arktis als Beute der Großmächte. Deutschlandfunk, 11.03.2020. https://www.deutschlandfunk.de/kampf-um-nordpolregion-die-arktis-als-beute-der-grossmaechte-100.html.

Kolar, I. (2023): Der Aufstieg der Rechtspopulisten. Interview durchgeführt von Donges, S. in: Deutschlandfunk Kultur, 10.01.2023. https://www.deutschlandfunkkultur.de/rechte-in-skandinavien-102.html.

Kondratenko, T. (2020): Why Russia exports arms to Africa. Deutsche Welle, 29.05.2020. https://www.dw.com/en/russian-arms-exports-to-africa-moscows-long-term-strategy/a-53596471.

Konyashina N. I./Niedermeier, N. (2022): Der Terror in russisch besetzten Gebieten. ZDF, 29.03.2022. https://www.zdf.de/nachrichten/politik/terror-in-russisch-besetzten-gebieten-100.html.

Korsunskyj, S. (2019): Analyse: Ukrainisch-chinesische Beziehungen: Potenzial und Realität. Bundeszentrale für politische Bildung (BpB), 02.10.2019. https://www.bpb.de/themen/europa/ukraine-analysen/297927/analyse-ukrainisch-chinesische-beziehungen-potenzial-und-realitaet/.

Kotsev, M. (2022): Fast 5000 Artikel mit Nazi-Vorwürfen: Wie Russland seine Bürger zum Kriegsbeginn auf Kurs brachte. Tagesspiegel, 07.07.2022. https://www.tagesspiegel.de/politik/fast-5000-artikel-mit-nazi-vorwurfen-so-brachte-der-kreml-die-russen-zu-kriegsbeginn-auf-kurs-529968.html.

Krastev, I. (2019): The Missionary Who has to Become a Monastery. Center for Liberal Studies, Sofia. https://www.robertboschacademy.de/sites/default/files/documents/2020-09/Policy-Paper-Hypocrisy-2019-Final.pdf.

Kretschmer, F. (2023): Peking schickt Sondergesandten. TAZ, 26.04.2023. https://taz.de/Chinas-Strategie-im-Ukraine-Krieg/!5927611/.

Krischner, A./Stollberg-Rilinger, B. (Hrsg.): Tyrannen: Eine Geschichte von Caligula bis Putin. C.H. Beck.

Krökel, U. (2022): Was steckt hinter Putins „Genozid"-Vorwürfen im Russland-Konflikt? Augsburger Allgemeine, 17.02.2022. https://www.augsburger-allgemeine.de/politik/ukraine-krise-was-steckt-hinter-putins-genozid-vorwuerfen-im-russland-konflikt-id61810106.html.

Krüger, A. (2022): Wie stoppen wir den Krieg in der Ukraine? Frankfurter Rundschau, 30.09.2022. https://www.fr.de/politik/wie-stoppen-wir-den-krieg-in-der-ukraine-91823686.html.

Kubie, L. (1966): Neurotische Deformationen des schöpferischen Prozesses. Rowohlt.

Kudelia, S. (2022): Politologe: „Je länger der Krieg dauert, desto stärker ist die ukrainische Demokratie bedroht". Interview durchgeführt von Mijnssen, I. in: Handelsblatt, 22.05.2022. https://www.handelsblatt.com/politik/international/serhi-kudelia-im-interview-politologe-je-laenger-der-krieg-dauert-desto-staerker-ist-die-ukrainische-demokratie-bedroht/28325540.html.

Kühl, C. (2023): China und die USA ohne Kompromissbereitschaft: Droht ein neuer Kalter Krieg? Frankfurter Rundschau, 04.04.2023. https://www.fr.de/politik/china-usa-kalter-krieg-russland-spannungen-eiszeit-supermaechte-92190153.html.

Lammers, C. (2014): Handlungsräume ziviler Konfliktbearbeitung im Zeichen der Friedenslogik – eine Skizze. Wissenschaft & Frieden. 02/2014, Dossier 75. https://wissenschaft-und-frieden.de/dossier/friedenslogik-statt-sicherheitslogik/#index_4.

Lammers, C./Schweitzer, C. (2023): Soziale Verteidigung – Fortentwicklung des Konzepts als originärer Beitrag der Friedensforschung. Wissenschaft & Frieden. 01/2023, Februar, 41. Jg. Dossier 96: 13–16.
Lange, N. (2023): Experte zu Wagner-Aufstand: „Möglicherweise Putins Anfang vom Ende". Interview durchgeführt von Sivers, C. in: ZDF heute, 25.06.2023. https://www.zdf.de/nachrichten/politik/wagner-gruppe-aufstand-nico-lange-analyse-ukraine-krieg-russland-100.html.
Laotse (1984): Tao te king, Übersetzung: Wilhelm, Richard. Köln.
Layder, Derek (1997): Modern Social Theory: Key Debate and New Directions. London: UCL Press.
Lederach, J. P. (2003): Conflict Transformation. Auszüge aus Lederachs Buch „The Little Book of Conflict Transformation", zusammengestellt von Maiese, M. Stand: Oktober 2003. http://www.beyondintractability.org/essay/transformation/?nid=1223.
Lederach, J. P. (1997): Building Peace. Sustainable Reconciliation in Divided Societies. Washington D.C.: USIP.
Leistner, A. (2023): Eine neue Weltordnung: Warum Europa riskiert, viel mehr zu verlieren als den Krieg in der Ukraine. Euronews, 04.04.2023. https://de.euronews.com/2023/04/04/krieg-und-weltordnung-was-europa-riskiert.
Levine, P. (2011): Sprache ohne Worte: Wie unser Körper Trauma verarbeitet und uns in die innere Balance zurückführt. Kösel-Verlag.
Liang, Q. (2015): One Belt, One Road. In: Eurasian Review of Geopolitics, 17 July 2015, http://temi.repubblica.it/limes-heartland/one-belt-one-road/2070.
Liang, Q./Xiangsui, W. (2017): Unrestricted Warfare. Unabhängig veröffentlicht.
Life & Peace Institute (LPI) (Hg., 2009): Conflict Transformation: A challenging necessity in a war-ridden region, in: Life & Peace Institute (2009, Hrsg.): Three lenses in one frame, New Routes Vol. 14 02/2009. Uppsala: 19–22.

Lokshin, P. /Leubecher, M./Fritz, P./Kaiser, T. (2021): „Beispiellose Lage an der Ostgrenze ist von einem komplett skrupellosen Regime verursacht". Die WELT, 07.11.2021. https://www.welt.de/politik/plus234890004/Fluchtroute-nach-Polen-Belarus-befeuert-Migration-mit-Ausbau-von-Flugplaenen.html.

LpB BW (2023a): Ukraine-Krieg 2022 – Russland-Ukraine-Konflikt erklärt. Landeszentrale für politische Bildung Baden-Württemberg. https://www.lpb-bw.de/ukrainekonflikt.

LpB BW (2023b): Chronologie des Ukraine-Konflikts. Landeszentrale für politische Bildung Baden-Württemberg. https://www.lpb-bw.de/chronik-ukrainekonflikt#c99966.

LpB BW (2023c): Kriegsverbrechen in der Ukraine: Wie können Völkerrechtsverbrechen geahndet werden? Landeszentrale für politische Bildung Baden-Württemberg. https://www.lpb-bw.de/ukraine-kriegsverbrechen.

LpB BW (2023d): Russland und China: Allianz im Zeichen des Ukraine-Krieges – Einfluß auf Taiwan-Konflikt. Landeszentrale für politische Bildung Baden-Württemberg. https://www.lpb-bw.de/china-russland.

Lukianoff, G./Strossen, N. (2022): Would censorship have stopped the rise of the Nazis? Part 16 of answers to arguments against free speech from Nadine Strossen and Greg Lukianoff. FIRE, 27.04.2022. https://www.thefire.org/would-censorship-have-stopped-the-rise-of-the-nazis-part-16-of-answers-to-arguments-against-free-speech-from-nadine-strossen-and-greg-lukianoff/.

Lulay, R. (2022): Erst der Krieg, dann die Hungersnot? Weizenknappheit könnte Tod für Millionen von Menschen bedeuten. Handelskontor, 11.03.2022. https://handelskontor-news.de/news/erst-der-krieg-dann-die-hungersnot-weizenknappheit-koennte-tod-fuer-millionen-von-menschen-bedeuten/.

Lunz, K. (2022a): Was kann feministische Außenpolitik in Zeiten des Krieges ausrichten? Interview durchgeführt von Rehm, S. in: Badische Zeitung, 31.03.2022. https://www.badische-zeitung.de/was-kann-feministische-aussenpolitik-in-zeiten-des-krieges-ausrichten.

Lunz, K. (2022b): Die Zukunft der Außenpolitik ist feministisch: Wie globale Krisen gelöst werden müssen | Weltpolitik im 21. Jahrhundert: Frieden & Gesundheit, Menschenrechte & Klimagerechtigkeit für alle überall. Econ Verlag.

Lynch, J./Galtung, J. (2010): Reporting Conflict: New Directions in Peace Journalism. University of Queensland Press, St. Lucia, AU.

Maharrey, M. (2018): SWIFT and the Weaponization of the U.S. Dollar. Foundation for Economic Education (FEE). 06.10.2018. https://fee.org/articles/swift-and-the-weaponization-of-the-us-dollar/.

Marantidou, V. *(2014): Revisiting China's "String of Pearls' Strategy: Places 'with Chinese Characteristics' and their Security Implications. Pacific Forum CSIS, Issues & Insights, Vol 14 (7).* Juni 2014. https://pacforum.org/wp-content/uploads/2019/02/140624_issuesinsights_vol14no7.pdf.

Martin, P. (2022): Ukraine, Saudi-Arabien und die Heuchelei des Imperialismus. WSWS, 16.03.2022. https://www.wsws.org/de/articles/2022/03/16/pers-m16.html.

Maurer, M./Haßler, J./Jost, P. (2023): Die Qualität der Medienberichterstattung über den Ukraine-Krieg. Forschungsbericht für die Otto Brenner Stiftung, 31.01.2023. https://www.otto-brenner-stiftung.de/fileadmin/user_data/stiftung/02_Wissenschaftsportal/03_Publikationen/2023_Ukraine_Berichterstattung_Endbericht.pdf.

Max-Neef, M. (1991): Human Scale Development, New York: The Apex Press.

Mearsheimer, J. (2022): Why John Mearsheimer Blames the U.S. for the Crisis in Ukraine. Interview durchgeführt von Chotiner, I. in: The New Yorker, 01.03.2022. https://www.newyorker.com/news/q-and-a/why-john-mearsheimer-blames-the-us-for-the-crisis-in-ukraine.

Medicamondiale (o.J.): Trauma-Arbeit: Was ist der stress- und traumasensible Ansatz® (STA)? medicamondiale. https://medicamondiale.org/gewalt-gegen-frauen/trauma-und-traumabewaeltigung/trauma-arbeit-stress-und-traumasensibler-ansatz.

Medwedew, S. (2015): Putin hat daraus einen Todeskult gemacht. NZZ, 08.05.2022. https://www.nzz.ch/meinung/pervertierter-russischer-9-mai-todeskult-statt-opferdenken-description-ld.1682150.

Meier, C. (2022): Ukraine Krieg: Russen machen Vergewaltigung zur Waffe. nau.ch, 04.04.2022. https://www.nau.ch/news/europa/ukraine-krieg-russen-machen-vergewaltigung-zur-waffe-66147375.

Meisner, M./von Salzen, C. (2015): Wolfgang Gehrcke und Andrej Hunko in der Ostukraine: Linken-Abgeordnete auf Abenteuertour im Kriegsgebiet. Tagesspiegel, 20.02.2015. https://www.tagesspiegel.de/politik/linken-abgeordnete-auf-abenteuertour-im-kriegsgebiet-6898849.html.

Meister, S. (2015): Welche Interessen verfolgt Russland in Syrien? Deutsche Gesellschaft für Auswärtige Politik (DGAP). 21.09.2015. https://dgap.org/de/forschung/publikationen/welche-interessen-verfolgt-russland-syrien.

Menzel, B. (2022): Putin „hinterlässt überall Tod": Nach übereiltem Russen-Rückzug finden Ukrainer Bild des Grauens vor. Merkur.de, 17.09.2022. https://www.merkur.de/politik/ukraine-krieg-massengrab-isjum-folterkammern-charkiw-abzug-russland-news-91791951.html.

Merkur (2022a): Ukraine-Krieg: Selenskyj will Krim zurückerobern. Merkur, 05.09.2022. https://www.merkur.de/politik/ukraine-krieg-selenskyj-will-krim-zurueckerobern-91768079.html.

Merkur (2022b): Putins Russland feiert einen Propaganda-Sieg in Afrika – EU-Fehler rächen sich jetzt. Merkur, 28.07.2022. https://www.merkur.de/politik/putin-lawrow-russland-afrika-propaganda-eu-westen-fehler-kommentar-91692638.html.

Messner, D. (2000): Globalisierung, Global Governance und Perspektiven der Entwicklungszusammenarbeit. In: Nuscheler, F. (Hrsg.): Entwicklung und Frieden im 21. Jahrhundert. Bonn: 267–294

Miall, H. (2004): Conflict Transformation: A Multi-Dimensional Task. Berghof Foundation (früher: Berghof Forschungszentrum für konstruktive Konfliktbearbeitung), Berlin.

Miller, C. (2022): Chip War. The Fight for the World's Most Critical Technology. Simon & Schuster Ltd.

Ministry of Foreign Affairs of the People's Republic of China (2023): China's Position on the Political Settlement of the Ukraine Crisis. Ministry of Foreign Affairs of the People's Republic of China. 24.02.2023, https://www.fmprc.gov.cn/mfa_eng/wjdt_665385/2649_665393/202302/t20230224_11030713.html.

Mlodoch, K. (2017): Gewalt, Flucht – Trauma? Grundlagen und Kontroversen der psychologischen Traumaforschung. Vandenhoeck & Ruprecht, Göttingen.

Moeller, L. M. (2010): Die Wahrheit beginnt zu zweit: Das Paar im Gespräch. Rowohlt.

Molinari, M. (2022): Usa-Cina e l'ordine mondiale oltre la guerra. La Repubblica, 28.05.2023. https://www.repubblica.it/editoriali/2022/05/29/news/usa_cina_guerra_ucraina_nuovo_ordine_globale-351575010/.

Molnàr, H./Wölk, H. (2023): Ein Drittel der Ukraine vermint: So wehren sich ukrainische Bauern gegen Russlands perfide Taktik. T-online, 05.05.2023. https://www.t-online.de/nachrichten/ukraine/id_100170292/ukrainische-bauern-wehren-sich-mit-traktoren-gegen-russlands-geaechtete-taktik.html.

Mommsen, M./Nußberger, A. (2009): Das System Putin: Gelenkte Demokratie und politische Justiz in Rußland. C.H. Beck.

Monir, R. (2022): Das sind keine »Kopftuch-Proteste« im Iran! Perspective Daily. 06.10.2022. https://perspective-daily.de/article/2318-das-sind-keine-kopftuch-proteste-im-iran/3HsF7TMD#/discussions-10678.

Moscow Times (2023): 700K Ukrainian Children Transferred to Russia Since Invasion – Official. The Moscow Times, 31.07.2023. https://www.themoscowtimes.com/2023/07/31/700k-ukrainian-children-transferred-to-russia-since-invasion-official-a82008.

Munk, S. (2022): Jetzt mischt sich Lawrow in Taiwan-Konflikt ein – und zieht Vergleich zu „ukrainischer Situation". Merkur, 10.08.2022. https://www.merkur.de/politik/usa-taiwan-konflikt-russland-lawrow-china-news-ukraine-krieg-pelosi-reise-folgen-zr-91705373.html.

Mühling, J. (2013): Unter Rechtspopulisten: Thilo Sarrazin als Stargast bei Homophoben-Treffen. Tagesspiegel, 25.11.2013. https://www.tagesspiegel.de/kultur/thilo-sarrazin-als-stargast-bei-homophoben-treffen-3531181.html.

Müller, O.L. (2023): Friedliebende Blicke auf eine friedlose Welt – Haben pazifistische Sichtweisen noch einen Platz in der Friedensforschung? Wissenschaft & Frieden. 01/2023, Februar, 41. Jg. Dossier 96: 10–13.

Müller, K. (2022): Die „Abraham-Abkommen": Zeitenwende im Nahen Osten – neue Chance für die EU. European Leadership Network (ELNET), 09.05.2022. https://elnet-deutschland.de/wp-content/uploads/2022/05/Abraham-Abkommen-2022_Aussendung-1.pdf.

Müller, A-K. (2019): *Grüne für feministische Außenpolitik: Mehr Frauen für mehr Frieden?* DER SPIEGEL, 20.02.2019. https://www.spiegel.de/politik/deutschland/gruene-fuer-feministische-aussenpolitik-mehr-frauen-fuer-mehr-frieden-a-1254143.html.

Münkler, H. (2023): Welt in Aufruhr: Die Ordnung der Mächte im 21. Jahrhundert. Rowohlt.

Münkler, H. (2022): Keine Waffen für die Ukraine? „Das läuft auf Unterwerfungs-Pazifismus hinaus". Interview durchgeführt von Kramer, T. in: WDR, 15.04.2022. https://www1.wdr.de/nachrichten/interview-deutsche-waffenlieferungen-ukraine-100.html.

Münkler, H. (2007): Imperien: die Logik der Weltherrschaft – vom alten Rom bis zu den Vereinigten Staaten. Rowohlt.

Münkler, H. (2004): Die neuen Kriege. Rowohlt.

Mützel, D. (2022): Der Staatsterrorist. T-online, 13.10.2022. https://www.t-online.de/nachrichten/id_92444864/wladimir-putin-und-der-ukraine-krieg-der-mann-in-moskau-tobt.html.

Mwakideu, C. (2022): Ukraine bid to enlist African fighters slammed. Deutsche Welle, 08.03.2022, https://www.dw.com/en/ukraines-bid-to-recruit-fighters-from-africa-sparks-uproar/a-61049323#:~:text=However%2C%20

African%20countries%20have%20come%20out%20 strongly%20to,to%20fight%20alongside%20Ukrainian%20 forces%20against%20Russian%20troops.
Myeshkov, D. (2015): Analyse: Die Geschichtspolitik in der Ukraine seit dem Machtwechsel im Frühjahr 2014. BpB, 20.04.2015. https://www.bpb.de/themen/europa/ukraine-analysen/205161/analyse-die-geschichtspolitik-in-der-ukraine-seit-dem-machtwechsel-im-fruehjahr-2014/.
Nardelli, A./Silverman, C. (2016): Italy's Most Popular Political Party Is Leading Europe In Fake News And Kremlin Propaganda. BussFeed.News, 29.11.2016. https://www.buzzfeed.com/albertonardelli/italys-most-popular-political-party-is-leading-europe-in-fak?utm_term=.dm4AoVqa1Z#.nyYOyxoYVp.
NATO (2008): Study on NATO Enlargement. North Atlantic Treaty Organization (NATO), 05.11.2008. https://www.nato.int/cps/en/natohq/official_texts_24733.htm.
Nagel, C. (2023): Viele Ungereimtheiten im Fall Prigoschin. Tagesschau, 15.07.2023. https://www.tagesschau.de/ausland/putin-prigoschin-100.html.
Nair, A. (2017): To counter OBOR, India and Japan propose Asia-Africa sea corridor. In: The Indianexpress. 31.05.2017. https://indianexpress.com/article/explained/to-counter-obor-india-and-japan-propose-asia-africa-sea-corridor-4681749/.
Naumann, F./Serif, M. (2023): Tödliche Bombe: Russlands Nationalisten im Fokus – sie kämpfen für und gegen Putin. Frankfurter Rundschau, 03.04.2023. https://www.fr.de/politik/ukraine-krieg-rechten-russische-gruppen-kaempfen-gegen-selenskyj-fuer-putin-92188674.html.
Nedophil, C. (2023): *Countries of the Belt and Road Initiative. Green Finance & Development Center, FISF Fudan University, Shanghai. April, 2023.* https://greenfdc.org/countries-of-the-belt-and-road-initiative-bri/.
Neuhann, F. (2022): „Nafo"-Memes zum Ukraine-Krieg : Die westliche Antwort auf Putin-Trolle. ZDF heute, 04.09.2022. https://www.zdf.de/nachrichten/politik/nafo-meme-internet-trolle-ukraine-krieg-russland-100.html?utm_source=pocket-newtab-global-de-DE.

Norbu, I. (2020): Grundstein eines Konflikts, der bis heute andauert. Deutschlandfunk, 08.09.2020. https://www.deutschlandfunk.de/teilung-koreas-1945-grundstein-eines-konflikts-der-bis-100.html.

Norden, U. (2022): EU-Milliarden für die Ukraine: Und was, wenn Oligarchen sie einfach klauen? Berliner Zeitung. Berliner Zeitung, 05.07.2022. https://www.berliner-zeitung.de/politik-gesellschaft/eu-milliarden-fuer-die-ukraine-und-was-wenn-oligarchen-sie-einfach-klauen-li.243066.

Nowak, M./Sigmund, K. (1993): A strategy of win-stay, lose-shift that outperforms tit-for-tat in the Prisoner's Dilemma game. Nature. Bd. 364, Nr. 6432, 01.07.1993: 56–58. https://doi.org/10.1038/364056a0.

NTV (2022a): Unterzeichnet „mit vorgehaltener Waffe". NTV, 21.02.2022. https://www.n-tv.de/politik/Unterzeichnet-mit-vorgehaltener-Waffe-article23143867.html.

NTV (2022b): NATO nennt Russland „größte und unmittelbarste Bedrohung". NTV, 29.06.2022. https://www.n-tv.de/politik/NATO-nennt-Russland-groesste-und-unmittelbarste-Bedrohung-article23430921.html.

NZZ (2023): Taiwan-Konflikt: Taiwans Luftwaffe laut Bericht schlecht aufgestellt. Neue Züricher Zeitung, 15.04.2023. https://www.nzz.ch/international/taiwan-und-china-was-sind-die-hintergruende-des-konflikts-ld.1649153#subtitle-ist-taiwan-ein-teil-chinas-second.

Obaji, P., Jr. (2022): Putin's Prison Recruiting Scheme Takes a Big, Desperate Turn. The Daily Beast, 29.11.2022. https://www.thedailybeast.com/wagner-group-accused-of-recruiting-prisoners-from-the-central-african-republic-for-russias-war-in-ukraine?ref=scroll.

OBOReurope (2018): Euro-Asian connectivity strategy and the BRI. 22.10.2018. https://www.oboreurope.com/en/european-asian-connectivity/.

OCHA (2023): Data on casualties. United Nations Office for the Coordination of Humanitarian Affairs (OCHA). https://www.ochaopt.org/data/casualties.

OHCHR (2023): Ukraine: civilian casualty update 11 September 2023. United Nations Office of the High Commissioner for Human Rights (OHCHR), 11.09.2023. https://www.ohchr.org/en/news/2023/09/ukraine-civilian-casualty-update-11-september-2023.
Osius, A. (2023): Der neue Nahe Osten? tagesschau, 18.03.2023. https://www.tagesschau.de/ausland/asien/iran-saudi-arabien-annaeherung-101.html.
OSTEUROPA (2020): Wahlfälschung in Belarus. Zeitschrift OSTEUROPA, August https://zeitschrift-osteuropa.de/blog/wahlfaelschung-in-belarus/. Originalbericht auf Russisch hier: https://drive.google.com/file/d/1kSprtBUUtS1vb-W_jc4QJkPkoZPJBWxd/view.
O'Toole, K. (1997): Why peace agreements often fail to end civil wars. Stanford Report, 19.11.1997. https://news.stanford.edu/news/1997/november19/civilwar.html.
OWINFS (o.J.): Homepage. https://ourworldisnotforsale.net/.
Pagung, S. (2022): Bilanz zu Ukraine-Krieg: Pagung: Russlands Kriegsziele gescheitert. Zitatsammlung von Pagung, S. ZDF heute, 23.08.2022. https://www.stern.de/news/streitkraefte-russlands-und-der-usa-haben-direkten-draht-gelegt-31676422.html.
Parbey, C. (2022): Frauen und Kinder zuerst – außer, sie sind Schwarz. Ze.tt, 02.03.2022. https://www.zeit.de/zett/politik/2022-03/rassismus-flucht-ukraine-krieg.
Passenheim, A. (2023): Krise in Westafrika Russlands wachsender Einfluss in der Sahelzone. Tagesschau, 04.08.2023. https://www.tagesschau.de/ausland/afrika/krise-sahelzone-100.html.
Paul, M. (2022): Arktische Implikationen des russischen Angriffskrieges. SWP-Aktuell Nr. 34, Mai 2022. https://www.swp-berlin.org/publications/products/aktuell/2022A34_arktis_ukraine.pdf.
Pehlivan, E. (2024): Krise im Roten Meer: USA und China rufen zum Sondertreffen wegen Huthi-Angriffen. Merkur.de, 26.01.2024. https://www.merkur.de/politik/usa-china-huthi-rebellen-angriffe-sondersitzung-bangkok-rotes-meer-zr-92797321.html.

Petry, M. (2015): Erdölprojekt Tschad/Kamerun – Erfahrungen aus der Netzwerkarbeit. Ziviler Friedensdienst. 13.07.2015. https://www.yumpu.com/de/document/view/50363952/erdolprojekt-tschad-kamerun-erfahrungen-aus-der-netzwerkarbeit.

Pleines, H. (2014): Analyse: Die Referenden in Donezk und Luhansk. Bundeszentrale für politische Bildung (BpB), 16.05.2014. https://www.bpb.de/themen/europa/ukraine-analysen/184520/analyse-die-referenden-in-donezk-und-luhansk/.

Podszun, L. (2011). The Theory of Ripeness. In: Does Development Aid Affect Conflict Ripeness?. VS Verlag für Sozialwissenschaften. https://doi.org/10.1007/978-3-531-94079-3_3.

Poast, P. (2023): Pentagon Document Leaks Foreshadow a Long War in Ukraine, in: World Politics Review. 14.04.2023, https://www.worldpoliticsreview.com/pentagon-ukraine-leaked-documents-us-aid-russia-putin-war/.

Pohorilov, S. (2023): No elections can be held in Ukraine while martial law in effect – National Security and Defence Council. *Ukrainska Pravda, 16.05.2023.* https://www.pravda.com.ua/eng/news/2023/05/16/7402519/.

Pöhlmann, M. (2018): Ahnenwissen und Zedernprodukte. Herder Korrespondenz 07/2018. S. 36–39, Essays. https://www.herder.de/hk/hefte/archiv/2018/7-2018/ahnenwissen-und-zedernprodukte-die-anastasia-bewegung-verbreitet-antisemitisches-gedankengut/Purkarthofer, P. (2000): Verhandlung und Mediation: Permanenter Dialog als Weg zu dauerhaftem Frieden. In: Bilek, A. (Hrsg.): Welcher Friede? Lehren aus dem Krieg um Kosovo. (= Agenda Frieden. Nr. 36) Agenda-Verlag, Münster: 62–75.

Putin, W. (2013): Meeting of the Valdai International Discussion Club. President of Russia, 19.09.2013. http://en.kremlin.ru/events/president/news/19243.

PZKB (2022a): Für konsequent friedenslogisches Handeln im Ukraine-Konflikt. Stellungnahme aus der AG Friedenslogik der Plattform Zivile Konfliktbearbeitung. 15.02.2022. https://pzkb.de/wp-content/uploads/2022/03/Stellungnahme_Fu%CC%88r-konsequent-friedenslogisches-Handeln_Ukraine.pdf.

PZKB (2022b): Friedenslogik statt Kriegslogik: Zur Begründung friedenslogischen Denkens und Handelns im Ukrainekrieg. Stellungnahme aus der AG Friedenslogik der Plattform Zivile Konfliktbearbeitung. 11.05.2022. https://pzkb.de/wp-content/uploads/2022/05/Stellungnahme-AG-Friedenslogik-PZKB_Friedenslogik-statt-Kriegslogik-1.pdf.

Quinn-Judge, P./Zharakovic, Y (2004): The Orange Revolution. In: Time.com, 28.11.2004. https://content.time.com/time/magazine/article/0,9171,832225,00.html.

Raab, J. (2022): „Effektiver als Atombomben": Ukraine-Krieg schürt Angst vor globaler Hungersnot und neuen Flüchtlingswellen. Merkur.de, 11.03.2022. https://www.merkur.de/wirtschaft/ukraine-krieg-news-konflikt-russland-putin-export-sanktionen-weizen-syrien-preise-lebensmittel-91399992.html.

Rachman, G. (2022): Welt der Autokraten: Wie Xi, Putin, Trump und Co. die Demokratie bedrohen. Lilienfeld Verlag.

Rachman, G. (2018): Easternization: Asia`s Rise and America`s Decline From Obama to Trump and Beyond. Other Press.

Rachold, V. (2023): Hier entstehen die Konflikte der Zukunft. Nach diesem Text verstehst du sie. Interview durchgeführt von Schneider, D. in: Perspective Daily, 28.04.2023. https://perspective-daily.de/article/2572-oel-aufruestung-klima-7-fragen-und-antworten-zur-zukunft-der-arktis/cSlR4Sew.

Raddatz, B. (2022): Verteidigung – „keine Männersache". tagesschau, 13.03.2022. https://www.tagesschau.de/ausland/europa/feministische-aussenpolitik-101.html.

Raiser, D. (2008): Ecuador und Peru beschließen Minenräumung im Grenzgebiet. Infoamazonas, 26.10.2008. http://www.infoamazonas.de/2008/10/26/ecuador-und-peru-beschliesen-minenraumung-im-grenzgebiet.html.

Rasmussen, A. F./Yermak, A. (2022): The Kyiv security compact – International security guarantees for Ukraine recommendations. Kiew, 13.09.2022, https://www.president.gov.ua/storage/j-files-storage/01/15/89/41fd0ec2d72259a-561313370cee1be6e_1663050954.pdf.

RBK (2013): Эксперт: Владимир Путин стал лидером мирового консерватизма. RBC, 10.12.2013. https://www.rbc.ru/politics/10/12/2013/5704145f9a794761c0ce4b19.

Reikowki, K. (2023): Putin-Sturz brächte die Nato in große Gefahr – britischer Ex-Diplomat erklärt Atom-Szenario in sechs Schritten. Merkur.de, 31.01.2023. https://www.merkur.de/politik/szenario-putin-news-sturz-russland-ukraine-europa-gefahr-britischer-ex-diplomat-92055156.html.

Reimann, C. (2004): Assessing the state-of-the-art in conflict transformation. Berghof Foundation (früher: Berghof Forschungszentrum für konstruktive Konfliktbearbeitung), Berlin.

Reichart, T. (2022): Eine antiwestliche Blockbildung? China, Russland und die neue Weltordnung. ZDF heute, 07.05.2022. https://www.zdf.de/nachrichten/politik/china-ukraine-krieg-russland-weltordnung-100.html.

Reisner, M. (2023): „Dieses elende Fegefeuer bringt kein Ergebnis". Interview durchgeführt von Barth, R. Tagesschau, 03.12.203. https://www.tagesschau.de/ausland/europa/ukraine-krieg-interview-100.html?utm_source=pocket-newtab-de-de.

Reiter, E. (Hrsg., 2009): Die Sezessionskonflikte in Georgien. (Schriftenreihe zur internationalen Politik, Band 1) Böhlau, Wien/Köln/Weimar.

Repnikova, M. (2022): „China hat eine alternative Erzählung anzubieten". Interview durchgeführt von Yang, X. in: ZEIT, 23.07.2022. https://www.zeit.de/kultur/2022-07/maria-repnikova-china-einfluss-entwicklungspolitik/komplettansicht.

Reuter, B. (2023): Kreml-Gegner in Brjansk: Sorgte ein deutsch-russischer Neonazi bei Putin für Alarmstimmung? Tagesspiegel, 03.03.2023. https://www.tagesspiegel.de/internationales/sorgte-ein-deutsch-russischer-neonazi-bei-putin-fur-alarmstimmung-9441854.html?utm_source=pocket-newtab-global-de-DE.

Reuters (2008): Tschetschenische Rebellen begrüßen Unabhängigkeit des Kosovo. Reuters, 18.02.2008. https://www.reuters.com/article/kosovo-russland-tschetschenien-idDEHUM84525420080218.

Rhotert, A./Rolofs, O. (2022): Dem Kreml nicht nachgeben: Wohin Appeasement führen kann, zeigt die Geschichte. NZZ. 04.07.2022. https://www.nzz.ch/meinung/dem-kreml-nicht-nachgeben-wohin-appeasement-fuehren-kann-zeigt-die-geschichte-ld.1691413.

Richmond, O. P. (2008): Peace and International Relations, Routledge.

Richter, W. (2016): Meinung: Der Westen trägt eine Mitverantwortung für die Ukraine-Krise. Bundeszentrale für politische Bildung (BpB), 05.09.2016, https://www.bpb.de/themen/kriege-konflikte/dossier-kriege-konflikte/233440/meinung-der-westen-traegt-eine-mitverantwortung-fuer-die-ukraine-krise/.

RND (2022): Ist Putins Krieg der teuerste Konflikt aller Zeiten? Wirtschaftswissenschaftler legt Berechnung vor. RND, 06.05.2022. https://www.rnd.de/politik/krieg-in-ukraine-ein-berater-berechnet-wladimir-putins-kriegskosten-PR4JNUAICRDPPP6V267JPPY3YU.html.

RND (2021): 30 Jahre nach Zerbrechen der Sowjetunion: Putin trauert um Großmachtstatus Russlands. RND, 21.12.2022. https://www.rnd.de/politik/russland-putin-trauert-um-grossmachtstatus-30-jahre-nach-sowjetunion-ZJOE5XHCNYZRCHD72E56MPIEGY.html.

Ropers, N. (1995): Friedliche Einmischung. Berghof Foundation (früher: Berghof Forschungszentrum für konstruktive Konfliktbearbeitung), BerlinSasse, G. (2022): Der Krieg gegen die Ukraine: Hintergründe, Ereignisse, Folgen. C.H. Beck Verlag, München.

Rüesch, A. (2022): Selenski steht auf dem Höhepunkt seiner Macht – aber die Präsidentschaft des einstigen Komikers hat auch ihre dunklen Flecken. Neue Zürcher Zeitung (NZZ), 03.05.2022. https://www.nzz.ch/international/ukraine-selenski-brilliert-aber-es-gibt-auch-schattenseiten-ld.1681137.

Sachsse, U./Özkan, I./Streeck-Fischer, A. (Hrsg., 2004): Traumatherapie – Was ist erfolgreich? 2. Auflage. Vandenhoeck & Ruprecht, Göttingen

Sander, M. (2021): Tote im Schnee – und ein grünes Licht der Hoffnung. Deutschlandfunk Kultur, 19.12.2021. https://www.deutschlandfunkkultur.de/polen-belarus-grenzgebiet-100.html.

Sarotte, M. E. (2021): Not One Inch. America, Russia, and the Making of Post-Cold War Stalemate. Yale University Press, New Haven.

Satyajit, D. (2018): How the U.S. Has Weaponized the Dollar. Bloomberg, 07.09.2018. https://www.bloomberg.com/opinion/articles/2018-09-06/how-the-u-s-has-made-a-weapon-of-the-dollar#xj4y7vzkg.

Sauga, M. (2023): „Wer mit den Sanktionen unzufrieden ist, muss sie ausweiten". SPIEGEL. 25.04.2023. https://www.spiegel.de/wirtschaft/russlands-krieg-gegen-die-ukraine-expertengruppe-fordert-wirksamere-sanktionen-a-0d8c2bdd-6ba6-497e-be0c-e9f9b54fc26d.

Schäfer, P. (2023): Der Krieg in der Ukraine. Acht Thesen über Moral und Linke Politik. Essay beruht auf meinem Vortrag des Autors während einer Diskussionsveranstaltung in der Universität Bonn am 10.05.2023. www.paulschaefer.info/PDFs/Paul-Schaefer--Krieg-in-Ukraine--8-Thesen-zur-Linken.pdf.

Schallenberg, A. (2023): Die OSZE war noch nie ein Club der Gleichgesinnten. Frankfurter Allgemeine Zeitung, 17.02.2023, www.faz.net/aktuell/politik/ausland/osze-versammlung-am-24-februar-oesterreich-warnt-vor-boykott-18685585.html.

Schlitz, C. (2020): Warum Lukaschenko ungeschoren davonkommt. In: Die Welt, 04.09.2020. https://www.welt.de/politik/ausland/article215001952/Weissrussland-Warum-Lukaschenko-ungeschoren-davonkommt.html.

Schlögel, K. (2023): Wladimir Putin – Unvollendetes Porträt eines Großverbrechers des 21. Jahrhunderts. In: Krischner, A./Stollberg-Rilinger, B. (Hrsg.): Tyrannen: Eine Geschichte von Caligula bis Putin. C.H. Beck, S. 310–327.

Schlögel, K. (2022): Ein gekränkter Tyrann. Deutschlandfunk Kultur, 07.10.2022. https://www.deutschlandfunkkultur.de/wladimir-putin-wird-70-ein-gekraenkter-tyrann-und-diktator-neuen-typs-dlf-kultur-501c6820-100.html.

Schmid, A. (2023): UN-Votum mit Beigeschmack – Sechs Länder verharren an Putins Seite. Frankfurter Rundschau. 26.02.2023. https://www.fr.de/politik/analyse-putin-news-un-resolution-russland-ukraine-krieg-sicherheitsrat-laender-abstimmung-92107158.html.

Schmid, M. (2004): „Soziale Verteidigung als Alternative zu Bundeswehr und militärischer Gewalt?". Leicht bearbeitete Fassung eines Vortrags, gehalten am 26.02.2004 im Kulturladen KARACHO in Ravensburg. https://www.lebenshaus-alb.de/magazin/002141.html Schölzel, H. (2013): Guerillakommunikation. Genealogie einer politischen Konfliktform. transcript, Bielefeld.

Schmidt, F./Veser, R. (2022): Litauen soll nur der Anfang sein. Frankfurter Allgemeine Zeitung (FAZ), 15.06.2022. https://www.faz.net/aktuell/politik/ausland/ukraine-krieg-russische-politiker-bedrohen-litauen-und-estland-18103099.html.

Schneider, G./Toyka-Seid, C. (2023): Kalter Krieg. Das junge Politik-Lexikon. Bonn: Bundeszentrale für politische Bildung. https://www.bpb.de/kurz-knapp/lexika/das-junge-politik-lexikon/320587/kalter-krieg/.

Schneider, J. (2023): Vorstoß aus Peking: Zwölf-Punkte-Papier: Was China damit bezweckt. ZDF heute, 24.02.2023. https://www.zdf.de/nachrichten/politik/china-zwoelf-punkte-plan-ukraine-krieg-russland-100.html.

Schott, S. (2023): Kampf der Systeme: Warum ist China in Afrika so erfolgreich? Friedrich Naumann Stiftung. 20.02.2023 https://www.freiheit.org/de/deutschland/kampf-der-systeme-warum-ist-china-afrika-so-erfolgreich.

Schott, C. (2022): Der Ukraine-Krieg und die weltweiten Folgen: Ein Überblick von Afrika bis Mexiko. RiffReporter, 06.05.2022. https://www.riffreporter.de/de/international/ukraine-krieg-folgen-international-inflation-hunger-oel-fluechtlinge-tourismus.

Schulte, K. (2022): Warum die NATO die Suwalki-Lücke fürchtet. NTV, 01.07.2022. https://www.n-tv.de/politik/Podcast-Wieder-was-gelernt-Warum-die-NATO-die-Suwalki-Luecke-fuerchtet-article23432555.html.

Schultze, A. (2022): Die „Spezialoperation" stockt Putins lahmender „Blitzkrieg". NTV, 02.03.2022. https://www.n-tv.de/politik/Lahmender-Blitzkrieg-Warum-Russland-die-Ukraine-nicht-ueber-Nacht-erobert-hat-article23164754.html.

Schulz, S. C. (2023): Der Absatz 6: Darf die Ukraine nur wegen des Krieges nicht der Nato beitreten? RedaktionsNetzwerk Deutschland (RND), 08.07.2023. https://www.rnd.de/politik/der-absatz-6-darf-die-ukraine-nur-wegen-des-krieges-nicht-der-nato-beitreten-P36SQVWFPRFVRP52COCFYXDTUE.html.

Schulz von Thun, F. (2009a, b): Miteinander reden, Bd. 1, 2, Hamburg.

Schumann, E. (1998): Der „gewonnene Frieden". Der Grenzkonflikt könnte nach und nach an Brisanz verlieren. Lateinamerika Nachrichten, Heft 294, Dezember 1998. https://lateinamerika-nachrichten.de/artikel/der-gewonnene-frieden-2/.

Schwan, G. (2023): Putins politische Kosten erhöhen. Frankfurter Allgemeine Zeitung (FAZ), 27.02.2023. https://www.faz.net/aktuell/feuilleton/debatten/krieg-in-der-ukraine-ideen-fuer-die-einhegung-von-putin-18707349.html.

Schwarzer, A./Wagenknecht, S. (2023): Manifest für Frieden. Change.org, 10.02.2023. https://www.change.org/p/manifest-f%C3%BCr-frieden.

Schwieger, N. (2022): Antiwestlicher Hassprediger und Putins „Gehirn" – das ist Alexander Dugin. 22.08.2022, RND. https://www.rnd.de/politik/russland-alexander-dugin-antiwestlicher-hassprediger-und-putins-gehirn-OBCTVSUBKBE6LKKPFWLWHPLY3I.html Seefried, E. (2015): Zukünfte – Aufstieg und Krise der Zukunftsforschung 1945–1980. Berlin: de Gruyter Oldenbourg.

Schwung, G. (2023): Warum sich Berlin bei Sicherheitszusagen für Kiew zurückhält. WELT, 16.09.2023. https://www.welt.de/politik/ausland/article247484928/Ukraine-Warum-sich-Berlin-bei-Sicherheitszusagen-fuer-Kiew-zurueckhaelt.html.

Scobel, G. (2008): Weisheit. DuMont.
Senghaas, D. (1995): Den Frieden denken – Si vis pacem, para pacem. Suhrkamp.
Senghaas, D. (1969): Abschreckung und Frieden. Studien zur Kritik organisierter Friedlosigkeit. Frankfurt a.M.: Europäische Verlagsanstalt.
Shah, N. (2022): Do you think Pakistan is a slave, PM asks Western envoys. The News, 07.03.2022. https://www.thenews.com.pk/print/939418-do-you-think-pakistan-is-a-slave-pm-asks-western-envoys.
Shapiro, F. (2017): Eye Movement Desensitization and Reprocessing (EMDR) Therapy: Basic Principles, Protocols, and Procedures. Guilford Press.
Sherif, M./Harvey, O. J./White, B. J./Hood, W. R./Sherif, C. W. (1961): Intergroup conflict and cooperation: the Robbers Cave experiment. University of Oklahoma Book Exchange, Norman.
Shikwati, J./Adero, N./Juma, J. (2022): „The Clash of Systems – African Perception of the European Union and China Engagement".
Inter Region Economic Network (IREN) Kenya, Friedrich Naumann Stiftung. file:///C:/Users/ophel/Downloads/PP_Africa%20Perception%20Report_Clash%20of%20Systems%20web.final.pdf
Simon, F. B. (2012): Einführung in die Systemtheorie des Konflikts. Carl Auer.
SIPRI (2021): Business as usual? Waffenverkäufe der SIPRI Top 100 Rüstungsunternehmen wachsen auch während der Pandemie. Stockholm International Peace Research Institute, 06.12.2021. https://sipri.org/sites/default/files/2021-12/sipri_top_100_pr_ger.pdf.
Small, A. (2020): The China-Pakistan Axis: Asia's New Geopolitics. Oxford University Press, New York.
Snyder, T. (2022): Sich um Putins Gesichtswahrung Sorgen zu machen, ist eine Verrücktheit – seine Macht bewegt sich jenseits aller Realität, auch jener des Krieges. NZZ, 18.06.2022. https://www.nzz.ch/meinung/ukraine-sich-um-putins-gesichtswahrung-zu-sorgen-ist-verrueckt-ld.1688632?reduced=true.

SOHR (2023): Russian-Ukraine war | Confidential document, obtained by SOHR, confirming 25th Division participation in special task alongside Russia. Syrian Observatory for Human Rights (SOHR), 18.01.2023. https://www.syriahr.com/en/285134/.

SPIEGEL (2023a): »Wir sind nicht gekommen, um um ein paar ›Geschenke‹ zu bitten«. SPIEGEL, 29.07.2023. https://www.spiegel.de/ausland/wladimir-putin-der-kreml-chef-ist-mit-seinem-afrikagipfel-krachend-gescheitert-a-6078e0d9-2bab-469d-b848-7d9b75c3aa4c.

SPIEGEL (2023b): Brics-Gruppe erweitert sich um sechs Mitgliedstaaten. SPIEGEL, 24.08.2023. https://www.spiegel.de/ausland/suedafrika-brics-gruppe-erweitert-sich-um-sechs-mitgliedstaaten-a-8e30b987-476b-4e03-b98f-68ce6a057743.

SPIEGEL (2023c): News zum Flugzeugabsturz Biden: „Es gibt nicht viel in Russland, hinter dem Putin nicht steckt". SPIEGEL, 24.08.2023. https://www.spiegel.de/ausland/jewgenij-prigoshin-flugzeugabsturz-wagner-chef-tot-acht-leichen-gefunden-a-20003758-383d-4993-978b-664ff4f6f040.

Spohr, F./Krahe, J. (2023): So wahrscheinlich sind nordkoreanische Waffenlieferungen an Russland. Friedrich Naumann Stiftung, 13.09.2023. https://www.freiheit.org/de/suedost-und-ostasien/so-wahrscheinlich-sind-nordkoreanische-waffenlieferungen-russland.

Steinberg, G. (2023): „Bei aller Bestialität ist die Hamas ein kühl kalkulierender, rationaler Akteur". Interview durchgeführt von Koelbl, S. in: SPIEGEL, 13.10.2023. https://www.spiegel.de/ausland/terror-in-israel-bei-aller-bestialitaet-ist-die-hamas-ein-kuehl-kalkulierender-rationaler-akteur-a-2c7a82ca-0cc2-446b-946c-4c07a4b6e79d.

Steinlein, J. (2023): Welche Rolle Künstliche Intelligenz im Krieg spielt. Tagesschau, 21.08.2023. https://www.tagesschau.de/ausland/ki-ukraine-100.html.

STERN (2022): Streitkräfte Russlands und der USA haben direkten Draht gelegt. STERN, 04.03.2022. https://www.stern.de/news/streitkraefte-russlands-und-der-usa-haben-direkten-draht-gelegt-31676422.html.

Stich, M. (2024): Superwahljahr 2024: Werden die Menschen fürs Klima stimmen? Perspective Daily, 03.02.2024. https://perspective-daily.de/article/2959-superwahljahr-2024-werden-die-menschen-fuers-klima-stimmen/LWnJd8xY.
Stiglitz, J. (2002): Die Schatten der Globalisierung. Bundeszentrale für Politische Bildung (BpB), Bonn.
Stirling, S. (2023). U.S. Focus Shifts Toward Indo-Pacific; Region More Important Than Ever as China Influence Looms. CalChamber, Januar 2023. https://advocacy.calchamber.com/policy/issues/trans-pacific-trade-relations/.
Stokes, M./Hsiao, R. (2013): Political Warfare with Chinese Characteristics. Project 2049 Institute, 14.10.2013. https://project2049.net/2013/10/14/the-peoples-liberation-army-general-political-department-political-warfare-with-chinese-characteristics/.
Stöcker, C. (2022): Putins globale Rechte demaskiert sich selbst. SPIEGEL, 27.02.2022. https://www.spiegel.de/wissenschaft/mensch/ukraine-invasion-wladimir-putins-globale-rechte-demaskiert-sich-selbst-kolumne-a-cd3e7e84-0aef-45f1-8c96-960273c1f6f2.
Streeck, W. (2023): A Bipolar Order? New Left Review, 01.05.2023. https://newleftreview.org/sidecar/posts/a-bipolar-order?fbclid=IwAR3B5mHXbf121pSSidE3gCZP-5VCgvaQx8kxpagIfx17aVEq8F3rTy_zcMi8.
Sulzbacher, M. (2022): Faktencheck: Wie ist das mit den Neonazis in der Ukraine wirklich? Der Standard, 29.03.2022. https://www.derstandard.de/story/2000134336443/faktencheck-wie-ist-das-mit-den-neonazis-in-der-ukraine.
SZ (2022): Drei Männer für Abschuss von Flug MH17 schuldig gesprochen. Süddeutsche Zeitung (SZ), 17.11.2022. https://www.sueddeutsche.de/panorama/mh17-urteil-flugzeugabschuss-ostukraine-amsterdam-1.5697942.
Tacke, S./Busche, L. (2022): Genozid-Vorwurf im Ukraine-Krieg: Wann spricht man von Völkermord? ZDF heute, 07.04.2022. https://www.zdf.de/nachrichten/politik/genozid-voelkermord-definition-ukraine-krieg-russland-100.html.

Tagesschau (2024a): Stoltenberg erwartet Schwedens Beitritt bis März. Tagesschau, 26.01.2024. https://www.tagesschau.de/ausland/europa/schweden-nato-ungarn-100.html.

Tagesschau (2024b): China fordert Ende von Huthi-Angriffen. Tagesschau, 19.01.2024. https://www.tagesschau.de/ausland/asien/huthi-us-frachter-angriff-100.html.

Tagesschau (2023): IAEA-Chef Grossi warnt vor Katastrophe. Tagesschau, 29.03.2023. https://www.tagesschau.de/ausland/europa/grossi-warnt-vor-katastrophe-saporischschja-101.html.

Tagesschau (2022a): Nach Angriffen auf Kiew Was die „Shahed"-Drohnen ausmacht. Tagesschau, 18.10.2022. https://www.tagesschau.de/ausland/europa/shahed-drohne-iran-russland-101.html.

Tagesschau (2022b): IAEA fordert Schutzzone um Atomkraftwerk. Tagesschau, 06.09.2022. https://www.tagesschau.de/ausland/europa/ukraine-iaea-bericht-saporischschja-101.html.

Tagesspiegel (2023): 141 von 193 Staaten stimmen für Resolution: UN-Vollversammlung fordert Rückzug Russlands aus der Ukraine. Tagesspiegel. 24.02.2023. https://www.tagesspiegel.de/internationales/141-von-193-staaten-stimmen-fur-resolution-un-vollversammlung-fordert-ruckzug-russlands-aus-der-ukraine-9405947.html.

Tarhan, M. (2023): Civilian deaths in 1 month of Israeli attacks on Gaza top entire Russia-Ukraine war toll. Anadolu Ajansı, 07.11.2023. https://www.aa.com.tr/en/middle-east/civilian-deaths-in-1-month-of-israeli-attacks-on-gaza-top-entire-russia-ukraine-war-toll-/3045920.

Tausendfreund, R. (2023): Feministische Außenpolitik muss nicht wehrlos sein. Table Security, 17.02.2023. https://table.media/security/standpunkt/feministische-aussenpolitik-muss-nicht-wehrlos-sein/.

The Economist (2023): How many Russians have been killed in Ukraine? The Economist, 08.03.2023. https://www.economist.com/graphic-detail/2023/03/08/how-many-russians-have-been-killed-in-ukraine.

The Maritime Executive (2018): Strait of Malacca Key Chokepoint for Oil Trade. 27.08.2018. https://www.maritime-executive.com/article/strait-of-malacca-key-chokepoint-for-oil-trade.

The Times of India (2017): Asia-Africa growth corridor launched. 25.05.2017. https://timesofindia.indiatimes.com/city/ahmedabad/asia-africa-growth-corridor-launched/articleshow/58830900.cms.

The World Bank (2018): Overview: BRI at a glance. 29.03.2018. https://www.worldbank.org/en/topic/regional-integration/brief/belt-and-road-initiative.

The World Factbook (2023): Yemen. Factbook der CIA. Stand: 09.05.2023. https://www.cia.gov/the-world-factbook/countries/yemen/#people-and-society.

Thompson, L./Patel, G./O'Donnell, M./Kripke, G. (2020): Toward A Feminist Foreign Policy in the United States. Washington, DC: International Center for Research on Women (ICRW). https://www.icrw.org/wp-content/uploads/2020/05/FFP-USA_v11-spreads.pdf.

Thorwarth, K. (2023): Wagenknecht bleibt dabei: „Ukraine kann den Krieg nicht gewinnen". Frankfurter Rundschau, 09.02.2023. https://www.fr.de/politik/wagenknecht-maischberger-ukraine-krieg-duell-russland-oligarchen-putin-92078009.html.

Thöß, M./Metzger, N./Belousova, K. (2023): Ukraine auf Jahrzehnte verseucht : Landminen: Der Tod lauert in jedem Feld. ZDF heute, 04.04.2023. https://www.zdf.de/nachrichten/politik/minen-aufklaerung-ukraine-krieg-russland-100.html.

Tingyang, Z. (2009): Investigations of the Bad World: Political Philosophy as First Philosophy. Beijing: Zhongguo Renmindaxue Chubanshe.

Titus, A. (1996): *Unravelling Global Apartheid: An Overview of World Politics*. Polity, Cambridge, UK

Trading Economics (2023): China Foreign Exchange Reserves. Trading Economics, Stand: Juni 2023. https://tradingeconomics.com/china/foreign-exchange-reserves.

Transparency International (2023): Strategische Korruption. Transparency International, 23.01.2023. https://www.transparency.de/fileadmin/Redaktion/Aktuelles/2023/CPI-2022_Hintergrund_Strategische-Korruption.pdf.

Transparency International (2022): Corruption Perceptions Index 2022. Transparency International. https://www.transparency.org/en/cpi/2022.

Trojanov, I. (2022): Die Friedensziele im Blick behalten. TAZ, 12.05.2022. https://taz.de/Krieg-und-Pazifismus/!5850799/.

Tschinderle, F. (2022): Russlandexperte Mangott: „Der Krieg kommt jetzt in nahezu jedem Haushalt an". Profil, 21.09.2022. https://www.profil.at/ausland/mangott-der-krieg-kommt-jetzt-in-nahezu-jedem-haushalt-an/402154470?utm_source=pocket-newtab-global-de-DE.

Tumarkin, N. (2015): "History Matters: Politics of the Past in Putin's Russia". Camden Conference 24.02.2015. Vimeo, https://vimeo.com/120518955.

Ulrich, W.-C. (2023): Serbien vs. Kosovo: Warum die Lage eskaliert. ZDF heute, 30.05.2023. https://www.zdf.de/nachrichten/politik/serbien-kosovo-konflikt-lage-100.html.

Umland, A. (2020): Analyse: Der ambivalente Aufstieg einer ukrainischen „unzivilen Gesellschaft" nach dem Euromaidan. BpB, 06.01.2020. https://www.bpb.de/themen/europa/ukraine-analysen/303013/analyse-der-ambivalente-aufstieg-einer-ukrainischen-unzivilen-gesellschaft-nach-dem-euromaidan/.

Umland, A. (2013): Analyse: Eine typische Spielart von europäischem Rechtsradikalismus? Drei Besonderheiten der ukrainischen Freiheitspartei aus vergleichender Perspektive. BpB, 03.06.2013. https://www.bpb.de/themen/europa/ukraine-analysen/162333/analyse-eine-typische-spielart-von-europaeischem-rechtsradikalismus-drei-besonderheiten-der-ukrainischen-freiheitspartei-aus-vergleichender-perspektive/.

UN (2022): The UN and the war in Ukraine: key information. https://unric.org/en/the-un-and-the-war-in-ukraine-key-information/.

UN (2014): Memorandum on security assurances in connection with Ukraine's accession to the Treaty on the Non-Proliferation of Nuclear Weapons. Budapest, 05.12.1994. United Nations, Volume 3007, I-52241. https://treaties.un.org/doc/Publication/UNTS/Volume%203007/Part/volume-3007-I-52241.pdf.

UN Security Council (2015): Resolution 2202 (2015) vom 17. Februar 2015. Resolutionen und Beschlüsse des Sicherheitsrats vom 01.08.2014 bis 31.07.2015, S. 589–592. https://www.un.org/depts/german/sr/sr_14-15/sr2202.pdf.

UNESCO (2021): From Hate Speech to Genocide, Lessons from the 1994 Genocide against the Tutsi in Rwanda. 04.07.2021. https://en.unesco.org/news/hate-speech-genocide-lessons-1994-genocide-against-tutsi-rwanda.

UNHCR (2014): Report on the human rights situation in Ukraine. Office of the United Nations High Commissioner for Human Rights (UNHCR), 15.04.2014. www.ohchr.org/Documents/Countries/UA/Ukraine_Report_15April2014.doc.

Vahland, K. (2023): Der Ahnvater des Populismus. Süddeutsche Zeitung, 23.06.2023. https://www.sueddeutsche.de/meinung/italien-silvio-berlusconi-giorgia-meloni-kommentar-populismus-1.5938082?reduced=true.

Vallortigara, B. (2022): Mercenary Fighters in Libya and Ukraine: How Social Media Are Exposing the Russian Wagner Group. The Moshe Dayan Center for Middle Eastern and African Studies, 31.05.2022. https://dayan.org/content/mercenary-fighters-libya-and-ukraine-how-social-media-are-exposing-russian-wagner-group.

van Staden, C. (2020): Warum China für Afrika ein unverzichtbarer Partner ist. Welthungerhilfe. 10/2020. https://www.welthungerhilfe.de/welternaehrung/rubriken/entwicklungspolitik-agenda-2030/warum-china-fuer-afrika-ein-unverzichtbarer-partner-ist.

Varwick, J. (2002): EU-Erweiterung: Stabilitätsexport oder Instabilitätsimport?, Aus Politik und Zeitgeschichte (APuZ), Beilage Das Parlament, B1–2/2002.

Vergun, D. (2016): Ancient game used to understand U.S.-China strategy. US Army, 24.05.2016. https://www.army.mil/article/168505/ancient_game_used_to_understand_us_china_strategy.

Verschwele, L./Petrov, F. (2023): Kriegstraumatisierte in der Ukraine – »Du siehst den Tod und weißt, morgen musst du zurück«. DER SPIEGEL 31/2023. https://www.spiegel.de/ausland/posttraumatische-belastungsstoerung-man-passt-sich-an-oder-man-geht-kaputt-a-621fcfce-0f80-4278-88da-b6b2abf55354.

Von Senger, H. (2018): Moulüe – Supraplanung: Unerkannte Denkhorizonte aus dem Reich der Mitte. Carl Hanser.

Walbrühl, D. (2023): Ein Crashkurs in Wahrheit und Lüge, den wir alle gerade brauchen. Perspective Daily, 18.02.2023. https://perspective-daily.de/article/2500-ein-crashkurs-in-wahrheit-und-luege-den-wir-alle-gerade-brauchen/KwSx8I4V.

Web.de (2023): Kritik an Chinas „Zwölf-Punkte-Plan": Wichtige Frage nicht beantwortet. Web.de, 24.02.2023. https://web.de/magazine/politik/russland-krieg-ukraine/kritik-chinas-zwoelf-punkte-plan-wichtige-frage-beantwortet-37854812.

Weber, J. (2022): „Es wäre eine Kampfansage. Und eine Warnung". Interview durchgeführt von Böhm, C. in: FOCUS, 01.10.2022. https://www.focus.de/politik/ausland/ukraine-krise/interview-experte-erklaert-wann-aus-pipeline-sabotage-krieg-wird_id_156481180.html.

Wehrmedizin und Wehrpharmazie (2016): Hundegestützte Intervention in der Therapie PTBS-erkrankter Soldaten. Wehrmedizin und Wehrpharmazie 01/2016. https://wehrmed.de/humanmedizin/hundegestuetzte-intervention-in-der-therapie-ptbs-erkrankter-soldaten.html#:~:text=Die%20Rate%20der%20PTBS-Erkrankungen%20in%20der%20Bundeswehr%20liegt,Auslandseins%C3%A4tzen%20deutlich%20h%C3%B6her%20liegt%20und%20bisher%20untersch%C3%A4tzt%20wurde.

Weisiger, A. (2013): Logics of War: Explanations for Limited and Unlimited Conflicts. Cornell University Press.

Weiss, G. (2015): Quellen der nationalen Identität: Mit Utopien aus der russischen Geistesgeschichte entwirft Putin die Zukunft. Internationale Politik 2: 01.03.2015: 67–75

Weiß, S. (2023): Ohne OSZE wird es nicht gehen. Zustand, Perzeptionen und Zukunft europäischer Sicherheit, in: Wissenschaft & Frieden (W&F) 01/2023: 14–17, https://wissenschaft-und-frieden.de/ausgabe/2023-1-jenseits-der-eskalation/.

WELT (2023): Wagenknecht sieht sich diffamiert – Halbe Million Unterschriften für Petition. WELT, 17.02.2023. https://www.welt.de/politik/deutschland/article243821251/Manifest-fuer-den-Frieden-Wagenknecht-sieht-sich-als-rechtsoffen-diffamiert.html.

WELT (2022): Was China aus dem Ukraine-Krieg gelernt hat. WELT, 21.07.2022. https://www.welt.de/politik/ausland/article240030023/CIA-Analyse-Was-China-aus-dem-Ukraine-Krieg-gelernt-hat.html.

WHO (2022): Mental Health in Ukraine: How Community Mental Health Teams are providing care amidst the ongoing war. World Health Organization (WHO). 13.05.2022, https://www.who.int/news-room/feature-stories/detail/mental-health-in-ukraine--how-community-mental-health-teams-are-providing-care-amidst-the-ongoing-war.

Wiederkehr, S. (2004): „Kontinent Evrasija" – Klassischer Eurasismus und Geopolitik in der Lesart Alexander Dugins. In: Markus Kaiser (Hrsg.): Auf der Suche nach Eurasien. Politik, Religion und Alltagskultur zwischen Russland und Europa. Transcript: 125–138

Willsher, K. (2022): Arms sent to Ukraine will end up in criminal hands, says Interpol chief. The Guardian, 02.06.2022. https://www.theguardian.com/world/2022/jun/02/ukraine-weapons-end-up-criminal-hands-says-interpol-chief-jurgen-stock.

Winter, S. (2023): Verloren in Europas letztem Urwald: Fotos von der polnisch-belarussischen Grenze. 23.06.2023, VICE. https://www.vice.com/de/article/xgwwe3/verloren-in-europas-letztem-urwald-fotos-von-der-polnisch-belarussischen-grenze?utm_source=pocket-newtab-global-de-DE.

Wisotzki, S./Scheyer, V. (2022): Ukraine-Krieg: Darum brauchen wir eine feministische Außenpolitik. Frankfurter Rundschau, 18.06.2022. https://www.fr.de/politik/ukraine-krieg-frauen-soldatinnen-opfer-kaempfe-russland-feministische-aussenpolitik-91616950.html.

Wissenschaft und Frieden (2023): Jenseits der Eskalation. Wissenschaft und Frieden (W&F) 01/2023, https://wissenschaft-und-frieden.de/ausgabe/2023-1-jenseits-der-eskalation/.

Wittkowsky, A. (2021): Verschleppte Konflikte und hybride Staatlichkeit im post-sowjetischen Raum. Bundeszentrale für politische Bildung, 20.01.2021. https://www.bpb.de/themen/kriege-konflikte/dossier-kriege-konflikte/233445/verschleppte-konflikte-und-hybride-staatlichkeit-im-post-sowjetischen-raum/.

Wittwer, N. (2022): Ukraine Krieg: Russen-TV prahlt mit Auslöschung der USA. Nau.ch, 01.06.2022. https://www.nau.ch/news/europa/ukraine-krieg-russen-tv-prahlt-mit-ausloschung-der-usa-66190503.

Wolff, R. (2022): Sturmgewehre auch in Finnland. TAZ, 02.11.2022. https://taz.de/Kriegswaffen-in-Haenden-Krimineller/!5891530/.

Wolf, R. (2022): Der Machtwechsel rückt Pakistan wieder näher an die USA, doch der Einfluss Chinas ist dennoch grösser. Neue Zürcher Zeitung (NZZ), 12.04.2022. https://www.nzz.ch/pro-global/der-machtwechsel-rueckt-pakistan-wieder-naeher-an-die-usa-doch-der-einfluss-chinas-ist-dennoch-groesser-ld.1679471?reduced=true.

Wolffsohn, M. (2019): Zum Weltfrieden. Ein politischer Entwurf. Dtv Verlag.

Wollscheid, J. (2004): Postmoderner Krieg. Die Verflechtungen von Krieg und Medientechnik und die Auswirkungen auf die Außen- und Sicherheitspolitik der Staatenwelt zu Beginn des 21. Jahrhunderts. Dissertation, Universität Trier. https://doi.org/10.25353/ubtr-xxxx-cf1a-0683/.

Wright, L. (2016): Dreizehn Tage im September. WBG, Darmstadt.

Wulf, H. (2023): Kampfansage an den Westen. Die BRICS-Staaten zielen auf ein Ende der bestehenden Weltordnung. IPG-Journal 12.06.2023, www.ipg-journal.de/regionen/global/artikel/kampfansage-an-den-westen-6766/?utm_campaign=de_40_20230613&utm_medium=email&utm_source=newsletter.

Wulf, R. (2022): Ausgerüstet. Journal für Internationale Politik (IPG) der Friedrich-Ebert-Stiftung, 22.03.2022. https://www.ipg-journal.de/regionen/asien/artikel/ausgeruestet-5823/.

Yuan, D. (2020): Konfrontation China-USA im Überblick. Deutsche Welle, 24.07.2020. https://www.dw.com/de/konfrontation-china-usa-im-%C3%BCberblick/a-54307108.

Zajonz, D. (2023): Wie der Krieg die Rüstungsfirmen verändert. Tagesschau.de, 21.01.2023. https://www.tagesschau.de/wirtschaft/unternehmen/rheinmetall-ruestungsindustrie-101.html.

Zakaria, R. (2022): „Feminismus wurde nicht von weißen Frauen erfunden". Interview durchgeführt von Pabey, C. in: Ze.tt, 14.03.2022. https://www.zeit.de/zett/2022-02/rafia-zakaria-weisser-feminismus-frauen-of-color/komplettansicht.

Zartman, W. (2008): 'Ripeness': the importance of timing in negotiation and conflict resolution. E-International Relations, 20.12.2008. https://www.e-ir.info/2008/12/20/ripeness-the-importance-of-timing-in-negotiation-and-conflict-resolution/.

ZEIT (2024): Ukraine deckt Betrug bei Waffenkauf auf. ZEIT, 28.01.2024. https://www.zeit.de/politik/ausland/2024-01/ruestung-ukraine-betrug-waffenbeschaffung.

ZEIT (2023a): SPD, Grüne und Linke kritisieren Demo von Wagenknecht und Schwarzer. ZEIT, 25.02.2023. https://www.zeit.de/politik/deutschland/2023-02/ukraine-demonstration-berlin-sahra-wagenknecht-kritik-spd-linke.

ZEIT (2023b): Rubel fällt auf niedrigsten Stand seit einem Jahr. 07.04.2023. https://www.zeit.de/wirtschaft/2023-04/russland-staatshaushalt-schulden-rubelkurs?utm_referrer=https%3A%2F%2Fwww.google.de%2F.

ZEIT (2022): Ukraine bietet Neutralität an – Moskau sieht „alles streng nach Plan". ZEIT, 29.03.2022. https://www.zeit.de/politik/ausland/2022-03/ukraine-russland-krieg-ueberblick-abend?utm_referrer=https%3A%2F%2Fwww.google.com%2F.

ZEIT (2015): Nato reaktiviert das Rote Telefon. ZEIT, 03.05.2015. https://www.zeit.de/politik/ausland/2015-05/rotes-telefon-russland-nato.

Zellner, W. (2022): Eine Drei-Jahres-Strategie für die OSZE. In: Friesendorf, C./Kartsonaki, A. (Hrsg., 2022), OSCE Insights 2022 – Krieg in Europa. Nomos: 67–76. https://doi.org/10.5771/9783748933632-05.

Zentrum Ökumene (2022): Naher Osten. https://www.zentrum-oekumene.de/de/themen-materialien/religionen-interreligioeser-dialog/naher-osten.

ZGO (2023): Getreidedeal: Moskau droht mit Ende – EU-Staaten reagieren. Zeitungsgruppe Ostfriesland (ZGO), 03.07.2023. https://www.ga-online.de/artikel/1381645/Getreidedeal-Moskau-droht-mit-Ende-EU-Staaten-reagieren.

Zhang, Z. (2018): The Belt and Road Initiative: China's New Geopolitical Strategy? SWP Working Paper. Oktober 2018 https://www.swp-berlin.org/fileadmin/contents/products/projekt_papiere/Zhang_BCAS_2018_BRI_China_7.pdf.

Ziegler, J. (2005): Die neuen Herrscher der Welt und ihre globalen Widersacher. München.

Zilla, C. (2023): Feministische Außenpolitik: Konzepte, Kernelemente und Kontroversen. SWP-Aktuell 2022/A 50, 04.08.2022. doi:https://doi.org/10.18449/2022A50.

Zumach, A. (2023): Kampfpanzer nicht ausgeschlossen – Was muss der Westen liefern? Moderation: Plättner, A. in: Phoenix-Runde, 10.01.2023, https://www.youtube.com/watch?v=CI4WpWFOflA&t=914s.